H5作品创作教程

毕伟　梁宝毓　主编

甘肃科学技术出版社

图书在版编目（C I P）数据

H5作品创作教程 / 毕伟，梁宝毓主编． —— 兰州 ：
甘肃科学技术出版社，2022.8
ISBN 978-7-5424-2967-4

Ⅰ．①H… Ⅱ.①毕… ②梁… Ⅲ.①超文本标记语言
—应用—电子出版物—出版工作—教材 Ⅳ．①G237.6

中国版本图书馆CIP数据核字(2022)第154339号

H5作品创作教程

主编：毕　伟　　梁宝毓

参与编写人员：杨丽丽　　李叶维　　马婧怡

责任编辑　杨丽丽
封面设计　陈妮娜

出　版	甘肃科学技术出版社
社　址	兰州市城关区曹家巷1号　　730030
网　址	www.gskejipress.com
电　话	0931-2131575(编辑部)　 0931-8773237(发行部)

发　行	甘肃科学技术出版社	印　刷	兰州万易印务有限责任公司
开　本	787mm×1092mm　1/16	印　张	15.25　字　数　260千
版　次	2022年9月第1版		
印　次	2022年9月第1次印刷		
印　数	1~2400		
书　号	ISBN 978-7-5424-2967-4　　定　价　98.00元		

目　录

第一章
信息数字化与H5融媒体作品

第一节　传播媒介与信息数字化

一、信息传播与媒介的技术进步

物质、能量和信息是人类社会存在与发展的基础。人类依靠智慧构建起属于自己的文明大厦。在人类文明进步的过程中，人们创造出了复杂的智据符号系统，用以保存和传承人类的智力活动成果，实现了人类智力成果的交流传播。智据符号，就是人们用物化的方式记录智力活动过程和成果的符号系统。通过智据符号，人类实现了信息的社会化传播，并构建起了复杂的信息传播系统。

（一）智据符号的产生和发展

从一定意义上说，人类文明的进步史，也是智据符号不断丰富和功能多样化的发展史。智据符号离不开它的承载物，智据符号必须依托一定的承载物才能进行传播，智据符号的承载物被称为传播媒介。纵观人类历史，传播媒介的技术进步是与人类认识自然能力的不断提高紧密相关的，传播媒介的技术进步扩大了人类智慧成果的传播范围，也促进了人类信息交流传播活动能力、强度和效率的提高，反过来又进一步推动了人类文明的不断进步。

1.人的进化与语言的产生

语言是人类进行交流表达的最基本的工具。

说话是人们进行交流的基本方式，但人并不是一出生就会说话的。刚一出生的婴儿不会说话，通常要在一岁左右开始学会说出一些简单的词汇。这说明，说话是人类在生理机能发育到一定阶段的基础上通过不断学习才具备的能力。

　　人类进化的历史漫长而又艰辛。目前大多数的人类学家认为，现代人类是从非洲南方古猿中的一支进化发展而来的。南方古猿属于"正在形成中的人"。中国人类学家把"完全形成的人"分为早期猿人、晚期猿人、早期智人和晚期智人四个进化阶段。语言发生于晚期智人阶段，但对人类究竟是何时才开始说话的具体时间这一问题，目前科学家还不能给出准确结论。

图1-1-1　人类的进化

　　现代生命科学研究表明，人类拥有说话的能力是进化过程中基因变异的结果，虽然对于这一遗传特性形成的原因目前还未取得充分的研究成果，但人类有了说话的能力这就为生产经验和生活知识的积累传承创造了条件。

　　英国牛津大学遗传学专家安东尼·摩纳哥教授领导的一个研究小组，通过一项专题研究证实，人类开始说话始于距今20万年前后。在《自然》杂志上，他们公布了这项新发现。该研究小组发现，在许多具有复杂发声及发声学习能力的动物身上，都有一种FOXP2基因，这是一个与说话功能发育有关的基因，FOXP2基因的异常会导致人类特定的先天性言语障碍。经过研究，科学家发现，在生物进化史上，在灵长类动物出现之前的13亿年中，FOXP2只变异了一个氨基酸，而在人类与其他灵长类动物产生明显区别的数百万年间，有两个语言基因中的氨基酸在人类身上发生了突变，并最终成为遗传性基因。在计算机的帮助下，科学家计算出对人类产生语言起决定作用的"FOXP2基因突变"发生在12万至20万年间，这恰恰与那时人口迅猛增加的时间相一致。科学家们估计，正是由于人口密度的增大促进了人类语言交际能力的提高和持续的发展。

拥有语言能力是人类进化史上具有十分重要意义的大事件。语言既是人类的思维工具，也是人类最基本的信息传播工具。语言的形成和发展增强了人类的思维能力，促进了人们之间的相互沟通和交流，推动了人类社会组织形态的不断发展。语言的产生使人们可以用比吼叫、面部表情和肢体动作更好的方式进行事件的陈述和情感的表达，也使人类具有了有别于自然界其他物种的属于自己的信息传播能力。在文字还未出现的历史年代里，口头语言传播是人们进行信息传播的基础方式，直至现在也是人类传播交流的基本方式之一。

然而，在漫长的历史岁月中，人们无法对口头语言传播的信息进行保留，受个人活动范围的制约，口头语言传播的空间也很有限，随着人们生活范围的不断扩大和相互交流的不断增多，这种局限性促使人们必须在口头语言之外找到新的交流途径和传播方式。

2. 智据符号是人类智力活动的外化形式

制造并使用工具是人类智慧的重要体现。在迈向文明的进程中，人类发明了一系列传播工具和传播方法。在数万年的历史进程中，原始先民先是用绘画，此后又用结绳记事、刻画符号等展现思想、帮助记忆、记录信息，在经历了由形象到抽象的发展演变过程，最终在五六千年前创造出了文字。

史前岩画是荒古时代人类留下的艺术珍品，绵延至今的原始部落仍有制作。今天被人们发现的岩画遍及世界五大洲，主要分布于欧洲、非洲、亚洲的很多地区。这些史前时代的绘画作品，证明了人类在还没有进入文明时代之前，就已经用绘画作为表达方式，特别是在旧石器时代晚期的岩画中开始出现了大量的刻画符号，虽然今天我们无从得知它们所表达的意义，但这却是人类在寻求更为便捷的表达工具方面又向前迈出一步留下的印迹。

目前发现的人类历史上最早的史前岩画位于印度尼西亚苏拉威西岛的洞穴中，这些岩画绘制于5万年前。令考古学家们惊讶的是，从这些画作中可以看出，在洞穴壁画出现时，原始先民们就已经表现出了和现代的我们一样的想象力。

文字是人类最伟大和最重要的发明之一。文字的发明使思想和语言有了承载体，是人类进入文明时代的重要标志之一。文字是表示语言的符号系统，是记录信息的基本方式。文字可以反复阅读，突破了语言口头传播的时空限制，提高了知识积累的速度和传播范围，有力促进了人类的文明进步。文字的发明将人类信息的传播方式由口耳相传时代带进了书刻时代。自从有了文字，人类便开始告别蛮荒，开启了文明旅途。

最初的文字曾被镌刻在岩石和金属物品上。为便于阅读和传播，在两河流域，那里的人们发明了用泥土制作的泥板书，而在古埃及，人们则将文字书写在用纸莎草制作的草纸书上。在古代中国，在造纸术还没有发明出来之前，文字曾被刻在动物骨骼及龟甲之上，也曾书写在竹木简牍或缣帛之上。

在人类的传播实践活动中，从人们最初用来表达的面部表情、发出的叫喊声、肢体动作到后来形成的语言、绘制的图画、用来记事的特定物品、刻画符号以及创制的文字，体现了人类传递信息内容的不断丰富和发展，也反映了人类在信息传播活动过程中表达方式的多样化发展趋势。能够用来记录人类智力活动过程和方式的符号逐步形成了具有自身特征的智据符号系统。智据符号必须依赖承载物才能进行传播，而承载这些智据符号的天然物品或人造物品就是信息传播媒介，其本质就是用来进行信息传播的中介物。

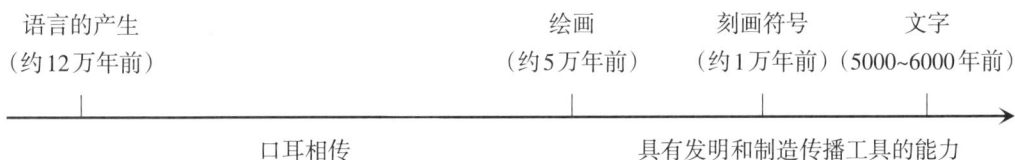

语言的产生		绘画	刻画符号	文字
（约12万年前）		（约5万年前）	（约1万年前）	（5000~6000年前）

口耳相传　　　　　　　　　　　具有发明和制造传播工具的能力

图1-1-2　智据符号的产生和发展

（二）传播媒介的技术革命

人类的信息传播活动是人类的基本社会活动之一。人类的信息传播活动是人类社会生产和社会生活的重要组成部分，并随着人类社会活动日趋复杂而不断得到丰富和发展。人类信息传播活动的进步，不单纯是新表达方式和表现形式的不断涌现，更重要的是，在传播媒介技术进步的推动下，信息传播的范围得到扩大，传播效率不断提升，信息传播对社会生活的影响日益深化，信息传播水平也成为人类文明进步的重要标志之一。

1.从自然物到纸质媒介

人类的信息传播活动离不开信息传播媒介，而信息传播媒介的发展则是人类科学技术不断进步和文明水平不断提高的产物。

人类最初只能利用自然物作为信息传播的媒介。在欧洲南部的地中海沿岸附近，生活在那里的原始先民在岩洞中的峭壁上留下了他们的绘画作品，这也是人类早期的绘画作品之一，承载绘画的石洞岩壁就是原始先民们的传播媒介。人类能够利用自然物作为传播媒介，这是人类在传播媒介技术史上的第一次革命。

目前考古发现的原始岩画多为游牧部落原始先民的遗作，而文字则是后来由进入定居生活的原始先民创制出来的。六七千年前，苏美尔人最先在两河流域建立起自己的城邦，使两河流域率先开启了文明之旅。与苏美尔人基本同时代，古埃及人在尼罗河下游也构筑起了城邦，开始创造出他们的文明。苏美尔人和古埃及人的文字最初都是象形文字，为使文字内容得以长久相传，他们曾将文字镌刻在峭壁岩石上，后来又用石板或泥砖作为书写材料，显然石板及泥砖比起峭壁岩石对于阅读和传播来说要方便得多。公元前3000年左右，古埃及人发明了用纸莎草的茎秆制作的莎草纸，在近4000年的时间里，都是北非、西亚和欧洲等地最受欢迎的书写材料，从而也为后人留下了过往历史的重要文献资料。

用人造物品代替天然物品作为信息传播媒介是人类传播媒介技术的又一次革命，而这一次媒介技术革命又是与文字表达方式的创制、形成和演变过程紧密相联的。从此以后，传播媒介便越来越远离对自然物品的简单利用，而与人类的技术进步紧密地结合为一体了。

人类的文字是从绘画的基础上逐渐演变而来的，经历了从绘画到刻画符号再到象形文字的发展历程，而拼音文字则是在象形文字出现以后才形成和发展起来的。象形文字是表现事件的符号，拼音文字是表现语音的符号。现在世界上除了汉字是象形文字外，其他文字都是拼音文字。

造纸术和活字印刷术是中国古代的四大发明之一，这两项伟大的发明开启了新一轮媒介革命的序幕。纸的出现，为人们提供了便于携带和阅读使用的书写材料。东汉时期，蔡伦对造纸技术的改进，制造出了具有真正实用价值的纸张，结束了古代中国人使用竹木简牍的历史。当造纸术传向世界后，也先后替代了各地原有的书写材料。1797年，法国人尼古拉斯·路易斯·罗伯特发明了机器造纸的方法，在大大提高纸张生产效率的同时也降低了生产成本，为纸张的大规模使用提供了条件。直到今天，纸张依然是重要的信息传播媒介。

印刷技术的发明，为人们提供了一种可以批量化进行信息复制的方式。早期的印刷技术是以雕版方式实现内容的印制的。宋代毕昇发明了活字印刷术，提高了排版效率，降低了印刷成本。活字印刷技术传到欧洲后，15世纪时，德国人约翰内斯·古登堡加以改进，发明了金属活字排版技术和印刷机，使人类拥有了利用机器进行批量化复制信息的能力，全面触发了人类传播史上的又一次深刻革命。随着技术的不断进步，造纸技术和印刷技术不断得到改进，到18世纪，机械生产工艺全面取代手工生产工艺，印刷生产效率得到大大提高，明显降低了以纸张作为媒介的信息产品的生产成本。1839年法国画家达盖尔发明了"银版摄影术"，揭开了影像表达的历史。从此，人们不再仅依靠文字来记录历史、描述事物、表达思想和情感，影像带来的纪实性、直观性和生动性进一步促进了社会化传播方式的发展。随着制版技术的不断进步，图文印刷工艺不断完善，图书、期刊、报纸等纸媒读物相继全面进入大众生活，开创了信息社会化传播的新时代。

2.传播媒介的电磁化

近代科技革命，特别是经典物理学在声、光、电、磁等领域取得的一系列理论成果，促进了光学技术和电子技术的普及应用，在科学发现的推动下，一系列新的信息传播媒介被不断发明出来，电子传播媒介逐步成为最为重要的传播媒介。

1837年，英国的库克和惠斯通设计制造了第一个有线电报；1843年，美国人莫尔斯发明了第一台具有实际应用价值的电报通讯系统，将人类带入了电信时代；此后，1895

年，意大利的马克尼又发明出无线电报系统，大大增强了信息传递的即时性并扩展了信息传递的空间。1876年，第一部电话投入使用，虽然关于电话的最初发明人现在还存在很大争议，但自此人们已经找到了声音远距离传播的方法。1877年，美国发明家爱迪生发明出了留声机，人类的语言、音乐和自然界的各种声响有了被记录保存下来的工具。1889年，爱迪生又发明了电影留影机，5年后，他的电影视镜问世，成为电影放映机的最初雏形。而在大西洋的彼岸，1895年，法国卢米埃尔兄弟发明了他们的活动电影机，利用银幕投射式放映电影很快为人们所接受。

无线电通信技术是人类继印刷技术之后的又一次传播技术领域中的重大革命。1906年圣诞节前夜，美国的费森登和亚历山德逊在纽约附近设立了一个广播站，并进行了有史以来的第一次无线电广播。1919年，苏联制造了一台大功率发射机，并于1920年在莫斯科开始试验性广播。此后，收音机开始进入家庭，收听广播也成为人们获取资讯、休闲娱乐的一种重要方式。

随着电子技术的发展进步，1928年，移居美国的俄国人兹沃里金发明了用于传送电视影像的实用光电管，成为一个划时代的发明。1935年，美国纽约成立了电视台，开始播放电视节目，同年的德国柏林也开始播放电视节目。第二次世界大战后，广播电视开始了飞跃式的发展，1953年，彩色电视在美国问世。60年代后，卫星转播站开始转播电视节目，人类开始了信息的全球化传播时代。电视现在已成为世界上最普及的一种声像媒介，它将全世界各地发生的事件及时生动地展现在人们面前，增加了社会生活的透明度，电视文艺节目的大量传播加快了世界各地人民之间的文化交流，电视教育改变了教育的时空观念，可以毫不夸张地说，电视的出现是20世纪人类文化生活中最重大的事件。

今天，计算机技术和网络通信技术的发展再一次深刻地改变了人们传播信息和获取信息的方式。高效便捷的互联网将世界各地的人们连接于网上，极大地消除了时间和空间对信息传播的限制，使人类社会仿佛成为了一个地球村，它集成了人类已有的各种传播形式和表达方式，并且演化出了一系列新的表现形态，在与其他产业的融合中，成为当代最受瞩目的信息传播新媒介。

二、迈进全球化时代的数字传播

人类的文明进步史，也是人类的信息利用能力和传播能力不断进步的历史，人们通过媒介技术进步，不断创造出新的信息传播形态，因而，从一定意义上说，人类的信息传播史，也是传播媒介和传播方式不断丰富的历史，每一个时代，人类都创造出体现这个时代特征的新的传播形态。

（一）文明变迁与信息传播

提高社会的信息共享水平是人类文明进步的客观要求，也是人类文明进步的重要推动力量。面对客观世界的发展变化，人们需要通过获取信息以增强对外部世界变化不确定性的掌控能力，并且从人类以往的生产生活实践积累的经验和知识中寻找解决问题的方法，因而，获取信息、掌握知识和技能也是人们提高能力的重要手段。

在人类的历史长河里，人们创造并发展起来了文化艺术和科技知识，然而，在相当长的历史时期里，文明的成果并不是由社会成员所共享的，一定的社会特权阶层垄断了传播工具，这是文明成果传播受到阻隔的重要原因。

文明之初，无论是两河流域的苏美尔人，还是尼罗河畔的古埃及人，神庙作为他们的信仰中心，也聚集了大量的财富。出于神庙管理的需要，祭司们创造出了最初的文字。在生产力低下的岁月里，这一创造被神化为上天或神赐予人间的礼物，而学习和使用文字也成为了特权阶层所拥有的权力。在其他的古代文明中心，也存在着这一现象，如中国商朝时期的甲骨文，就是刻记在巫师占卜用的龟甲或兽骨之上的，这也表明早期文字的使用与宗教活动之间的密切关系。

伴随人类社会生产的发展，社会生活日趋多元化，在奴隶制城邦国家内部，社会管理更加复杂化，除寺庙学校外，宫廷学校及职官学校开始脱离寺庙独立设置，学校逐步演化为一种世俗的教育机构。学校在发展演化中，成为人们在家庭教育之外接受教化的重要场所，这是人类文明的一大重要进步。

教育的发展和知识传播范围的不断扩大，促使人们对人类已有的知识进行系统化的归纳整理，同时，有关社会生活方方面面场景的著述也进一步受到关注，图书成为承载信息与知识的主要传播媒介，早期的图书馆应运而生。

目前考古所发现的世界上最早的图书馆是两河流域亚述巴尼拔国王宫殿中的图书馆。在这座图书馆中，保存了近三万册泥板图书，包括哲学、数学、语言学、医学、文学以及占星术等方面的著作，几乎囊括了当时的全部知识。其中的王朝世袭表、史事札记、宫廷敕令以及神话故事、歌谣和颂诗，为后人了解亚述帝国乃至整个亚述-巴比伦文明提供了钥匙。尤其珍贵的是，在文学类泥板书中，藏有现今我们所知的人类历史上第一部英雄史诗《吉尔伽美什》，这是美索不达米亚文明所创造的最重要的作品之一。

文字使用范围的扩大，对文字的书写效率提出了要求。在古埃及，神庙中的祭司们最初发明的文字被称为圣书体，随着文字的普及，祭司们在上千年的时间里，不断地进行着文字简化的努力，发展出了僧侣体和世俗体，这些书写方式被用于不同的场合，大大扩展了文字在日常事务中的使用范围。

人员的迁徙和商贸往来，是文化传播交流的重要途径，文化的传播交流又对不同地域、不同形态的文明产生了深远影响。航行于地中海和奔走于西亚-北非之间的腓尼基商人将两河流域文明和古埃及文明传入到古希腊地区，古希腊人由此发展出了璀璨的古希腊文明，成为西方文明的源头。

著述是人们用文字进行系统性思想表达的一种方式。正是由于古代先贤们的辛勤著述，使我们今天拥有了丰厚的人类文明成果。这些文明成果能够流传下来，离不开文化传统的传承发展，离不开文明成果的传播扩散，也离不开书写材料及书写工具的不断进步。

便于书写和传阅是人们对书写材料的基本要求。文明之初，亚述人的泥板书显然不能满足这种需要。古埃及人的莎草纸虽轻薄，但原料来源过于单一且易于损坏。欧洲人曾使用动物皮革制成的羊皮纸，虽韧性好不易损坏，但制作工艺复杂、成本高昂，使用范围受到限制。这些书写材料难以满足人们的传播需要。

纸张是中华民族对人类文明的重大贡献之一。东汉时期，蔡伦在前人的基础上革新了造纸技术。纸张与简牍或缣帛相比，原料来源广泛、制造成本低廉，书写与传阅十分便捷。随着造纸技术的不断完善，纸张的品种逐渐丰富，纸张全面替代了原来的书写材料，被广泛地运用到社会生活的各个方面。

纸张的普及促进了学术研究和文学艺术创作活动，推动了知识的传播与普及。汉代时期出现了书肆，是人们购买图书的场所，图书为丰富人们的精神文化生活发挥出重要作用。纸质图书最初是以人们的临摹手抄为主要的传播方式。西晋时期，左思创作的《三都赋》深受好评，人们争相传抄，造成都城洛阳纸张价格暴涨但仍供不应求的局面，反映了人们对优秀作品的追求和喜爱。随着人们对图书需求的增长，临摹手抄这种手工抄录方式效率低下、传播范围有限的弊端已经成为限制图书传播的主要问题，隋唐时期，人们在印章、拓石的基础上发明了雕版印刷技术，为图书的批量化生产创造了条件，成为人类出版传播活动的起点。

活字印刷术是中华民族对人类文明的又一项重大贡献。北宋时期，毕昇在雕版印刷术的基础上发明了胶泥活字印刷术。与雕版印刷相比，活字印刷技术不仅减少了因雕刻差错而造成的废版数量，在降低成本的同时也大大提高了制版阶段的工作效率。此后人们也曾使用铜、铁等金属材料来替代胶泥制作字模，但受这些金属熔点、硬度等性质的限制，铸字难度大、成本高，制约了技术的推广。

造纸术和活字印刷术传入欧洲后，到15世纪中叶，德国人约翰内斯·谷登堡据此发明了铅字印刷技术，并制作出了木制的印刷机，将印刷由手工操作带入到工场化的机器印刷时代。中世纪的欧洲，基督教教会通过对《圣经》教义解释权的垄断控制着人们的思想，当谷登堡用他发明的印刷机第一次印制出200册的拉丁文《圣经》时，改变了几个世纪以来人们只能在教堂中接受基督教教义的传统，从而打破了教会的特权，在一定程度上影响了欧洲中世纪的历史走向。

15世纪末，欧洲人开启了地理大发现时代，地中海是当时西方文明的中心，意大利的威尼斯与地中海沿岸的港口及欧洲内陆商业城市联络频繁，成为地中海贸易的重要枢纽，也成为世界各地新闻的集中地。16世纪中叶，一份以介绍贸易信息、城市动态、法庭仲裁以及其他地区风土人情为主要内容的手抄小报受到了人们的广泛欢迎，后来这个小报由手抄改为印刷，发行量迅速扩大，并随着往来的商人、水手、游客、教士扩散到地中海沿岸及欧洲内陆地区。在其影响下，各类报纸在欧洲的很多城市相继出现，成为人们获得资讯的重要渠道。这个小报后人称为《威尼斯公报》，被视为是现代报纸的鼻祖。《威尼斯公报》已经具备了刊载新闻、定期出版、公开发行等现代报纸媒体的主要特征，它的出现标志着一个以纸媒为基础的社会化传播时代即将到来。

17世纪初，资本主义在欧洲初具规模。尼德兰地区资本主义较为发达，成为欧洲的新闻中心。1605年，在安特卫普出现了不定期刊物《新闻报》。到17世纪20年代，尼德兰地区已有140余种新闻刊物，其中最早以定期方式出版的《意大利、德意志等国新闻》被翻译成英、法等多种文字，在欧洲传播较广。受此影响，到17世纪五六十年代，在德语地区出现了世界上最早的日报。此时，欧洲各国的印刷出版物仍受到政府甚至教会的严格管制，须接受检查或事先取得必要的特权。1644年，J·弥尔顿在英国议会出版委员会发表了著名的《论出版自由》，他的主张赢得了新兴资产阶级的广泛支持，促使封建教会及政府逐步取消了对印刷出版业的许多限

图1-1-3　陈列于德国谷登堡印刷博物馆中的铅字印刷机

制，为报刊出版物宣传教育功能的发挥创造了有利条件，对打破封建势力的束缚、推动资本主义革命、促进新闻出版行业的发展产生了重大影响。17世纪下半叶到18世纪上半叶，在制造业发展的带动下，大城市的人口不断扩张，随着资本主义进入成熟期，市民阶层拥有了更多的政治权利和教育权利，受教育水平和文化程度明显提高，进一步激发了他们对社会政治及公共事务的关心和对文化生活的追求，报刊出版物日益成为社会的需要。

媒体是信息提供者、信息、传播媒介、信息受众在一定的信息传播机制下构成的信息传播体系，承担着人类社会传播和共享信息的主要职责。纵观人类传播技术的发展历程，每一次传播媒介的革命性突破，都创生出新的传播方式，带来了新的媒体形态的出现，在为人类信息传播活动拓展出新的领域和发展空间的过程中，也进一步提升了信息的社会化传播能力，并进而提高了整个社会的信息共享水平。

保护知识创新是市场经济条件下推动知识创新成果实现社会共享的基础。从15世纪中叶开始，西方资本主义国家在发展进程中，以立法形式逐步建立起了知识产权制度，为知识与技术创新提供制度保障。随着工业化进程的不断推进，各国的知识产权制度也不断得到修订和完善，到19世纪末，伴随国际贸易分工和国际贸易体系的发展，知识产权保护制度也呈现出向国际化和现代化的发展趋势。

知识产权制度的确立和发展，为知识与技术创新及传播普及发挥了重要作用。可以说，正是由于知识产权制度的不断发展，促进了近现代以来科技、文化等领域人类知识创新成果的快速增长。

20世纪，电子通信技术迅速发展，以广播电视为媒体的电子传媒新形态进入了人们的生活。广播电视的出现，是信息的多形态性对传播方式提出的必然要求，这一方面得益于科学理论的发展为技术实现提供了必要的理论基础，另一方面也是社会发展为新的信息传播方式提供了充分的社会需求。

1906年，美国人福雷斯特发明了三极管，奠定了无线电广播的技术基础。第一次世界大战促进了无线电通讯技术的发展，为无线电广播的普及应用完成了技术准备。战争结束后，随着战后重建的推进，工业化进程不断加快，钢铁、化工等重工业体系在许多国家快速发展，机械、纺织等劳动力密集型产业吸纳了大量的社会劳动力，城市规模得到了迅速扩大，出现了一批世界级的大型、特大型城市，成为重要的政治、经济、文化中心。在工业化、城市化的发展进程中，人们的工作、生活节奏不断加快，社会生活也更加丰富多彩，以文字阅读作为接收信息方式的纸制媒体已不能完全满足人们的需要，新闻报道的及时性、娱乐内容的丰富性和传播方式的大众性、便捷性成为媒体发展的新方向。

1920年6月15日，马可尼公司在英国举办了一个以梅尔芭太太主演的"无线电-电话"音乐会，法国、意大利、挪威甚至希腊都能清晰地收听到，广播内容表现的直达性及大范围覆盖的特性得到显现。1920年，美国威斯汀豪斯公司KDKA电台成为世界上第一座领有执照的电台，同年11月2日正式开播，首次播送的节目是有关总统选举的新闻，轰动一时。在此后的十多年间，世界各地广播电台数量激增，成为人们获取新闻和生活娱乐的重要媒体。特别是在第二次世界大战期间，广播电台的媒体优势得到了充分发挥，不仅是战时大众获取战时消息的主要渠道，而且也成为交战各方进行宣传战、舆论战、心理战的重要工具。第二次世界大战结束后，广播媒体得到了快速发展。20世纪下半叶，随着晶体管技术、集成电路技术的不断进步，收音机日趋小型化、微型化和便携化，到20世纪后期，收音机演变为很多人的随身媒体。

广播实现了声音信息的远距离传播。广播以"听"为信息接收方式，声音信息通过声-电转换为电子信号，以无线电波从广播电台传递到听众的收音机中，再通过电-声还原为声音信息为听众所收听。

广播技术解决了面向大众大范围传播声音信息的问题。在广播媒体诞生后不久，人们又着手寻找视觉信息传播的有效方法。

19世纪30年代，摄影术的发明使人类拥有了记录现实世界影像的技术手段。摄影可以获得拍摄对象瞬间的静态影像，成为人们记录日常生活和进行艺术表达的重要工具。在光学摄影时期，摄影离不开较为复杂的暗房后期处理技术，拍摄的影像也必须依靠纸基介质才能呈现，摄影为纸媒表现力的创新发挥了重要作用。

电影的发明使人类有了记录连续影像的工具。然而，胶片电影的高成本、摄制过程的复杂性以及放映设备和观影环境的制约，使电影难以成为及时报道新闻的传播工具，因此，除在一些特定的社会历史背景下，电影更多的是作为一种艺术创作门类而成为具有自身审美特点的艺术表现形式。

20世纪20年代后，电视技术取得了一系列革命性的突破。1925年，英国人贝尔德和金肯斯在机械视盘的基础上成功进行了电视实验，美国和德国的研究人员也在此之后完成了电视系统的实验研究。特别是兹沃里金发明的光电管和范斯沃斯发明的析像管，成为现代电视的关键部件，为电视技术走向实用铺平了道路。

电视将摄取的事物影像及声音信息通过光-电磁转换器件转换成电子信号，以有线或无线传输方式从电视台发送到观众的电视接收机中，再将电子信号通过电磁-光转换器件转换为观众可以观看的声像信息。

20世纪30年代后，美国、英国等相继进行了电视播放试验，为电视媒体的诞生创造了条件。1935年，美国纽约成立了电视台，向70千米的范围播放了电视节目，同年，德国柏林也开始播放电视节目。1936年，对柏林奥运会进行的电视报道，显示了电视媒体的发展潜力。此后，电视在欧美国家开始普及，到第二次世界大战前，英国约20000个家庭拥有了电视机。

第二次世界大战后，一系列新技术的发展促进了电视摄制水平与播出水平的提高，同时电视传输技术也在发展，微波传送、同轴电缆传输技术大大提高了电视传播的覆盖范围，为人们收看电视节目提供了便利。20世纪60年代，通信卫星技术的出现，解决了电视信号的全球化传播问题，从1965年到1980年，国际通信卫星组织共发射了5颗通信卫星，完全实现了全球通信，从此人类进入了全球化传播时代。

电视显像技术的进步和电视节目内容的丰富是推动电视机家庭应用的重要因素。从20世纪30年代黑白电视机问世到50年代彩色电视机的发明，电视内容的表现力不断得到提高，促进了电视机在家庭中的普及，收看电视成为了人们获取新闻、休闲娱乐的重要方式。

与纸媒相比，广播电视提供了简捷、丰富的内容信息，特别是电视节目可视直观的特点，大大降低了受众接收信息时对文字阅读能力的要求，同时还能满足多人同时收听收看节目的需要，因而有利于扩大传播的受众范围。

广播电视崛起于人类全面进入工业化的时代。在这个时代，在经历了200多年工业化历程后，大工业已经完全占据了社会经济体系的主导地位。大工业是建立在社会分工基础上的标准化、规模化的集中生产方式，产业组织形态和技术水平成为决定生产效率的决定因素，经济发展对科学技术和产业组织管理方式的依赖程度日益提高，这一生产方式也深深地影响着媒体产业的发展。

工业化时代是人类供给能力迅速提高的时代。工业化首先解决了人类普遍性需求商品的供给问题。由于工厂化生产依赖于严谨的企业组织形态，使产业工人的消费需求具有趋同化的倾向，并进而影响到社会的普遍需求取向，形成了工业化时代人们需求同质化突出的特点，为社会化大工业规模供给方式的实现创造了条件。

工业化生产方式为媒体产业提供了巨大的生产能力，无论是纸质媒体还是电子媒体，在工业化时代都进入了传播能力的扩张时期，国际上一批传媒巨头相继出现，传媒业对社会生活的各个方面都产生了深刻的影响。

随着工业化的深化，社会分工不断细化，以服务业为重点的第三产业迅速崛起，逐步成为社会经济的主导产业，人类社会也进入了后工业时代。

后工业时代不仅是经济增长方式的大变革，同时也是人类需求呈现出大分化的时代。在后工业时代，人们的基本消费需求得到充分保障，个性化需求开始充分显现，社会生产方式也呈现出多品种、多批次、多批量的特点，以需求主导生产的特征更加突出，社会经济体系也表现出国际产业分化重组与融合发展的新趋势。

后工业时代的到来，推进了生产要素在世界范围内的重新分配，随着世界产业分工体系的大调整，资本和商品在全球范围内的大流通，也推动了市场信息和消费文化在全球范围的大传播，信息成为最活跃的市场要素，社会经济发展对信息的依赖程度日益提高，对信息传播方式和传播媒介提出了新的要求。

20世纪后半叶，建立在计算机技术革命基础上的信息技术革命，为构建全球化的传播网络奠定了基础，人类开启了向网络化和智能社会发展的新征程，以信息数字化和互联网为传播媒介的新的互联网媒体开始崛起，引发了人类社会的传播新革命。

（二）向智能化迈进的数字传播

人类的文明进步历程，从一定意义上讲，也是制造和使用工具的发展史。在人类历史上，人类运用自己的聪明才智，在不断提高对自然界运动规律认识的基础上，通过制造和使用工具使自身的能力得到了不断扩展，工具制造水平呈现出向复杂化、多功能化和精细化的方向发展，特别是电子计算机的发明，开启了人类智能延伸工具的创造历史，推动着人类文明进入到了一个新的发展阶段。

1.信息的数字化

1946年，第一台电子多用途计算机埃尼阿克（ENIAC）在美国问世，而它的研制者也许并没有预料到这台用电子管构成的笨重设备对于未来历史的影响。随着电子技术的进步，晶体管取代了电子管，集成电路取代了晶体管，超大规模集成电路又取代了中小规模的集成电路，计算机也从最初的电子管计算机发展到现在的超大规模集成电路计算机。

最初的电子计算机其用途为数据运算，1981年IBM公司推出了首台个人计算机（PC），这在计算机发展史上具有划时代的重要意义，从此，计算机开始走向大众，应用领域和范围迅速扩大。随着计算机性能的快速提高，今天的计算机已经广泛应用于社会生活的方方面面，成为人们一项必不可少的工具。

有信息就有信息处理。人类长期的传播实践活动，离不开信息的贮存、选择及加工处理过程。20世纪中叶以来，随着计算机技术的不断发展，计算机成为人们进行信息处理的重要工具。文字是最早实现数字化的信息方式，因而，计算机信息处理系统最先应用于纸媒出版领域。在纸媒出版方面，"告别铅与火，迎接光与电"，计算机数字排版系统的问世，为纸媒出版

图 1-1-4　诞生于美国的第一台电子多用途计算机埃尼阿克（ENIAC）

带来了一场深刻的变革，沿用了数百年的铅版印刷技术被数字胶印技术所取代，纸媒的印装质量大幅提高。随着图片数字化技术的发展，彩色排印系统日臻成熟，由于彩色读物相比单色读物包含更多的信息量并具有更好的阅读体验，彩色印刷已经成为纸媒的主流方向。随着信息数字化技术的进一步发展，广播电视的数字化程度大幅提高，数字信号全面取代早期的模拟信号，数字编辑系统改变了模拟信号时代的工作方式，对提高广播电视节目制作效率和内容质量发挥了重要作用。

　　媒介的数字化是建立在信息数字化基础之上的新的数字信息传播体系。没有信息的数字化，也就没有数字化网络媒体形成和发展的条件。信息处理技术的进步，使影像分辨率更高、画面色彩还原度更好、音频音质效果更为细腻，带给了人们更加良好的数字信息传播应用体验。近年来，人工智能领域研究进展迅速，在语言识别、图像识别和自然语言处理等方面取得了一系列突破，智能化的信息处理技术将全面改变人们获取、保存和使用信息的方式。

　　计算机信息处理技术的核心是信息的数字化技术。信息的数字化就是将人类可感知的信息内容转化为计算机可识别的数字编码技术，人们可以运用计算机对这些数字信息进行编辑处理和存贮，这些数字信息通过数字解码经终端输出系统再度为人们所感知。由于计算机信息数字化遵循统一的数字信息格式标准，这就为各种数字信息系统共享信息奠定了基础。

2.数字信息的传播媒介

1969年，美国人建成了世界上的第一个计算机网络——阿帕网，当时这一网络只有两个节点，到1981年时，节点数达到了213个。1977年到1979年，阿帕网推出了目前形式的TCP/IP体系结构和协议，到80年代前期，阿帕网上的所有计算机开始了TCP/IP转换工作，此后，以阿帕网为主干网建立了初期的互联网。1981年，美国计算机网络网上消息栏首次使用，阿帕网也在美国本土得到不断扩大。

在欧洲，欧洲的科研人员开发出联合学术网等网络，经过一段时间的磨合，1984年与美国阿帕网接通。1985年，美国国家科学基金组织采用TCP/IP协议将分布在美国各地的六个为科研教育服务的超级计算机中心连接起来，形成国家科学基金网。1986年，国家科学基金网替代阿帕网成为互联网的主干网，"internet"这一名称开始正式使用。1988年，互联网开始对外开放，结束了仅供计算机研究人员和政府机构使用的历史。1989年互联网开始进行商业运作，一批提供上网服务的公司应运而生。

1989年，英国科学家泰姆伯纳斯·李和比利时人罗伯特·凯利奥在欧洲粒子物理所提议和创造了在互联网上使用超文本来发布、分享和管理信息的方法，这是一个相互链接在一起、通过网络浏览器来访问的超文本文档系统，浏览器里看到的网页，可以包含文本、图像以及其他的多媒体，通过文档之间的超链接，可以从一个网页浏览到其他网页。同年，美国国家超级计算机应用中心发明了一种超文本的浏览器，为在互联网上查询、浏览各种信息提供了有效的手段，这就是人们现在很熟悉的万维网（World Wide Web）。

万维网的功能具有两大特点：一是文字、图形、动画、声音、影像等多媒体信息都可以在网页上得到展现，网页的形式更加生动，内容更加丰富。二是超文本链接技术使各种离散信息通过节点标记和链接形成了相互的关联，为信息的浏览共享提供了实现条件。

1990年，万维网开始在全世界普及。到1991年6月，世界联网的计算机中，商业用户首次超过了学术用户。在这个时期，大批商业机构开始在互联网上刊登网页广告，提供各种信息，互联网开始真正走入家庭。各种传统的大众传媒开始与互联网融合，开辟了网络传播的新纪元。

1992年，美国《圣何塞信使新闻报》创办了全球第一份网络版报纸，从此各类传统媒体先后向互联网进军。从世界范围来看，网络报纸经历了四个发展阶段：1992年到1996年电子版阶段，报纸只是把印刷版的内容原封不动地搬上网；1996年至1997年的超链接阶段，通过对文本中间的一些关键字建立链接，使信息之间的关系更加直接，同时在网络版上还开辟了电子论坛、聊天室、邮件列表等服务，实现了双向交流；1997年以后的网络专用新闻阶段，报纸网络版与印刷版相对独立，有一批专门为网络版工作的新闻人员和技术人员，提供网络版的独家新闻报道，并且初步具有了多媒体报道的特征。2003年以后，伴随着媒介融合的趋势，网络报、手机报等开始流行起来。

1995年8月，美国广播公司（ABC）首先利用互联网进行全球广播。从此以后，世界上许多著名的广播电视媒体纷纷上网，将数字化的音频、视频信息通过互联网进行传播，成为网络传播多媒体形态的重要体现。1997年以后，很多记者开始专门为互联网频道做新闻，允许用户参与新闻报道，实现多元互动。

1995年，美国国家科学基金会将网络经营权转交给美国三家最大的私营电信公司，网络发展从此进入产业化运营和商业化应用阶段。从此，个人电脑迅速普及，电子商务蓬勃发展，网络媒体功能开始凸显。

1994年，中国科学院高能物理研究所网络和中关村网络正式接入国际互联网，1995年，我国在北京和上海正式建立了国际节点，完成了国际互联网与国内公用数据网的互联互通。

20世纪90年代中期以后，国际互联网进入了一个快速发展阶段，网络媒体也在这一时期得到了飞速发展。在与传统媒体竞争过程中，形成了相互依托、共荣共存的发展态势。在传统媒体网站之外，一些组织及个人利用网站、主页等网络工具定期制作和发布新闻的网络自媒体蓬勃兴起。由于互联网具有报纸的详尽、深入与可保存的优势，电视的视听合一、形象生动的特点，再加上互动、即时、延展、融合等特征，很快就对传统媒体形成了巨大挑战，同时也为传统媒体的发展提供了一个崭新的空间。

2003年以后，在经历了世纪之交的网络泡沫造成的动荡，互联网企业开始不断尝试新的商业模式，互联网发展进入了Web 2.0时代。网络界一般将以浏览器为特征的"一对多"式的传播网站称为第一代网站（Web 1.0），而将以聚合内容技术和标签技术为特征的个性化传播网站称为第二代网站（Web 2.0）。在Web 2.0时代，用户自身创造和共享信息资源，网站设计更注重用户的交互作用，用户既是网站内容的消费者，也是网站内容的创作者。

中国互联网协会在2006年《中国Web 2.0发展现状与趋势调查报告》中对Web 2.0的定义是："互联网2.0（Web 2.0）是互联网的一次理念和思想体系的升级换代，由原来的自上而下的由少数资源控制者集中控制主导的互联网体系转变为自下而上的由广大用户集体智慧和力量主导的互联网体系。"

微内容是Web 2.0的传播基础，它结构单一，是不能再分解的内容数据，包括用户个体所形成的任何数据。现在微内容已经充斥我们生活的方方面面，我们每天都生产众多的微内容，也消费众多的微内容。Web 2.0重点正是对这些微内容的重新发现和利用，帮助用户收集、创建、管理、分享微内容。中国人民大学喻国明教授认为："这种让全民共同决定和编织传播的内容与形式，让每个个体的知识、热情和智慧都融入其中，让人们在具有最大个性选择的聚合空间内实现共享，这恰恰是新传播时代的价值真谛。Web 2.0必然用一种新的形式带给我们一个高效、新鲜而有活力的传播领域，新的传播时代即将到来。"

3.互联网开辟网络生活新方式

移动互联网是移动通信技术与互联网相融合的产物。移动互联网继承了移动通信随时、随地、随身的便捷性和互联网分享、开放、互动的优势，是整合二者优势的"升级版本"。移动互联网是互联网的技术、平台、商业模式和应用与移动通信技术结合并实践的活动的总称。

移动电话的历史起源于20世纪初。而世界上第一台无线便携式报话机是在1938年由美国信号工程学实验室发明的，这款产品被命名为SCR-194和195，它体积巨大，非常笨重，重量达25磅（约11.3千克），支持5英里（约8千米）的通话范围。改进后的SCR-536无线步话机在第二次世界大战中被广泛应用。

1973年，前摩托罗拉副总裁马蒂·库珀（Marty Cooper）申请了一项名为"无线电通话系统"的专利，他是全球首位通过移动设备拨打电话的人。

1983年，世界上第一台移动电话摩托罗拉DynaTAC问世，由美国Ameritech公司在芝加哥提供第一项1G模式服务。1G模式也被称为第一代移动通信技术，采用的是模拟蜂窝移动通信网，只能为用户提供有限的通信服务。

20世纪90年代初期，随着数字技术和微型电子芯片技术的发展以及移动通信终端硬件和软

图1-1-5　第二次世界大战中得到广泛使用的SCR-536无线步话机

件的进一步数字化，移动通信系统不仅可以提供语音服务，也可以提供慢速的数据业务服务，移动通信终端可以随时随地收发短消息、电子邮件及浏览网页，这就是第二代移动通信技术，亦即 2G。与第一代模拟蜂窝移动通信相比，第二代移动通信系统采用了数字化制式，具有保密性强、业务丰富、标准化程度高等特点，通话质量、安全性等方面都比第一代有了很大的进步，这使移动通信得到了空前的发展，从过去的补充地位跃居主导地位。与此同时，大规模的生产方式降低了手机的成本，手机开始从奢侈品走向平民化。1994 年 10 月，我国移动通信进入数字移动通信时代。1997 年 8 月，我国手机用户突破了 1000 万，2001 年 4 月达到了 1 亿用户，并于同年 7 月超过美国，使我国成为全球移动用户最多的国家；此后经过短短一年，2002 年，我国移动用户便突破了 2 亿，并由此进入了快速发展时期。

随着用户数量的迅速提高，手机应用开始向多样化方向发展，对移动运营商网络接入速度也提出了更高的要求。由于第二代移动通信技术只能提供低速低带宽数据通信业务，因此出现了基于 GPRS 技术基础上的 2.5G 技术。网速的提高进一步激活了应用功能的扩展，手机也逐渐从语音平台演进为多功能媒体平台，手机不再只是简单地作为信息接收终端使用，开始成为用户融入网络、实现网络生活的重要工具。

面对日益增长的应用需要，第三代移动通信技术（3G）进入实用化阶段。第三代移动通信技术是无线通信与互联网相结合的新一代移动通信系统。与之前的技术相比，3G 最大的特点是实现了无线移动通信和互联网的融合，手机成为新的"个人通信终端"，手机的功能充分向多媒体化和信息处理智能化方向发展，成为人们随身携带的"信息中心"。

4G 时代的开启以及移动终端设备的进步为移动互联网的发展进一步注入了巨大能量。4G 技术带来的不仅是更快的网络接入速度，而且是移动通信技术与互联网 Web 2.0 充分融合的产物。它使手机作为"信息中心"便携式的优势得到充分发挥，使人们不再受上网条件的局限，可以随时随地接入互联网并进行复杂的信息处理和信息传播活动。4G 带来的不仅是无处不在的网络环境，它也深刻地改变了人们的工作方式和生活方式，使人们进入了网络化生活时代。

我们正在迎接 5G 时代的到来。5G 将满足人们对超高流量密度、超高连接密度以及超高移动性的需求，5G 将是物联网快速发展的时代，在大数据技术和人工智能技术的驱动下，手机的随身媒体功能将进一步强化，5G 时代也必将为我们带来更加丰富的网络生活形态和更加智能化的网络生活方式。

第二节 互联网时代的数字多媒体

一、互联网时代的数字媒体

现代生命科学研究结果表明，人的感觉器官包括眼、耳、鼻、口、舌和皮肤等，它们是人体接受外界信息的基本器官，人类依靠这些器官，可以感知视觉信息、听觉信息、嗅觉信息、味觉信息、触觉信息以及温度、平衡等其他信息。而在这些感觉器官中，视觉和听觉器官是接受人们思维表达信息（即智据符号）的最为重要的器官，因此，人类信息传播的重要方式就是视觉和听觉信息的传播。

（一）从数字信息传播媒介到数字媒体

信息的传播离不开传播媒介，没有传播媒介，就没有信息传播，因此，麦克卢汉提出"媒介即是信息"的著名观点。他还进一步提出，媒介是人体的延伸，从而使他成为人类进入电子传播时代最具影响力的传播理论家。

一些传播研究者认为，媒体就是媒介，这种认识是不全面的。因为媒介是信息传播的媒介物，而媒体则是信息传播体系。我们可以说，古人用于书写的泥板是媒介，竹片是媒介，纸张是媒介，现代的人们用来记录声音的唱片是媒介，磁带是媒介，记录影像的照片是媒介，但我们不能说这些物体是媒体。因为媒体是一个包含有信息传播过程的传播系统。

从广义来说，媒体包含了信息的产生、收集、发出、传递、接收和识别的完整过程，而狭义的媒体定义也包括了信息收集、编辑加工和传播等基本环节。因此，我们可以说，图书是媒体，报纸是媒体，期刊是媒体，进入了电子时代后，广播是媒体，电视是媒体。计算机的发明和广泛应用，使人类具有了应用数字化方式进行信息采集、加工、交流和存储的能力，而今天的互联网又给我们提供了网络数字传播媒介，从而使建立在互联网基础之上的数字信息传播系统，构成了互联网时代的数字媒体。

（二）互联网的传播特点

互联网采用的是扁平化的网状传播结构，这种扁平化的网状结构，使互联网作为传播媒介与传统媒介相比具有自己的独特特征。

1.互联网的去中心化特征

在扁平化结构的互联网中，互联网中的每一个节点都以相同的方式接入网络，每一个节点也都处于同等的地位，在互联网上不存在超越网状传播结构之外的超级传播中心。

2.互联网信息的超文本特征

互联网具有信息的超文本属性，人类的各种信息形式，只要能进行数字化，就都可以通过互联网进行传播，从而使互联网具有了集成文字符号、图片、视频以及人类已有的其他各种信息形态传播交流的功能。

3.多种传播形态复合体的特征

互联网具有信息通过的多向性功能，数字信息在互联网上既可以单向通过，也可以同时对向通过，互联网的网状结构，使它不同于传统传播媒介单向式的传播形态，既可以一对一的进行传播，也可以一对多或多对多的进行传播，因而，互联网传播是多种传播形态的复合体。

（三）网络媒体的传播特点

网络媒体是以互联网作为传播媒介的。由于互联网与传统传播媒介相比具有不同的传播特性，特别是互联网进入 Web 2.0 阶段以后，网络媒体呈现出与传统媒体完全不同的传播特点。

1.传播主体的个人化和"社交化"传播

互联网的去中心化功能，使网络媒体的传播主体，无论是政府部门、媒体机构、网络服务商，还是数量庞大的普通网民，在网络表达的公共空间中都表现为相同的传播形态，具有同等的话语权，从而使网络媒体的传播主体呈现出个人化的和社交化的传播方式，任何一个传播者都可能在网络中掀起一场传播"风暴"。

2.用户生产内容

互联网传播过程的多向性功能，打破了传播者与受众之间的身份界限，传播者和受众都是互联网上的普通用户，每一位用户都可以成为内容的生产者，也可以以社交媒体的方式成为数字内容产品的传播者，而且用户之间的互动也可以构成传播内容的重要组成部分。用户生产内容，使数字媒体的产品形态更加丰富、生动，也使产品的传播更有参与性和趣味性，使传播过程更加灵活、便捷和多样。

3.社交传播的平台化

在 Web 1.0 时代，用户获取信息需要通过搜索引擎，互联网类似杂志，内容只是可读的，只能看不能互动。Web 2.0 的创新之处，使互联网内容变得可读与可写，互联网用户不仅能接收内容，还可以创造内容，一些互联网公司充分利用人们的社交传播属性，从网络用户的互动传播中发现了巨大的商业价值，推出了社交传播平台，用户创造的数据被商业化，成就了一批互联网巨头，如美国的Facebook、Twitter等，我国也出现了以微博、微信、今日头条等为平台的新型互联网公司。电子商务平台也借用社交传播方式获得了快速发展，如淘宝、京东等，本质上就是利用平台管理用户评价从中取得了巨大的金融和商业利益。

4.内容创作与传播过程一体化

社交化传播，受众在接收内容信息时，通过转发也成为了信息的传播者。因此，调动受众的转发热情，使受众成为内容的传播者，对提高内容信息的传播影响力具有重要的意义。随着技术的发展，特别是智能终端技术的不断进步，受众在转发内容信息时，可以调用智能终端的传感器，在内容信息中加入自己的内容，使作品具有了自己个性化的特征，如此一来，受众在转变为内容作品的传播者的同时，在传播的过程中又赋予了作品新的内容或新的表现形式，成为了新作品的创作者。这种传播方式，将内容创作与传播过程结合于一体，已远不同于传统媒体的传播方式。内容创作与传播过程的一体化成为互联网时代数字信息传播的新型态。

二、数字信息的形态类型

数字信息依其形态可分为文本、图像、音频、视频、动画等类型。数字信息的形态类型也基本上是根据数字技术的发展过程而不断发展并在实践中得到应用的。早期的数字技术只能编辑处理文本信息，因为文本信息数据量最小，对计算机的硬件要求较低。随着计算机硬件技术的发展，计算速度以及数据存储能力的不断提高，图型处理技术不断得到完善。在数字采集技术进步的推动下，数字音频、数字视频相继进入实用化阶段，同时，高质量的数字动画设计和数字仿真设计的效率和表现效果也得到了很大提高，随着成本的大幅降低，数字技术已经成为数字产品创意和生产必不可少的工具。

（一）文本

文本是字符的集合。数字文本由文字、符号以及编辑控制符等组成。文本字符占用的数据量最小，如英文字母只占用一个字符的数据量，而汉字要占据两个字符的数据量。文本文件分为纯文本文件和编辑格式文本文件。纯文本只含有文字和符号，可以用任意文本编辑软件打开并进行编辑处理。编辑格式文本是包括有编辑软件控制符的文本文件，如用word软件格式存储的文件就是编辑格式文本文件。数据文件也是一种特定的格式文本文件，这类文件主要用于数据采集、编辑以及数据分析等工作。随着大数据技术的发展，数据已成为一种重要的资源，应用越来越广泛。数据文件，如Excel文件，只能用特定的数据处理软件进行编辑。编辑格式文本文件因为包含有编辑格式控制符，因此，比相应的纯文本文件数据量要大一些。

（二）音频

音频文件就是我们听到的声音，包括语音、音乐以及音效等的数字文件。早期的音频文件采用的是 wav 格式文件，还有一种是由数字音频发生器制作的 midi 格式文件，现在一部分手机铃声还在使用 midi 格式文件。随着数字音频压缩技术的发展，数字压缩音频文件得到广泛应用。目前应用最广泛的数字压缩音频格式文件为 MP3，这种格式文件具有不同的压缩比，压缩比越高，文件越小，但音频质量失真越大。决定压缩比的参数是采样分辨率，通常取 128K 的采样分辨率就能够满足我们欣赏音乐的需要，当然如果用户对音乐的感知力很好，也可以采用更高的音频采样分辨率，如 256K 的分辨率。采样分辨率越高，音频的失真度越低，但音频文件会变得更大，多为需要高保真音频制作工作所用。

（三）图像

图像主要是指用数码摄影相机所拍摄的数字照片，也包括用绘图软件所创作的数字绘画作品。早期由于计算机的显示分辨率只有 640×480，分辨率通常为 72K，所以数码照片还不能满足印刷的要求。由于不同的软件开发商和数字摄影厂商采用的图像数字编码技术不同，所以，数字图像的文件格式很多，如 psd 格式的文件，就是包含有 Photoshop 通道、图层信息的图型文件。还有 ram 格式文件，就是包含场景及摄影参数的数码照片文件。目前采用最广泛的图像格式文件有 tif、jpg 等。jpg 是一种图像压缩格式文件，文件相对较小，通用性较强。

（四）视频

视频是包含或不包含音频的序列性图像的集合。早期受计算机计算和存储能力的制约，需通过一定的硬件设备，即数字视频采集编辑卡，将拍摄的电磁信号转换为计算机数字信号，才能实现视频的数字化存储和编辑。然而，由于不同厂商生产的数字视频卡采用的视频编码技术不相同，视频文件的数字编码也不相同，脱离了同一视频卡支持的视频文件在别的硬件环境下无法读取，视频文件的通用性受到影响。如即使同为 avi 文件，用品尼高公司生产的视频卡采集的数字视频，用别的视频卡可能就无法读取。电视媒体是视频技术的最大用户，因此，也是视频技术发展和行业标准制定的主要推动者。由于电视行业快速发展的需要，促进了电视技术标准的规范和普及，使视频格式逐步得到统一。

20 世纪 60 年代中期以后，电视行业进入高速发展阶段。电视制式分为 PAL 制式和 NTSC 制式，两者之间并不兼容，我国采用的是 PAL 制式。当时采用的电视拍摄存储带多为 1/2 录像带，80 年代中期以后，又采用了 3/4 录像带，为后来留下了大量珍贵的视频资料。无论是 1/2 制式的录像带，还是 3/4 制式的录像带，PAL 制式的画面尺幅都只有 352×288。90 年代，数字视频技术开始应用，当时推出的 MPG1 视频压缩技术标准，就是为了充分利用当时的视频资料需要而开发的数字压缩编码技术。而MPG1技术的推出又促进了VCD光盘的传播普及。PAL制式下的MPG1视频的通用尺幅为352×288，一张CD-ROM光盘可以存储640Mb的数据量，由CD-ROM光盘制作的VCD光盘大约可以存储1小时左右的视频内容。90年代后期，大尺寸电视开始普及，PAL制式电视的画面尺幅达到了720×576，MPG1压缩技术已不再能满足行业发展的需要，特别是数字摄录技术进入大规模应用阶段，MPG2压缩技术应运而生，到21世纪初，存储数据量为4.5Gb的DVD-ROM光盘开始应用，一张DVD光盘大约也可以存储1小时左右的标清视频。蓝光DVD光盘的存储容量达到9Gb，甚至出现了容量达18Gb的四层存储蓝光DVD光盘。

近年来，电视技术的分辨率进一步提高，在高容量硬盘存储技术进步的推动下，光盘受存储容量的有限性和读取条件的制约，其应用范围迅速缩小。特别是计算机计算速度的大幅提高和高速互联网的发展，数字视频的采集和编辑已不再需要特定的视频硬件作支撑，数字光学感应器替代了昂贵的数字拍摄设备，通用化的视频格式促进了视频的广泛应用，视频因其强大的现场记录和生动丰富的表现能力而成为数字媒体最重要的应用方式。今天，在数字电视领域，4K电视节目播出正成为现实，8K电视技术也已进入实用化测试阶段。目前常见的视频文件格式有AVI、MOV、MPG、MP4等。

（五）动画

动画分为二维动画和三维动画。二维动画就是平面动画，是以绘画表现连续性画面的一种表达方式。早期的二维动画主要采用人工绘制的方式进行创作，如我国优秀的动画影片《大闹天宫》等就是美术设计师一帧一帧手绘出来的。数字动画技术最早在美国开始得到应用，摄制出的《狮子王》等影片在国际上得到广泛赞誉。三维动画技术是通过三维建模实现立体化视觉效果的动画表现方式。常用的三维动画设计软件有3D MAX、MAYA等。现在三维动画设计已经在影视剧摄制中得到了广泛应用，通过特效画面制作不仅大大提高了作品的表现力，而且也节约了大量的制景费用。

（六）数字多媒体作品

数字多媒体作品是计算机技术和网络技术发展下的产物，是指包含了文本、图像、音频、视频、动画等多种媒体形态的数字化作品。数字多媒体作品大致分为两种，一种为浏览式的不具有交互功能的数字化作品，另一种是自身带有交互功能的数字媒体作品。数字多媒体作品有多种表现形式，如可以是用浏览器进行阅读的网页，用于教学的演示课件，也可以是以客户端方式进行在线娱乐的网络游戏，还可以是带有交互功能的多媒体程序和大型数据库等。

第三节 HTML 5.0与H5融媒体作品

H5最初是作为HTML 5的简称提出来的，是指第五代超文本标记语言，但现在H5已经远远超出了最初的含义，H5作为一种特殊的融媒体作品形态，已被广泛应用于许多领域。

一、HTML的发展历程

HTML是英文Hyper Text Markup Language的缩写，意思是超文本标记语言。

超文本是互联网的一种信息组织方式，它通过超级链接方法将文本中的文字、图表与其他信息媒体相关联。这些相互关联的信息媒体可能在同一文本中，也可能是其他文件，或是地理位置相距遥远的某台计算机上的文件。这种组织信息的方式将分布在不同位置的信息资源用随机方式进行连接，为人们查找、检索信息提供方便。

HTML是一种标记语言，它包括一系列标签，通过这些标签可以将网络上的文档格式统一起来，使分散的Internet资源连接为一个逻辑整体。HTML文本是由HTML命令组成的描述性文本，HTML命令可以说明文字、图形、动画、声音、表格、链接等。用HTML编写的超文本文档被称为HTML文档，它能独立于UNIX、Windows等各种操作系统，通过专用的浏览器来识别，即现在所见的网页。因此，HTML语言也是一种网页编写语言。

自1990年以来，HTML就被用作万维网的信息表示语言。万维网上的一个超媒体文档称之为一个页面，每一个HTML文档都是一种静态的网页文件，这个文件里包含了HTML指令代码，这些指令代码并不是程序语言，只是一种排版网页中资料显示位置的标记结构语言，通过这些标记符号，可以告诉浏览器如何显示网页中的内容，如如何处理文字、画面如何安排、图片如何显示等。因此，可以通过编写HTML指令代码进行网页设计，这也为应用特定的设计软件以"所见即所得"的方式进行HTML网页设计提供了条件。

HTML发明于1989年。1993年，作为互联网工程工作小组工作草案正式发布了HTML 1.0版；1995年，HTML 2.0版发布；1997年1月，HTML 3.2版发布，1997年12月，升级为HTML 4.0版，成为互联网标准，广泛应用于互联网应用的开发，1999年12月HTML 4.01版对HTML

4.0进行了微小改动。HTML对推动互联网的发展发挥了重要作用。2008年，HTML 5.0发布，被公认为新一代的Web语言，极大地提升了Web 2.0的发展。

二、HTML 5.0的优势

HTML 5将Web带入一个成熟的应用平台，在这个平台上，视频、音频、图像、动画以及与设备的交互都进行了规范。HTML 5.0首先是一个多项技术与技术标准的集合。HTML 5.0之前的HTML主要是借用第三方插件扩展以PC机为信息处理终端的各种互联网应用，如借助第三方的视音频播放插件才能播放网页中的视音频内容。为适应移动互联网的发展需要，HTML 5.0对之前版本的HTML做了很多改动，在删除了一些旧元素的同时，也增添了许多新元素，如图形的绘制、多媒体内容、更好的网页结构、更好的处理形式等等，使HTML 5.0具有了许多新特性，如智能表单、绘图画布、多媒体、地理定位、数据存储、多线程等功能，这些为新的互联网应用场景所制定的一系列技术和技术标准的集合，可以更好地处理今天的互联网各种应用。也就是说，只要符合HTML 5.0所确认的技术和制定的技术标准规范，就可以开发设计出满足互联网环境中不同智能终端的特定应用场景，从而大大扩展了Web在移动智能终端的应用范围。

H5网页是由HTML 5、CSS、JS（JavaScript）共同编写的，其中HTML控制网页的框架和元素位置，CSS控制美化效果，JS控制网页的互动和动作，网页可以调用前端和后端的多种功能，实现多种互动效果，既可以在手机上浏览，也可以在平板电脑和PC上观看。自H5发布以来，经过几年的应用实践，H5的优势主要在以下几个方面得到了展现：

（一）推动了Web在移动终端的发展

由于移动智能终端与PC在数据接收、传输以及显示等方面方式不同，PC环境下的网络浏览器在移动智能终端上用户体验不佳，同时，PC与移动智能终端的网页标准不一致，这些成为移动端Web的发展障碍。HTML 5.0克服了浏览器在移动智能终端应用体验不佳、网页标准不统一的问题，从而使移动智能终端作为个人信息中心的优势得到充分发挥，整体推动了移动端Web应用的发展。

（二）改善了移动端Web的操作体验

HTML 5.0针对移动智能终端改进了Web内核标准。随着移动智能终端硬件能力的提升，HTML 5.0在Web内核方面的应用得到突显，改善了用户在移动端Web的操作体验。如许多游戏玩家对3D化的手机网游的游戏体验更加良好。此外，各种手机网络应用的便捷性得到大大提高，如手机导航响应的及时性和准确性大大提高等。

（三）丰富了移动端Web的应用范围

HTML 5.0提高了对移动智能终端中各种传感器硬件的支持能力，可以通过调用这些传感器，增强了人机互动功能，丰富了Web的应用方式。如在市场营销中，通过游戏化、场景化以及跨屏互动等，增强用户对产品和服务的感知度，提高营销效果。HTML 5.0改善了视频数据的传输方式，使视频播放更加流畅，促进了移动视频、在线直播的发展。同时，视频与网页相结合，使用户看视频如同看图片一样轻松。

三、H5作品及应用

HTML 5.0是一个多项技术与技术标准的集合，提供了Web网络应用新的技术标准和技术规范，为设计制作HTML 5.0标准规范下的Web应用提供了遵循。今天的H5已不仅是HTML 5.0的简称，它还是Web的一种应用方式，是一种以HTML 5.0技术方式呈现的Web内容形态，因而，也被人们称作H5作品。

运用H5作品形式，可以呈现网页或微信文章的内容，可以呈现类似PPT的动态效果，可以在移动终端上自然播放视频、音频，可以像APP一样交互、展示内容，甚至还可以像游戏一样利用手机的传感器引发内容情节的变化，等等。今天H5作品在我国变化之繁复，发展之快，应用之普遍，已远远超出了HTML 5.0开发者最初的想象。

（一）H5作品的特点与优势

H5作品的特点与优势表现在以下几个方面：

1.融媒体性

H5作品具有融媒体的特点。H5作品可以综合多种媒体形式，将文字、图片、声音、视频、动效等元素组合一体，这些内容可以以线性叙事的方式组合，也可以以非线性叙事的方式组合，最终以全新的叙事方式和组合方式呈现在作品中。也可以说，H5融媒体的特点，是将多媒体资源进行深度整合，从整合中，作品获得了比单纯媒体资源叠加起来更多的内容含义。

2.强交互性

H5作品具有强交互性的特点，用户不再单纯地像看PPT一样浏览简单的动效和进行翻页，而是可以通过触摸屏的更多手势操作，利用移动终端的传感器，如相机、录像、录音、重力感应、GPS等功能，来使H5呈现的内容发生变化。这种人机强交互的形式，是H5作品和其他媒体作品形式的最大区别。

3. 跨终端和跨平台性

由于 H5 作品是由 HTML 5、CSS 3、JS（JavaScript）一同编写的移动网页，因此 H5 作品最终以一则链接的形式进行传播。这种传播可以是跨终端和跨平台的，只要具备这一则链接，H5 页面就可以在不同的终端和平台上呈现，这也是目前 H5 爆款层出不穷、发布之后就可以形成病毒式传播局面的原因。

4. 技术更新快

H5 对硬件适应性强，可以根据硬件的拓展和功能的提升开发出新的表现方式和不同的交互功能及动态效果，随着 5G 等移动互联网通信技术的普及、云计算和大数据技术的全面应用、区块链技术的落地以及移动智能终端技术的快速发展，H5 也呈现出技术更新加快、应用方式增加和应用范围不断扩大等特点，因此，也需要 H5 设计制作人员必须不断了解技术前沿的发展态势，不断更新设计理念和设计思路，使自己的创意策划能够与时俱进，创作能力能够与技术发展同步。

（二）H5 作品的应用领域

H5 作为一种独立的作品形态，与手机应用紧密相连，目前已广泛应用于市场营销、游戏、新闻传播以及微内容传播等众多领域。

1. 市场营销领域

市场营销是 H5 作品最早的应用领域，早期的 H5 作品就是为市场营销而开发制作的。目前 H5 作品在市场营销领域中的应用主要是将市场调研数据与定点精准营销相结合，在加强广告覆盖面的同时，强化后续服务功能。如一些家用车企业，通过 H5 作品不断向自己的用户普及车辆的驾驶使用、维护保养知识，宣传用户的用车体验，甚至组织用户群体活动，改进用户的用车体验，增强用户的忠诚度，对提高市场美誉度取得了良好效果。

2. 游戏领域

一些以 H5 开发的小型网页游戏深受手机用户欢迎，一些企业或网商通过开发 H5 智趣游戏，吸引了大量游戏爱好者，对促进社交传播或朋友圈营销发挥了重要作用。

3. 新闻传播领域

一些专业新闻传播机构结合重大事件节点，精心策划，推出了一系列形式新颖、生动活泼的 H5 新闻作品，深受社会欢迎，引起广泛关注，有效提高了新闻宣传效果。H5 新闻作品现已成为移动端新闻传播的重要方式。

4. 微内容传播

微内容传播是自媒体用户创作传播的主要方式。H5 作品为自媒体用户的内容创作带来了一种新的作品形式。微内容非常适合以 H5 作品呈现出来，生动、富有趣味和交互功能较强的 H5 微内容作品，可以使受众参与作品的再创作，为作品赋予受众的个性化因素，调动受众参与传播的热情，不仅可以改进受众的阅读体验，而且增强作品的传播效果，对扩大创作者的传播影响力效果良好。

四、H5 作品的创作方式

如同其他的数字多媒体作品创作方式一样，H5 作品的创作方式也有多种，最主要有以下几种方法：

第一种方法是采用当前主流的网页设计技术，即采用 HTML 5+CSS 3+JavaScript 技术以网页设计的方式进行 H5 作品的创作设计制作。第二种方法就是采用 H5 开发设计的工具软件进行 H5 作品的创作设计制作。另外，目前网络上还有大量的 H5 开发制作平台，也可以通过这些平台完成 H5 作品的创作。

在这些方法中，采用 H5 网络设计平台的方法最为省事省力。这种方式对 H5 创作者的网页设计技术要求不高。创作者只要根据自己的设想和要求，寻找并套用相应的作品模板，就可以完成 H5 作品的创作制作，因此，作品创作成本较低。但以这种方式创作的 H5 作品受技术架构影响，作品功能有限，艺术个性化特征不强。

采用网页设计编程方式进行 H5 作品开发，对作品创作者技术水平要求较高，但作品表现方式灵活多样，可以创作出具有良好的创意设计功能和独特艺术个性的作品，当然，这种方式创作环节较为复杂，创作设计成本也较高。

利用工具软件也是进行 H5 作品创作设计的重要方式。方正飞翔数字版是 H5 作品创作设计的工具软件之一。方正飞翔数字版设计软件，是一种可视化的 H5 作品制作工具，能满足绝大部分 H5 作品的创作要求。开发者可以用排版方式进行 H5 作品设计，创作设计过程直观明了，创作者只需掌握方正飞翔数字版软件的操作知识，就可以按照自己的想法进行 H5 作品的创作设计，对作品创作者网页设计技术水平要求较低，非常适合数字媒体编创人员使用。

第二章
H5创作工具方正飞翔数字版操作基础

第一节　方正飞翔数字版操作基础知识

方正飞翔数字版是北京北大方正电子有限公司研发的一款专业的桌面H5设计软件，提供图文混排、音视频播放控制、交互功能设计和动态效果制作等功能。方正飞翔数字版对作品的页面编排具有所见即所得的效果，可进行融媒体作品的创意设计，被广泛应用于数字出版、数字教育、新媒体传播等领域。

方正飞翔数字版提供丰富的互动组件和多样的动画效果设计功能，搭配组合能够产生上千种多元效果。音视频、虚拟现实、图片扫视、图像对比、图像序列、滚动内容、画廊、按钮、逻辑判断、擦除、弹出内容、动画、超链接等功能，不仅具有视觉冲击力，而且使用起来简单方便，不需要程序开发，无需脚本规划。方正飞翔可以进行交互式ePub出版物的输出以及H5作品的在线发布。

一、方正飞翔数字版8.0的主要功能

方正飞翔数字版8.0有以下功能：

（1）统一编排，多元输出。同一个工程文件，可以进行多元形态出版物的输出和发布，如数字出版物（交互式ePub，在iBooks上阅读与体验）以及H5融媒体作品，减少了数字资源加工流程，降低了创作成本。

（2）超强的文件格式兼容能力。支持JPG、PNG、BMP、GIF和OBJ等共13种文件格式的导

入。提供了对复合文档PDML的全面兼容，飞翔文件的所有内容均可转化为PDML文档格式。

（3）模块化功能，使用轻松便捷。所有的编辑工具、互动组件均以模块化的形式呈现，对于新闻出版行业编辑工作者，可以轻松便捷地创作出多种交互效果的H5作品或富媒体电子书。

（4）专业的中文排版能力。保留中文排版基础功能，大大提升编排效率和专业性。

（5）丰富的互动组件。方正飞翔数字版提供图像扫视、动感图像、虚拟现实、音视频、画廊、擦除、自由拖拽、滑线动画等近40个互动组件。互动组件采用模块化的方式呈现，辅以灵活的参数设置，只需要在对话框中指定相应的素材即可完成创建，通过组件组合，无需程序开发，可以得到丰富的互动效果。

（6）多样的动画效果。方正飞翔数字版提供动画选项卡，提供了进入、强调、退出三种不同类型的预设动画效果，共包含41种动画样式、上百种动画效果。新增路径动画、形变动画、形变路径功能，可以随心所欲地自主设计制作动画效果，强化作品的视觉体检。

（7）高效的数据服务。支持文本、单选、复选、列表、照片5种类型的表单数据收集，并提供云端查看与数据导出服务；可在H5作品中展示读者或转发者的微信头像、昵称、填写提交的数据信息；提供接力计数、计时器的功能，可使用数据服务，打造更多的创意场景。

（8）个性化的H5作品加载页面。提供进度条、进度环、旋转、条状、饼状、百分比六种加载页风格，其背景、进度条、logo、百分比可根据自己的需求调整颜色、图片、透明度。

（9）更强大的按钮。方正飞翔数字版中的按钮可实现更多功能，除了跳转页面、跳转链接、控制画面显示、关闭、播放外，新增自定义按钮动作，能够一次触发多条动作，并支持设置逻辑条件，在不同的条件下触发不同的动作。

（10）合成图片，在作品中创作作品。方正飞翔数字版中可以选取多个对象转为合成图片对象，在H5端通过点击按钮实现图片的合成，合成后可长按保存图片，让读者在你的作品中创作自己的作品。还可以添加保存提示和返回按钮，显示位置均可自定义。

（11）云端服务与个性化体验。方正飞翔H5云服务，与方正飞翔数字版功能无缝衔接，为用户的H5作品提供云端预览、管理、发布的一体化中心，以及一系列增值及个性化服务，包括作品展示专区、模板专区、数据收集与分析等。

（12）提供灾难恢复功能。不必担心制作中出现死机、断电等意外情况，输出前通过预飞功能，对文件中的字体、图像、颜色等进行检查，自动排查错误。制作完毕后通过打包功能收集飞翔文件里用到的所有图像、文字列表和ICC Profile（色彩特性描述），以便进行文件传输和文档管理。

二、方正飞翔数字版的主界面

方正飞翔数字版的主界面包含六个主要工作区，如图2-1-1所示，分别是主菜单工具栏、快速访问工具栏区、页面视图和工具箱、浮动面板、版面设计区域、滚动条和状态栏。

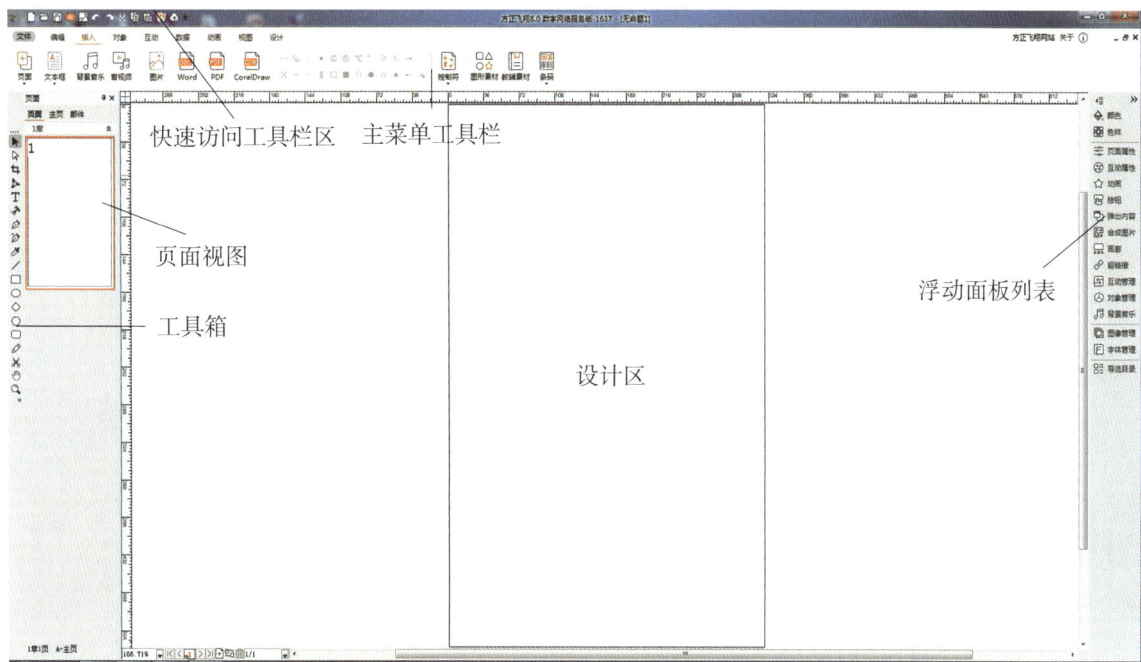

图2-1-1　方正飞翔8.0数字版的主界面

（一）主菜单工具栏

主菜单包括【文件】【编辑】【插入】【对象】【互动】【数据】【动画】【视图】和【设计】等功能选项。除【文件】主菜单下的二级功能菜单采用下拉菜单方式外，其他各主菜单下的二级功能均在主菜单工具栏内列出相应的功能选项。

（二）快速访问工具栏区

快速访问工具栏区位于方正飞翔数字版界面的左上方。通过选择相应的按钮可以快速调用相关的操作功能。常规情况下主要有新建、打开、存盘、排入word文档、排入图片以及撤消、恢复等工具按钮，还可以添加经常使用的功能按钮，便于快捷操作，提高设计制作效率。

（三）页面视图

页面视图可以显示页面、主页、部件、素材等缩略图。页面视图为多页面的创意设计提供快速导航，通过页面视图可以快速选择需要到达的设计页面，也可用于快速选择部件或素材。

（四）工具箱

工具箱包含了各种用于创建、修改对象的工具。这些工具的作用是规定了鼠标、键盘的工作方式，通过选择相应的工具，就可以使用鼠标、键盘等外部输入设备进行相关的操作。如选择了文字（T）工具，就可以在工作区域内进行文字录入、修改等工作。

（五）浮动面板列表

浮动面板列表列出了各项浮动面板选项，选择点击需要的浮动面板选项就可以打开或关闭相关的浮动面板。浮动面板提供了设计对象的参数设置功能，通过调用浮动面板中的相关选项，可以快速设定设计对象的属性，从而有效提高创作设计的工作效率。

（六）设计区

设计区包括三部分，最中间的是版面区域，其周边的为辅助设计区域，辅助设计区域的外侧有标尺及滚动条等。设计区的下侧还有显示比例设定、工作页面定位及页面调整等按钮。

三、方正飞翔数字版的主菜单

方正飞翔数字版8.0的主菜单包括【文件】【编辑】【插入】【对象】【互动】【数据】【动画】【视图】【设计】等选项，为作品的创作设计提供各类工具和控制功能。

（一）【文件】菜单

【文件】菜单为下拉式菜单，如图2-1-2所示，主要提供了与设计文件有关的基本操作，包括新建文件、打开文件、关闭文件、保存文件、另存文件、合并文件以及版面设置、工作环境设置、打印、输出等功能选项。

（二）【编辑】菜单

【编辑】菜单提供了版面设计组件及对文本内容进行编辑的控制选项，点击【编辑】菜单项，可切换到编辑功能的各项工具按钮，如图2-1-3所示，包括查找、剪切、复制、粘贴、格式刷和字体字号、文字格式，段落格式及其他文本格式的设定等。

图2-1-2 【文件】菜单

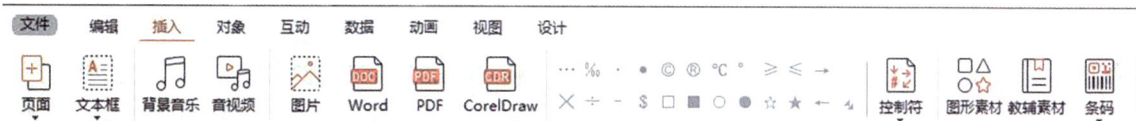

图2-1-3　【编辑】菜单及各项工具按钮

（三）【插入】菜单

【插入】菜单提供了向版面中插入各种文档及字符和控制符的功能，如图2-1-4所示，通过【插入】菜单，还可以增加页面、添加文本框、背景音乐、音视频以及图片、Word文件等内容，还可以插入各种控制符、图形素材等。

图2-1-4　【插入】菜单及各项工具按钮

（四）【对象】菜单

【对象】菜单提供了选择操作对象及设定相应属性的功能，如图2-1-5所示。通过【对象】菜单，可以对对象块的格式、排版方式、旋转角度等属性进行设置。

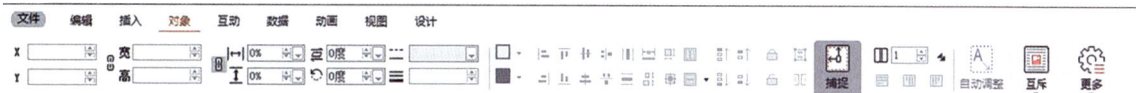

图2-1-5　【对象】菜单及各项工具按钮

（五）【互动】菜单

【互动】菜单提供了作品互动效果制作与属性控制的功能，如图2-1-6所示。通过【互动】菜单，可以选取作品的互动类型，并对作品中的相应组件进行互动设计，完成作品互动功能的制作。

图2-1-6　【互动】菜单及各项工具按钮

（六）【数据】菜单

【数据】菜单提供了直接加入用于数据获取及数据交互各项功能的按钮，如图2-1-7所示，突出了H5作品数据服务功能，是8.0版本与此前各版本间最大的不同之处。

图2-1-7　【数据】菜单及各项工具按钮

（七）【动画】菜单

【动画】菜单提供了制作各种动态效果的选择按钮，如图2-1-8所示，可以一键式设计制作出组件的各种动态效果。

图2-1-8　【动画】菜单及各项工具按钮

（八）【视图】菜单

【视图】菜单可以调用各项辅助功能窗口或辅助设计选项，如图2-1-9所示。可以显示或调整显示比例、提示线、标尺、工具箱、版心线等，还可以对窗口的排列方式进行设定，并可以在各个设计版面窗口间实现切换。

图2-1-9　【视图】菜单及各项工具按钮

（九）【设计】菜单

【设计】菜单提供了对组件进行修饰美化设置艺术效果的功能，如图2-1-10所示，如艺术字、装饰字、设定阴影效果等。还可以将文字打散，设计出特殊的文字效果。此外，还可以调用图像编辑软件对图片进行图像编辑。

图2-1-10　【设计】菜单及各项工具按钮

第二节　新建文档

新建文档是H5作品设计的最基础性的工作。在【文件】主菜单中包括【新建文档】【通过模板新建】【打开文档】等，也包括作品【保存】【预飞】【打包】【输出】等选项。【新建文档】是作品设计制作工作的开始，而文档的【输出】则标志着设计制作工作的结束。

一、新建文档的操作

新建文档有多种途径。可以在启动方正飞翔数字版软件时，在欢迎页面上选择【新建文档】，或者通过主菜单【文件→新建选项】新建文档。另外，通过快速选择工具栏中的【新建】按钮创也可以建立新文档。

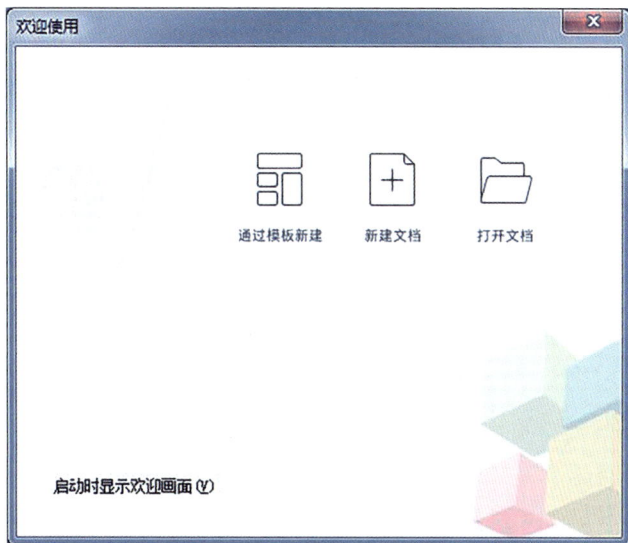

图2-2-1　方正飞翔数字版的欢迎界面

（一）创作H5作品时的注意事项

在制作H5作品时需注意页面尺寸、页面自适应及页面安全区等方面的问题，具体要求如下：

1. 页面尺寸

目前许多H5作品采用的页面尺寸是640×1040，这是适合于苹果五代手机屏幕的页面尺寸。随着手机技术的发展，全面屏手机广受欢迎，其屏幕尺寸也相应发生改变。因此，在创作H5作品时，必须要考虑作品的阅读环境问题，要根据作品使用环境的不同而调整作品的页面尺寸。

2. 页面自适应

H5可以按自己的页面比例自动调整显示大小以适应不同的屏幕尺寸，当屏幕的显示尺寸与H5的页面尺寸比例不一致时，屏幕会出现露边现象，影响用户的阅读体验。因此，在页面布局时，应注意背景、大尺寸元素对作品呈现的效果影响，同时，小尺寸元素尽量不要过于靠近页面边缘。如可将背景画面尽可能地向画面上下两边多延伸出一些，就可以避免在全面屏手机屏幕上出现露白边或黑边的情况。

3.页面安全区

由于移动终端的显示区与台式机相比要小，如果页面内各种元素过多，不仅使页面显得过于拥挤，非常影响用户的浏览体验，而且也易造成各种组件间互相影响，导致交互操作响应迟滞或动态效果不能得到良好展示。特别是在页面边缘布置交互操作组件，也不便于用户的交互操作，因此，合理确定页面安全区是十分必要的。安全区的范围既要利于各组件交互效果的充分实现，又要充分利用页面空面，保证页面能够呈现出较高的信息量，也就是说，页面的布局既不能过满、过于复杂，也不能过于集中、过于平白单调，应体现均衡、美观之感。

（二）新建文档的设置

选择新建文档后，新建文档的选项卡如图2-2-2所示。

图2-2-2　【新建文档】选项卡

1.【标准】或【长页面】选项设置

方正飞翔数字版8.0版增加了H5长页面的设置选项，突出了8.0版对H5作品创作的支持功能。

在方正飞翔数字版8.0版【新建文档】选项卡的参数设置中，【标准】页面模式是指作品以翻页或页面跳转方式进行文档的浏览；【长页面】是目前应用于手机端比较流行的一种作品形式。采用长页面形式的作品，用户在手机上浏览作品时，只需用手指滑动就可以观看所有内容，无需进行翻页或页面跳转，为习惯手机阅读的用户提供了更加便捷的方式。

2.【页数】选项设置

选项卡中【页数】参数默认为1，可根据作品的创作需要进行设定，也可以在创作过程中根据需要追加页面。

3. 【页面大小】选项设置

选项卡中的【页面大小】参数下拉菜单中已有6项选项，分别是768×1024（PC/Pad）、320×520（手机）、640×1040（手机HD）、640×1260（全面屏）、360×1280（长页面）及自定义等，可根据作品应用的阅读环境进行选择。

4. 【缺省字属性】设置

点击选项卡中的【缺省字属性】，弹出高级窗口，可以根据作品的创作需要对相应的选项进行设置。在【缺省字属性】设置卡中，可以对默认环境下的中英文字体字号、排版的字间距和行间距、文字的对齐方式、段首缩进格式、空格类型以及标点类型和风格进行设置。在辅助版设置卡中，可以对版面周边的辅助版大小进行设置，如图2-2-3所示。

最后点击【新建文档】选项卡的【确定】按钮，就完成了新建文档的操作。

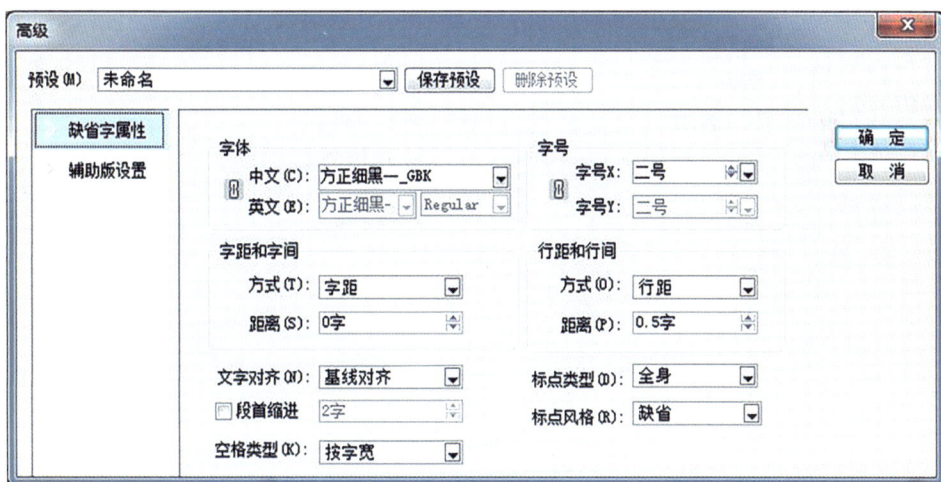

【缺省字属性】设置卡

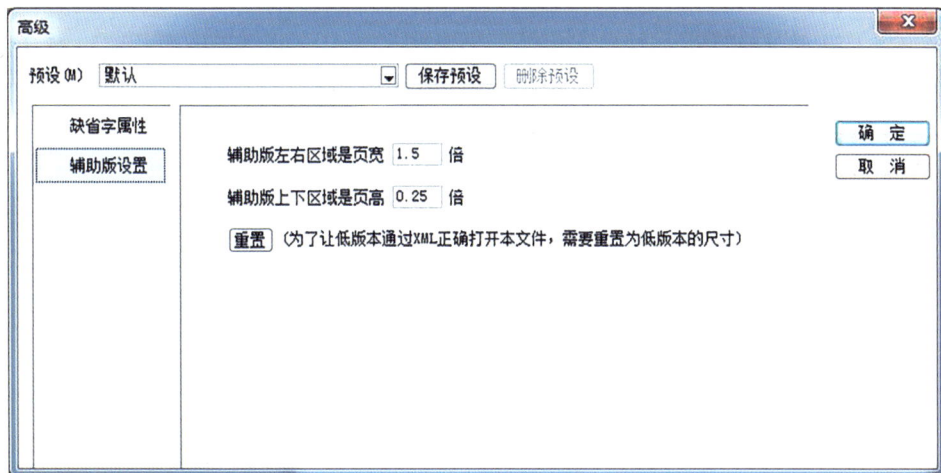

【辅助版设置】对话卡

图2-2-3　【缺省字属性】设置【高级】窗口

二、创作环境的设置与调整

在作品设计制作过程中，有时需要对文档最初的设置进行调整。此外，在作品创作设计之前，也需要对作品的创作环境进行必要的设置。

（一）版面设置

点击主菜单【文件→版面设置】，打开【版面设置】选项卡（如图2-2-4），可以对文档版面进行调整或重新设置。

图2-2-4　【版面设置】选项卡

【版面设置】选项卡有常规、缺省字属性和辅助版设置三部分设置内容。通过对【常规】选项卡中【版面设置】参数的调整，可以对文档版面大小及方向进行重新设置。同样，也可以通过【缺省字属性】选项卡和【辅助版设置】选项卡对相关的项目进行调整。

（二）工作环境设置

点击主菜单【文件→工作环境设置】，如图2-2-5所示，可以根据需要对工作环境进行必要的调整或重设，一般情况下，采用系统默认的工作环境设置项就可以满足大部分作品创作设计的需要，但当遇到一些特殊情况时，如字体缺失或工作环境设置不能适应自己的需要，则可以通过这种方式对工作环境进行重新设置。

（三）其他设计辅助功能的设置

其他设计辅助功能的设置包括版面显示比例的调整以及标尺、提示线和其他设计工具的显

图2-2-5　工作环境设置

示或隐藏等。

1.创作版面显示比例的调整

由于屏幕显示分辨率的不同，作品创作的版面并不是100%呈现在显示器屏幕上，为便于创作，也时我们也需要放大或缩小显示比例，这时，我们可以从主界面下部的状态栏上，对创作版面的显示比例进行调整。也可以通过【视图】主菜单，对【显示比例】进行调整或设置。

2.标尺、提示线以及其他设计工具的显示和隐藏

点击【视图】主菜单，通过勾选选项卡，就可以显示或隐藏提示线、标尺及其他设计工具等。

第三节　文字对象的编辑操作

文字是构成网页内容的基本元素之一。方正飞翔数字版为文字内容的排版与编辑提供了便捷的方式和强大的功能。

一、文字录入及设置

录入文字是作品创作与设计制作过程中必不可少的基本操作，在对内容进行编辑修改的过程中，也需要进行文字的录入或删除。

（一）录入文字

在方正飞翔页面设计录入文字时，首先用鼠标选工具箱中的【文字（T）】工具，然后在页

面需要录入文字的地方点击，即可用输入法录入文字。或者选择【文字（T）】工具后用鼠标在版面上划出一个文字块，也可以在文字块内录入文字。此外，还可以用复制粘贴的方式，将其他文件或文档中其他地方的文字内容复制到【文字（T）】工具指定的位置处。

> 在飞翔或者除Word外的其他软件中复制文本，可以用"Ctrl＋Alt＋V"粘贴纯文本。但复制Word文件中的内容，在飞翔中，"Ctrl＋V"是粘贴纯文本，"Ctrl＋Alt＋V"是带格式粘贴文本。

对已录入的文字内容进行修改时，只需要用【文字（T）】工具点击文字块中的修改之处，就可以很方便地进行文字的删除修改以及属性设置等页面编辑工作。

（二）录入符号

方正飞翔提供了多种符号录入方式。

1.通过【符号】面板录入符号

如果需录入符号，可通过调用【符号】面板选择符号进行录入。

调用【符号】面板的方法：

> 在【插入】主菜单下的工具栏中，用鼠标点击符号工具栏中的"﹄"符号，或使用"Ctrl+Alt+-"快捷键，即可调出【符号】面板（如图2-3-1所示）。

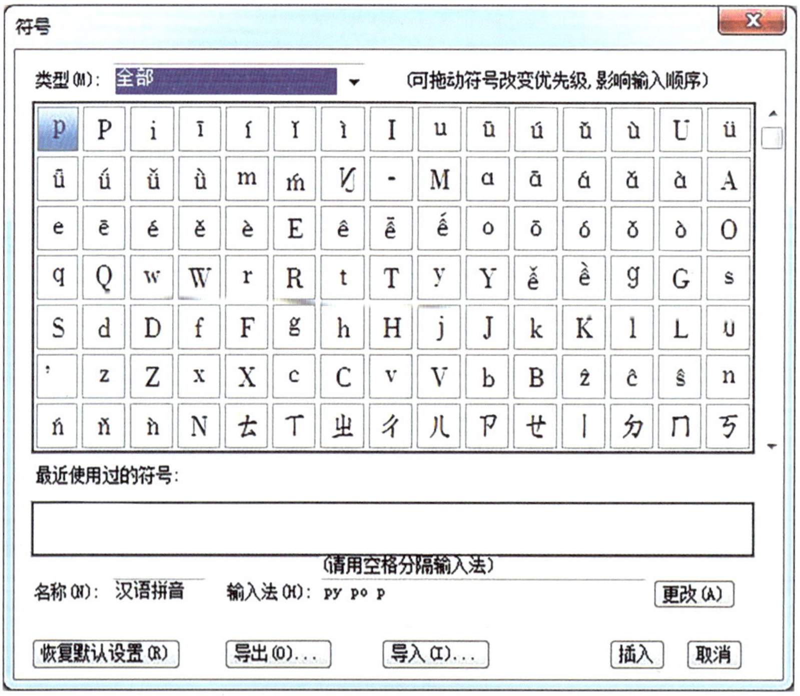

图2-3-1　【符号】面板

2.特殊符号的录入

如需录入特殊符号，可换用输入法中的方正正态键盘或其他输入法中的软键盘进行录入。

（三）图形内录入文字

在作品设计的过程中，有时需要在图形中录入文字。方正飞翔提供了图形内录入文字或沿图形轮廓排入文字的方法。

1.图形内录入文字

将文字控制在一定的图形内，是版面设计时常用到的一种方式。

在图形中排入文字的方法如下：

（1）用【选取（Q）】工具选中图元；

（2）点击鼠标右键，在下拉菜单（如图2-3-2）中选取【转成文字块】选项；

（3）切换工具箱中的【文字（T）】工具；

（4）在光标处录入或复制需要排入的文字。

此外，也可以使用快捷键功能，用【选取（Q）】工具选中图元后，选择【文字（T）】工具，然后按Ctrl＋Alt键后点击图元，也可以将其转换成文字块。图形内录入文字的效果如图2-3-3所示。

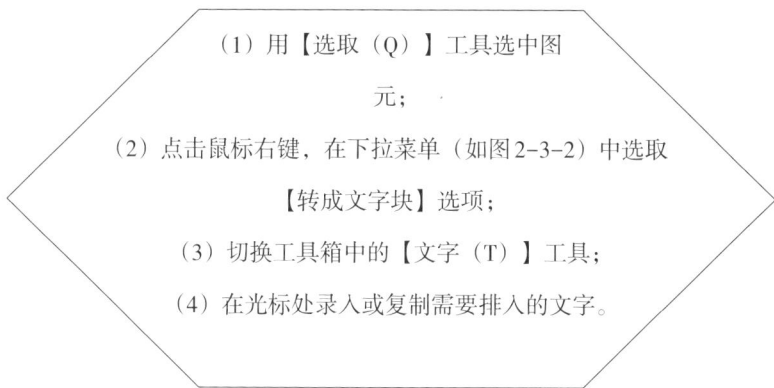

	剪切(D)	Ctrl+X
	复制(F)	Ctrl+C
	粘贴(G)	
	层次(Q)	▶
	选取(A)	▶
	普通锁定(Z)	F3
	解锁(C)	Shift＋F3
	成组(W)	F4
	解组(E)	Shift＋F4
	路径运算(L)	▶
	阴影(S)...	
	透明(O)	
	颜色(P)	
	底纹(X)	
	线型(T)	
	转成文字块(R)	
	图文互斥(H)...	Shift＋S
	互动(M)	▶
	动画效果(B)	

图2-3-2　鼠标右键菜单

（1）用【选取（Q）】工具选中图元；

（2）点击鼠标右键，在下拉菜单（如图2-3-2）中选取【转成文字块】选项；

（3）切换工具箱中的【文字（T）】工具；

（4）在光标处录入或复制需要排入的文字。

图2-3-3　图形内排入文字的效果

2.沿图形轮廓排入文字

沿图形轮廓排入文字的步骤如下：

（1）用【选取（Q）】工具选中图元；

（2）切换工具箱中的【沿线排版（Shift＋T）】工具；

（3）将光标移到图元上，待光标下显示"＋"为可沿图形轮廓线输入文字的形式时点击鼠标，即可在光标处排入文字内容。沿图形轮廓线录入文字的效果如图2-3-4所示。

图2-3-4　沿图形轮廓排入文字

3.沿线排版文字的设置

沿线排版的文字设置，包括改变文字的位置、改变文字沿线排版的方式以及对排版文字的字号渐变效果和颜色渐变效果进行设定等。

（1）改变沿线排版文字位置的方法：选中沿线排版图元；在文字区域出现首尾标记，用鼠标拖动首尾标记，就可改变文字的位置，如图2-3-5所示。

（2）改变文字沿线排版的类型：方正飞翔数字版提供了三种文字沿线排版的类型，分别为拱形、风筝和阶梯，可根据页面设计需要进行选择。

改变文字沿线排版类型的方法为：

用【选取（Q）】工具选中沿线排版图元，单击鼠标右键，在弹出的下拉菜单中选择【沿线排版类型】，勾选相应的选项即可。文字沿线排版类型的效果如图2-3-6所示。

（3）沿线排版文字的属性设定：通过主菜单【对象】选项卡的【更多】选项，可以对沿线排版文字的字号渐变效果和颜色渐变效果进行设定。

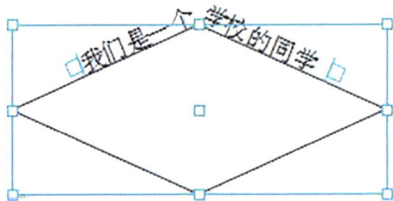

图2-3-5　改变沿线排版文字的位置

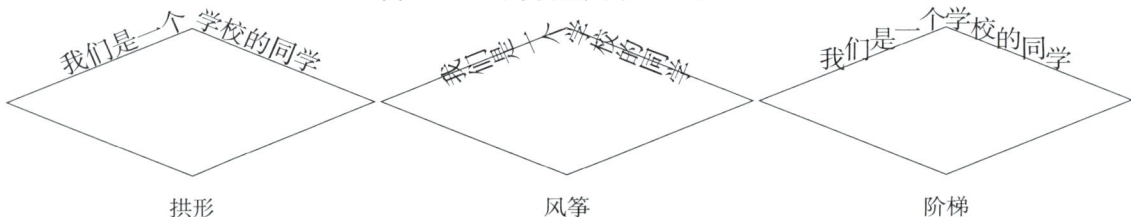

拱形　　　　　　　　　　　风筝　　　　　　　　　　　阶梯

图2-3-6　沿线排版类型

设定沿线排版文字属性的具体方法为：

用【选取（Q）】工具选中沿线排版图元，点击主菜单【对象】选项，在工具栏内中选择【更多→编辑沿线排版】，调出【沿线排版】设置卡，如图2-3-7所示，就可以对沿线排版类型、字号渐变效果、颜色渐变效果以及对齐方式等进行设定。

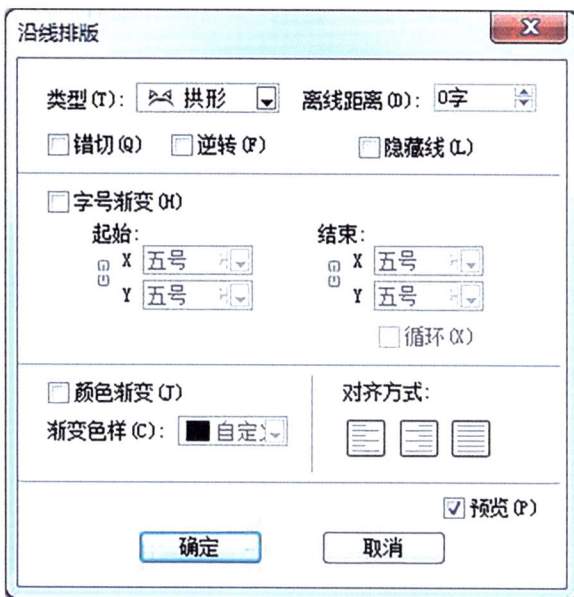

图2-3-7 【沿线排版】设置卡

（四）排入 Word 文件

方正飞翔支持 Word 文件的排入功能。排入 Word 文件的方法为：

　　选取主菜单【插入→Word】，弹出【排入 Word 文件】对话卡，如图2-3-8所示，勾选下部的【自动灌文】和【导入选项】后，选择需要排入的 Word 文件，点击【打开】后，系统经转换格式后会弹出【Word 导入选项】对话卡，如图2-3-9所示，根据需要设置后点击【确定】后，鼠标光标转变为排入标志，在页面进行点击，即可将 Word 文件内容排入方正飞翔中。

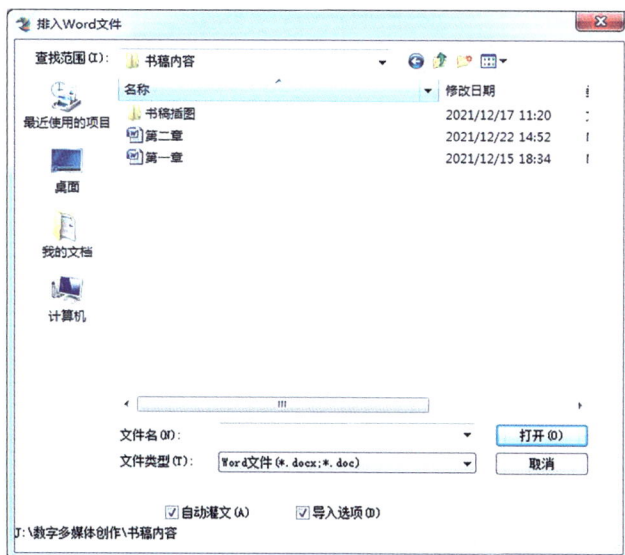

图2-3-8 【排入 Word 文件】对话卡

若未勾选【排入Word文件】对话卡下部的【自动灌文】选项，则当Word文件内容较多当前页面排不完时，需要手动排入未排完的内容。若未勾选【导入选项】选项，则不会弹出【导入选项】对话卡，系统会默认将Word文件内容的格式一并排入方正飞翔设计文档中。

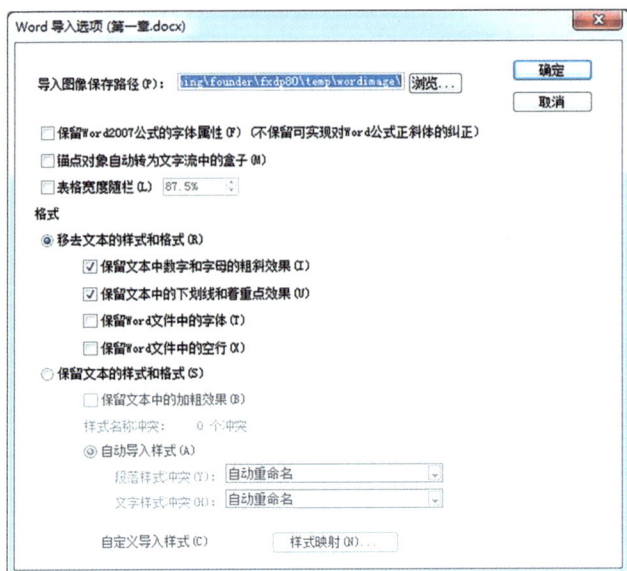

图2-3-9 【导入选项】对话卡

（五）文字设置

文字设置主要包括文字样式设置和段落设置。通常系统在文字排入时会按默认设置的文字样式和段落样式设置文字属性，但在设计中常需对文字的属性设置进行修改，修改文字属性的方法为：

选择需要修改属性参数的文字，再选择【编辑】主菜单，然后就可以根据设计需要通过【编辑】主菜单下的工具栏对文字样式和段落样式进行修改。

二、文字块操作

方正飞翔数字版将文字块视作一个独立的版面元素进行版面编排的，可以通过文字块的标记，改变文字块的形状，或将两个文字块连接起来，或改变文字块内文字的排列方式等。

（一）文字块的选择、移动和出入口标记操作

文字块的标记由边框和控制点组成，边框限制了框内文字的版面范围，而通过控制点就可以完成对文字框的基本操作。

1.文字块的选择和移动

选择工具箱中的选择工具，移动到文字上选择，就可以选中一个文字块。点击文字块，则

可以将其拖动到需要的位置上。

2.文字块入口和出口的操作

选择一个文字块，我们就可以看到文字块边框和控制点，其中入口和出口如图2-3-10所示。

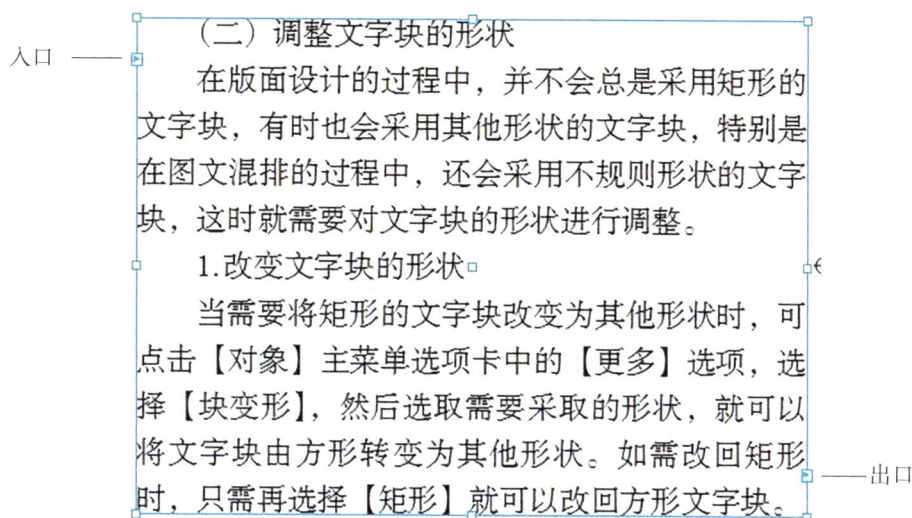

图2-3-10　文字块的边框和控制点

用鼠标点击文字块的入口，光标变为排入文字形式，在设计区点击或画一个方块，就可以新建一个文字块，且原文字块中的文字内容会自动移入新建的文字块中，而原文字块中的文字内容会顺序前移，文字块的大小不会改变。如新建的文字块中已排入原文字块中的所有内容，则原文字块会成为一个空文字块。

用鼠标点击文字块的出口，光标也会变为排入文字形式，在设计区内点击或画一个方块，也可以新建一个文字块。如原文字块中的内容已排完，则新建的文字块为一个空文字块。如原文字块中有内容没有排完，则原文字块的出口为未排完标记，此时新建的文字块中就会续排未排完的内容，如新建的文字块仍未能将内容排完，则新建文字块的出口仍将显示为未排完标记。

当两个文字块有连接关系时，选中文字块即可显示连接线，如连接线未显示，可在视图主菜单下选择块连接线。

（二）调整文字块的形状

在版面设计的过程中，并不会总是采用矩形的文字块，有时也会采用其他形状的文字块，特别是在图文混排的过程中，还会采用不规则形状的文字块，这时就需要对文字块的形状进行调整。

1.改变文字块的形状

当需要将矩形的文字块改变为其他形状时，可点击【对象】主菜单选项卡中的【更多】选项，选择【块变形】，然后选取需要采取的形状，就可以将文字块由方形转变为其他形状。如需改回矩形时，只需再选择【矩形】就可以改回矩形文字块。

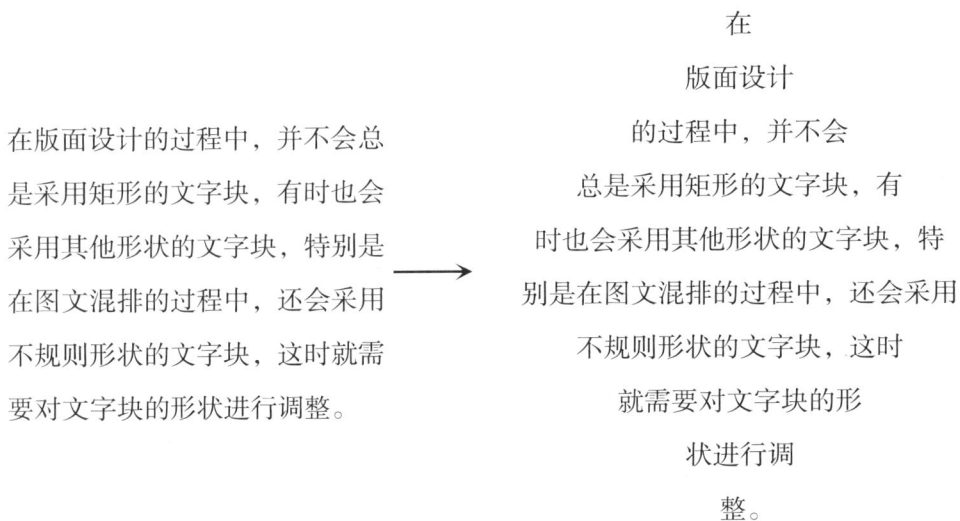

在版面设计的过程中，并不会总是采用矩形的文字块，有时也会采用其他形状的文字块，特别是在图文混排的过程中，还会采用不规则形状的文字块，这时就需要对文字块的形状进行调整。

→

在

版面设计

的过程中，并不会

总是采用矩形的文字块，有

时也会采用其他形状的文字块，特

别是在图文混排的过程中，还会采用

不规则形状的文字块，这时

就需要对文字块的形

状进行调

整。

图2-3-11　改变文字块的形状

2.直边文字块的变形

在工具箱中选取【选择】工具，将光标置于文字块的控制点时，当光标呈双箭头状态时，压住Shift键，再压住鼠标左键，拖动控制点，就可以按照需要改变文字块的形状。

在版面设计的过程中，并不会总是采用矩形的文字块，有时也会采用其他形状的文字块，特别是在图文混排的过程中，还会采用不规则形状的文字块，这时就需要对文字块的形状进行调整。

在版面设计的过程中，并不会总是采用矩形的文字块，有时也会采用其他形状的文字块，特别是在图文混排的过程中，还会采用不规则形状的文字块，这时就需要对文字块的形状进行调整。

图2-3-12　直边文字块的变形

3.调整成任意形状的文字块

使用工具箱中的【穿透】工具，可以将文字块像图元块一样调整成任意形状。操作方法为：选取工具箱中的【穿透】工具，选中文字块，将光标置于控制点，按住鼠标左键拖动控制点，即可改变文字块的形状。如需要调整出较复杂的形状，可在需要处双击鼠标，增加控制点，即可使形状调整更为精细。经过调整后的文字块，不论形状是否规则，都可以进行分栏、横排、竖排等操作。

在版面设计的过程中，并不会总是

采用矩形的文字块，有时也会采用其他

形状的文字块，特别是在图文混排的过程

中，还会采用不规则形状的文字块，这时就需

要对文字块的形状进行调整。

图2-3-13　调整任意形状的文字块

4.调整文字块边框大小与块内文字相适应

当文字块为矩形时，可对文字块边框大小进行与框内文字相适应的设置。

对于单栏排版的文字框，可按住Shift键，然后双击鼠标左键，即可调整文字块边框的大小与框内的文字相适应。也可在选中文字块后，选择【对象】主菜单选项卡中的【更多】，再选择【图框适应】下的【图框适应】，同样可以使文字边框大小与块内文字相适应。如框内有少量的未排完的内容，则该项调整，将使框底线下移，文字块加长，使未排入的文字全部排进框内。

对于双栏或多栏排版的文字框，进行文字块大小与块内文字相适应的调整时，可将框内各栏调整为同样高度。

第四节　图元编辑

图元是指由图片、图形等构成的页面元素。图元不仅是构成作品页面内容的重要元素，而且对作品的主题表现和页面的审美呈现也具有重要意义，因此，图元编辑也是H5作品设计制作的重要内容。

一、图片的排入与编辑

（一）图片的排入

在作品创作中，需要排入图片时，可选择【插入】主菜单下的【图片】选项，弹出【排入图片】对话框，选择需要排入的图片，点击【打开】按钮，即可将图片排入设计页面中。方正飞翔数字版支持的图片类型有bmp、eps、psd、pdf、jpg、ps、gif、tif和png等。排入图片时，可

以一次排入一张图片，也可以一次排入多张图片。如果需要一次排入多张图片，可选择【插入→图片】后，一次选取需要排入的多张图片，点击【打开】按钮后，就可以以叠加的方式显示在设计版面上。刚排入的图片是以原图的大小排入的，可用鼠标将其拖放到合适的版面位置，然后进行进一步的排版调整。

有时排入的图片画幅较大或排入的图片数量较多，系统为提高显示效率会以图框的方式显示图片，此时只需要对图框按版面的需要进行等比例缩小，图片就可以得到正常显示。

如果排入的为分图层以及有通道或带裁剪路径的PSD图片时，可以在图片排入卡上勾选【图像透底选项】，根据需要选择适当的模式。

（二）图片的编辑

1.调整图像的大小和形状

调整图像的大小时，可直接用工具箱中的【选择】工具，对拖动选中的图片的边框进行大小调整。如果需要等比例调整图像的大小，则在先选中图片后，然后再按下Shift键，此时用鼠标拖动图片的边框，就可以等比例地对图片进行缩放。在方正飞翔中，排入的图片是带有图框的，如需调整图框的大小，可使用工具箱中

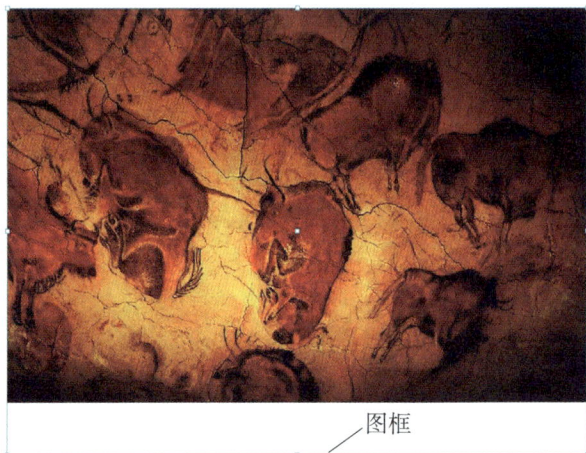

图2-4-1　图片与图框

【穿透】工具，选取图框的端点进行操作即可。如需使图框与图片相符，可在选中的图片上点击鼠标右键，在调出的右键菜单中，选择【图框适应】选项，就可以根据需要设定图片与图框相符的方式。

2.图像的显示

方正飞翔可以选择图像的显示精度，图像显示精度越高，显示越清晰，但显示速度相应也越慢。当图片尺幅较大、分辨率较高或页面元素较多时，降低图片的显示分辨率可以提高显示速度，有利于提高设计效率。当需要调整图片的显示分辨率时，先选中图片，然后在【视图】主菜单上选取显示精度，可以将图片的显示精度设置为【粗略】【一般】或【精细】。也时在设计制作过程中，为避免图片对设计内容的影响，也可以将图片显示设置为【不显示图像】，此时，屏幕上将只显示图片对应的文件名和图框。

3.图像的裁剪

在页面设计中，常需要对图像进行裁剪。可以采用【图像裁剪】工具裁剪图像，也可以采

用【穿透】工具裁剪图像，还可以用【选取】工具裁剪图像，此外，还可以应用形状路径将图像裁剪成特定的形状。在方正飞翔中，对图像的裁剪均不影响对应的原图片文件。

（1）使用【选择】工具裁剪图像：选择工具箱中的【选择】工具，然后选取图片，压住 Ctrl 键后，用鼠标拖动图框的端点或外框，就可以对图像进行裁剪（如图 2-4-2 所示）。

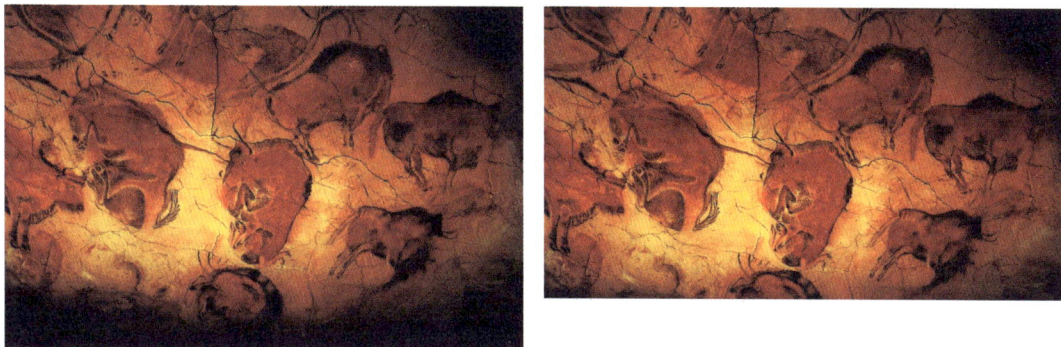

图 2-4-2　使用【选择】工具裁剪图像

（2）使用【穿透】工具裁剪图像：选择工具箱中的【穿透】工具，可以直接移动取的图像的边框或端点，对图像进行裁剪（如图 2-4-3 所示）。

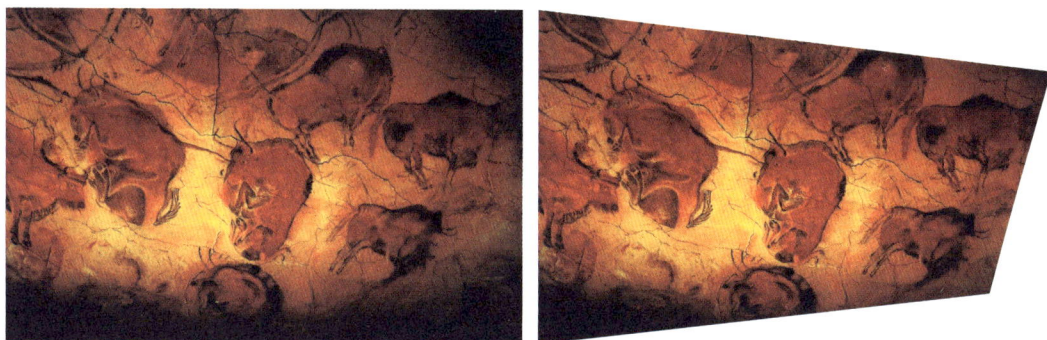

图 2-4-3　使用【穿透】工具裁剪图像

（3）使用【图像裁剪】工具裁剪图像：选择工具箱中的【图像裁剪】工具，也可以通过改变图框的大小或图片在图框中的位置来对图像进行裁剪（如图 2-4-4）。

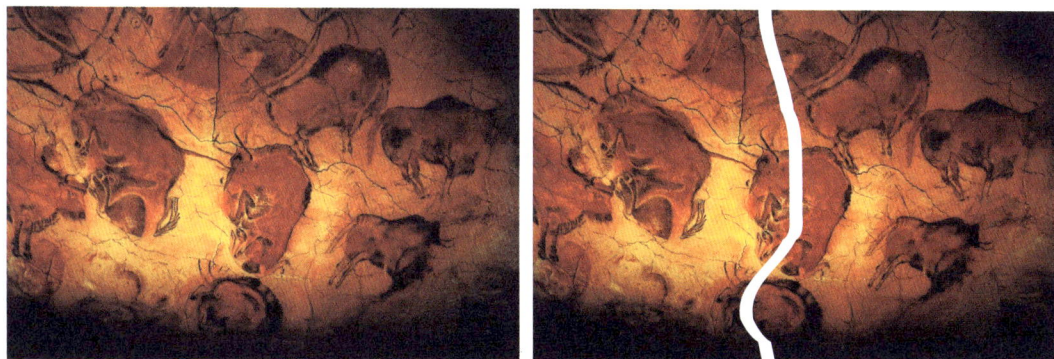

图 2-4-4　使用【图像裁剪】工具裁剪图像

（4）使用形状路径裁剪图像：使用形状路径裁剪图像时，需先设定裁剪路径。可选取特定的图元或文字，使用【设计】主菜单下的【转裁剪路径】，将选取的图元或文字设置成裁剪路径，然后与裁剪图像重叠，再将其设为成组，即可将图像裁剪成特定的形状。

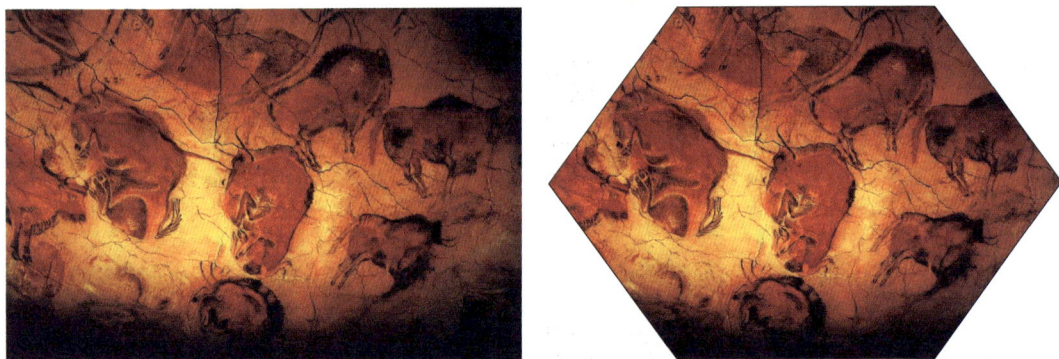

图2-4-5　使用形状路径裁剪图像

4.图像的管理

方正飞翔可以对设计中使用过的图片文件进行管理，选择属性板中的【图像管理】选项，可以调出【图像管理】窗口，如图2-4-6所示，从中可以察看图像文件的使用情况并进行更新、激活等管理操作。

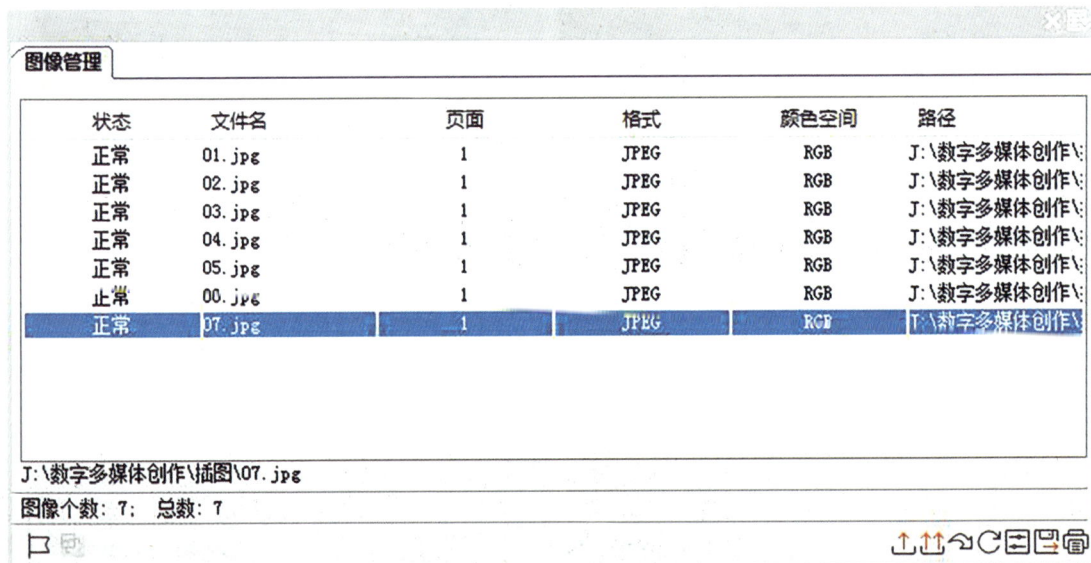

状态	文件名	页面	格式	颜色空间	路径
正常	01.jpg	1	JPEG	RGB	J:\数字多媒体创作\
正常	02.jpg	1	JPEG	RGB	J:\数字多媒体创作\
正常	03.jpg	1	JPEG	RGB	J:\数字多媒体创作\
正常	04.jpg	1	JPEG	RGB	J:\数字多媒体创作\
正常	05.jpg	1	JPEG	RGB	J:\数字多媒体创作\
正常	00.jpg	1	JPEG	RGB	J:\数字多媒体创作\
正常	07.jpg	1	JPEG	RGB	J:\数字多媒体创作\

J:\数字多媒体创作\插图\07.jpg

图像个数：7；　总数：7

图2-4-6　【图像管理】对话卡

二、图形的绘制与编辑

图形绘制既是作品内容表述方面的需要，在页面美化的过程中，也不可避免地会应用到绘制图形的操作。方正飞翔数字版的工具箱中有多种图形绘制工具，可以利用这些工具根据页面内容表述和设计的需要进行图形绘制。

（一）绘制直线

利用工具箱中的【直线】绘制工具，可以在页面上绘制水平、垂直以及各种方向的直线线段。选择工具箱中的直线工具，如果在页面上点击，可绘制出一条画面框内的对角线。如果绘制水平直线或垂直直线，需先压住Shift键，然后用鼠标在页面上横向或竖向画出水平或垂直的直线线段，如果斜向绘制，则可以画出45°倾角的直线线段。如果要对绘制直线线段进行调整，先选择【穿透工具】，再点击需要调整的线段，然后用鼠标拖动线段一端的端点，就可以对线段进行任意角度和长度的调整。如果要改变线段的长度，在使用【穿透】工具时，只需压住Shift键，就可对线段进行延长或缩短的改变。

（二）多边形的绘制与修改

选择工具箱中的【矩形】【椭圆形】【菱形】【多边形】等绘图工具，可以根据页面内容呈现的需要，绘制出各种图形。

1. 矩形或正方形的绘制与修改

选择【矩形】绘图工具，可以在页面上画出矩形图形。如果压住Shift键，可以画出正方形。如果需要对所绘的矩形图形进行修改，可以选择工具箱中的【选择】工具，用鼠标点取矩形图形中的控制点调整矩形的大小或改变矩形的边长。

2. 椭圆形或圆形的绘制与修改

选择【椭圆形】绘图工具，可以在页面上画出椭圆形图形。如果压住Shift键，可以画出正圆形。如果需要对所绘的椭圆形或圆形图形进行修改，可以选择工具箱中的【选择】工具，用鼠标点取图框的控制点调整图形的大小或改变图形的形状。

3. 菱形的绘制与修改

选择【菱形】绘图工具，可以在页面上画出菱形图形。如果压住Shift键，可以画出正菱形。如果需要对所绘的菱形图形进行修改，可以选择工具箱中的【选择】工具，用鼠标点取菱形图框的控制点调整菱形的形状。

4. 多边形的绘制与修改

选择【多边形】绘图工具，可以在页面上画出多边形图形。如果压住Shift键，可以画出正多边形。如果需要对所绘的矩形图形进行修改，可以选择工具箱中的【选择】工具，用鼠标点取矩形图形中的控制点调整多边形的大小或形状。系统默认的绘制多边形图形为正六边形，如果需要改变多边形的边数，可双击工具箱中的【多边形】工具符号，调出多边形设置窗口，再对边数、内插角进行设置后就在页面上绘制出需要的多边形图形。

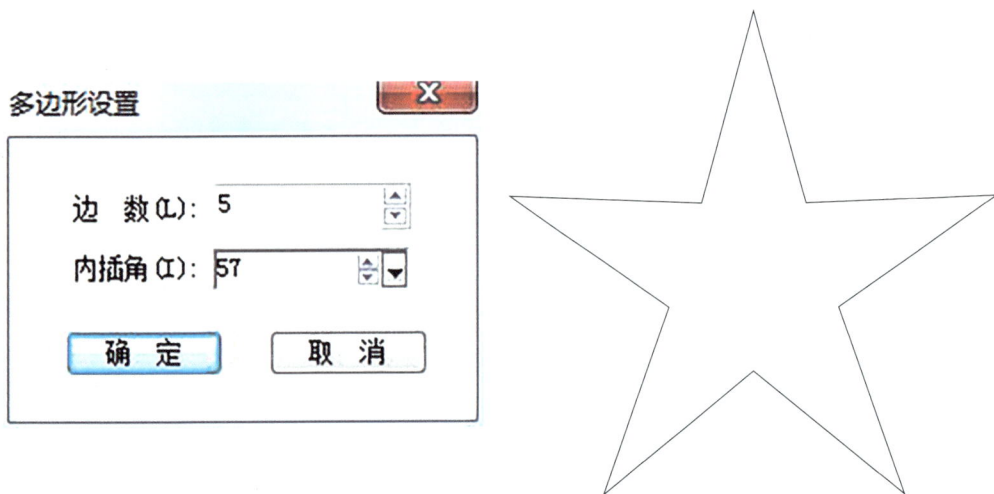

图2-4-7　绘制多边形

(三) 使用【钢笔】工具绘制图形

　　双击【钢笔】工具，可以调出【钢笔】工具设置卡，如图2-4-8所示，其中有【橡皮条】和【自动添加删除】两个选项。【橡皮条】选项是指使用【钢笔】工具在鼠标移动的过程中带有连接线，能绘制可变曲线。【自动添加删除】选项是指在使用【钢笔】工具绘制图形的过程，点击前一个节点，则可以删除该节点，也可以在非节点处增加新节点。

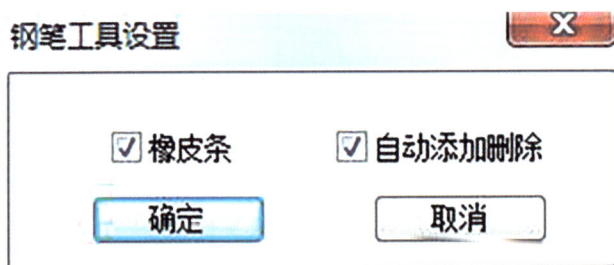

图2-4-8　【钢笔】工具设置卡

　　使用【钢笔】工具贝塞尔曲线可以绘制曲线或折线。贝塞尔曲线是绘制二维图形的数学曲线，由线段与节点组成，节点是可拖动的支点，线段像可伸缩的皮筋，使用贝塞尔曲线可以精确画出页面中需要的各种曲线。绘制贝塞尔曲线时，当用鼠标点下一个点位后，不松开鼠标左键移动至新的点位，则可以看到点位处显示有曲线的切线，此时在两个点位间画出的是一段曲线。控制切线的方向和长短，就可以调整曲线的弧度。如果松开鼠标左键，在点位处没有显示切线，在两个点位间则画出的线段为一段直线，当点位较多时，就可以绘制出折线。当完成最后一个点位后，单击鼠标右键，画出的为不封闭的线段图形。如果绘制图形的终点与起点重合，则可以得到封闭的图形。

在使用【钢笔】工具绘制图形的过程中，使用Esc键可以删除上一个节点。绘制过程中按住Ctrl键，点击当前节点，可以取消当前节点一侧的切线，节点间绘出的为直线。如果按住Shift键，可以画出水平、垂直或45°倾角的直线。

如要对一段贝塞尔曲线进行续绘时，只需将【钢笔】工具置于线段的端点上，就可以继续绘制曲线。利用【钢笔】工具的续绘功能，可以将非封闭的曲线或折线转变为封闭性的图形。

（四）图形编辑

图形编辑是根据内容表述和页面设计的需要对图形进行的精细化的修改调整。对图形进行编辑时，主要是应用【穿透】工具修改图形的边线、调整成组对象中的单个对象等，此外，图形的编辑还涉及对选择图形的属性参数进行更改等。

1.【穿透】工具的应用

使用【穿透】工具可以对图元、图像、文字块等对象的边框或节点进行修改调整。使用【穿透】工具时，需注意屏幕上的光标变化，在节点操作、线段操作和图形移动操作时光标的显示是不一样的，光标显示不同，表明对象的操作方式也不同。

有时需要在图形中删除节点，此时可以使用删除节点工具，使用删除节点工具可以选中和删除多个节点，还可以删除图元或图像的边框。在编辑贝塞尔曲线时，有时需要进行节点属性和位置的调整，如需要将节点改为尖锐或光滑的节点，有时需要增加节点或删除节点，有时需要闭合曲线，这些操作的目的都在于从细节处使图形的编辑更加精细化，满足设计制作的需要。

2.图形属性的设置和更改

设置或更改图形的属性时，可先选择图形，点击【对象】主菜单，即可对底纹类型、边框线型、颜色等属性进行操作。

第五节　对象与设计操作

一、对象基本操作

在方正飞翔中，页面中的每一个元件，不论是文字块、图形、图片等，都可以被视作对象，同时，还可以将不同类型的多个元件通过成组构成新的对象。

（一）对象的选中和放弃选中

1.选中对象

对象操作，是页面设计的基础，页面设计的所有操作都是从选中对象开始的。

选中对象的操作方法为：

选择工具箱中的【选取】工具，点击要选择的对象，当被选择对象显示出对象控制点，表明此时对象被选中。

2.选中多个对象

在页面设计的过程中，有时要求对多个对象进行同时操作，就需先选中这些对象。

选中多个对象的操作方法为：

选择工具箱中的【选取】工具，先选取一个对象，然后按住Shift键，再点选其他要选中的对象，就可以选中多个对象。或者选择【选取】工具后，压住鼠标左键，将要选取的对象画入选取框内，也可以选中一个或多个对象。

3.放弃选中的对象

放弃已选中对象的操作方法为：

在选择【选取】工具后，在已选取对象之外的页面其他区域，单击鼠标左键，就可放弃已选中的对象。若放弃已选中多个对象中的某一个或某几个对象，可在选择【选取】工具后，压住Shift键，用鼠标左键点击要放弃选中的对象，就可逐个放弃这些选中的对象。

（二）编辑对象

对象的编辑包括调整对象的大小、复制粘贴对象、捕捉对象、对象旋转倾斜变倍、对象层级管理、对象成组与解组、图文混排等操作方法。

1.调整对象的大小

在页面设计过程中，时常需要调整对象的大小。

调整对象大小的方法为：

用【选取】工具选中对象，按住鼠标左键拖动选中对象的边框或端点，就可以改变对象的大小。如果在拖动鼠标的同时按住Shift键，则可以等比例改变对象的大小；如果在拖动鼠标的同时按住Ctrl键，则以正方形形式改变对象的大小。

2.复制粘贴对象

在页面设计中需要重复使用的对象，可以采用复制粘贴的办法快速复制对象。

复制粘贴的方法为：

用【选取】工具选中对象，先按Ctrl＋C复制对象，然后再按Ctrl＋V，可以原位复制对象，或在另一页面的同样位置复制对象。如果需要将对象快速移动到另一页的同样位置，可以采用Ctrl＋X剪切对象，然后转到目标页面，再按Ctrl＋V，可以将对象快速移动到目标页面上。如果不用Ctrl＋V进行粘贴，而是用鼠标右键菜单中的粘贴命令，则对象粘贴的位置由鼠标点击的位置决定。

3.捕捉对象

在页面设计过程中，经常需要将操作对象放置在页面的垂直中线、水平中线等位置上，或需要对象的排列呈特定要求，此时，打开方正飞翔中的【捕捉】功能，则可使操作更为精细和简捷。

打开【捕捉】功能的方法为：

点击【对象】主菜单，勾选【捕捉】选项卡，就可以打开【捕捉】功能。当对象移动至提示线、页边框、版心框时，就可以精确进行贴齐。

方正飞翔还具有智能捕捉功能，可以捕捉操作对象四周的页面中心线、页面边缘线以及周边其他对象的边缘和中心位置等。启动智能捕捉功能，需要在【视图】主菜单对【智能参考线】选项卡进行设置。【智能参考线】有以下选项：对齐对象中心线、对齐对象边缘线、对齐页面中心线、对齐版心中心线、智能尺寸和智能间距，系统默认为全选，如有一个未勾选，则该选项不参与对齐捕捉效果。

4.对象旋转倾斜变倍

方正飞翔为对象的旋转、倾斜和变倍操作提供了快捷方法，这就是利用工具箱中的【旋转倾斜变倍】工具。

快速实现操作对象旋转、倾斜的操作方法为：

选择工具箱中的【旋转倾斜变倍】工具，连击要选取的对象，在选取对象的端点和边框中点出现旋转和倾斜控制点，用鼠标左键点取旋转控制点拖动可以实现对象的旋转操作，点取倾斜控制点拖动则可以实现对象的倾斜操作。旋转控制点和倾斜控制点如图2-5-1所示。此外，在选取对象后，通过在【对象】主菜单下的【倾斜】【旋转】数值框中输入数值，可以实现对象倾斜、旋转的精确操作。

如需快速改变对象的大小，可以使用变倍的操作方法，具体为：

选择工具箱中的【旋转倾斜变倍】工具，点选操作对象后，用鼠标左键拖动对象四角上的控制点，就可以快速地改变对象的大小。

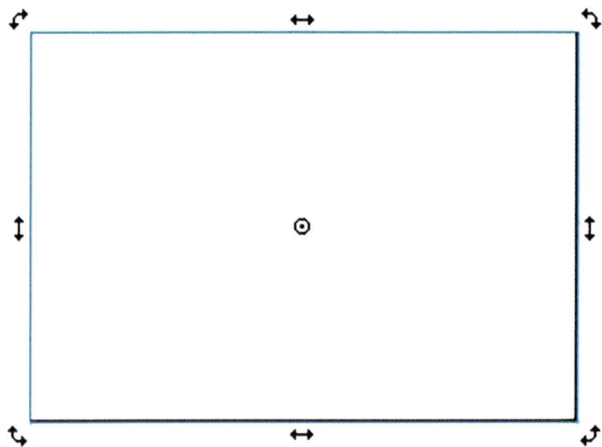

图2-5-1　旋转控制点和倾斜控制点

5.对象层级管理

方正飞翔在页面设计过程中，对页面中的不同设计对象进行分层管理，层与层之间是相互独立的，可以减少页面内元素较多时对象组件在设计过程中的相互影响，有利于提高设计制作效率。

调整对象层级的方法为：

用工具箱中的【选取】工具选中对象，然后在【对象】主菜单中选择【最上层】【上一层】或【最下层】【下一层】选项按钮，即可调整选中对象的层级。也可在选中对象后，选择鼠标右键菜单中的【层次】中的选项，调整对象的层级。

6.对象的成组、解组与锁定、解锁

方正飞翔可以将多个对象组织成一组，成为一个层级，不仅可以对成组的对象进行整体操作，而且可以避免设计过程中对不同操作对象层级间的频繁调整，有利于提高作品的设计制作效率。

将多个对象成组操作的方法是：

用【选取】工具选中需编为同组的多个对象，然后在【对象】主菜单中选择【成组】按钮，或者按F4键，就可以将这些对象组成为一个对象。此外，还可以在选中需要成组的对象后，选择鼠标右键菜单的【成组】选项，也可以完成多个对象的成组操作。

构成成组的对象可以是页面中的单个元素，也可以是已成组的对象。

将成组的对象解组，操作方法如下：

在选中成组对象后点击【对象】主菜单中的【解组】按钮；或者压Shift＋F4键，也可以完成解组操作。此外，使用右键菜单中的【解组】选项，也可以将成组对象解组。

如需对成组对象中的单个对象进行操作，可以使用【穿透】工具，或者使用【选中】工具双击需选中的对象。

在页面设计中，为防止已设计完成的对象遭到不必要的修改，可使用锁定功能，系统可以将需要锁定的对象固定在页面上。被锁定的对象形状和位置不能改动，但可以修改属性，如底纹、颜色、线形等，对文字块可以增加或删除文字，设置文字的属性，可以进行复制、粘贴对象等，但不能剪切对象。

使用锁定的方法为：

选中需要锁定的对象，然后选择【对象】主菜单中的【锁定】按钮，或按F3键，此外还可以选择鼠标右键菜单中的【锁定】选项，都可以对选中的对象进行锁定。

解锁锁定对象的方法是：

选中锁定的对象，然后选择【对象】主菜单中的【解锁】按钮，或按Shift＋F3键，还可以选择鼠标右键菜单中的【解锁】选项，都可以将锁定的对象解锁。

7.调整图文混排的方式

方正飞翔提供了多种图元与文字块混排的方式。

调整图元与文字块混排的方法为：

选中需要与文字块混排的图元，然后选择【对象】主菜单中的【互斥】按钮，调出【图文互斥】选项卡，即可以根据页面排版的需要对图文关系、文字走向、边空、轮廓类型、位置等属性进行设定。【图文互斥】选项卡如图2-5-2所示。

二、颜色设置与管理

方正飞翔可以通过颜色浮动面板或选项卡为文字、图元底纹或边线设置颜色。H5作品是通过屏幕进行阅读的，采用RGB模型定义作品中的颜色，RGB为三原色，R为红色，G为绿色，B为蓝色，其他颜色都是由这三种颜色按不同比例调配出来的。

（一）设置对象颜色

为选中的图元、文字框等对象设置颜色时，可从【对象】主菜单中点击底纹颜色或线型颜色，即可为图元对象的底纹或边线设置颜色。设置自定义颜色时，可调取自定义颜色面板（如图2-5-3所示）。

文字颜色或文字底纹颜色的设置方法为：

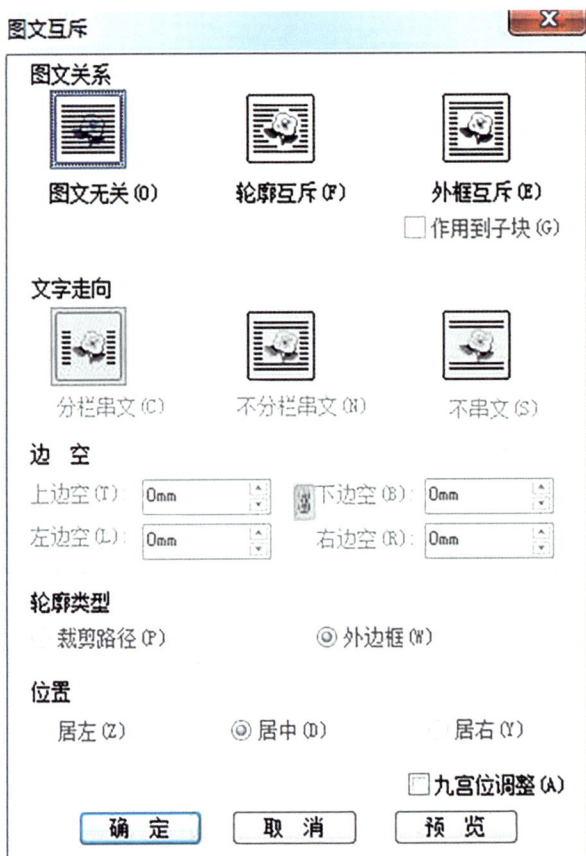

图2-5-2 【图文互斥】选项卡

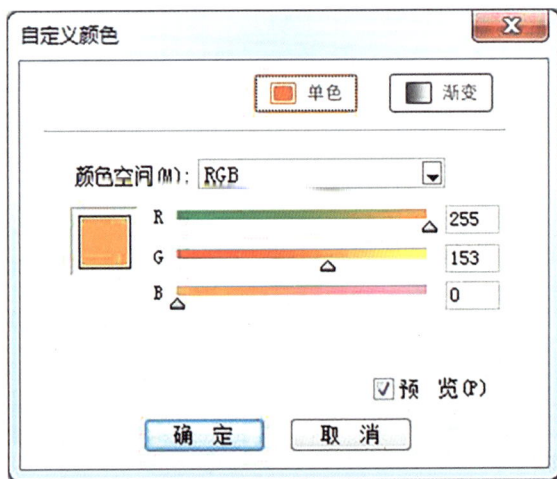

图2-5-3 颜色面板

选中文字块，然后选择【编辑】主菜单【文字颜色】按钮或【文字底纹】按钮进行设置。如需要重新设定文字的颜色或文字底纹的颜色，可点击按钮旁的【颜色选择卡】，选择【其他颜色】，调出【自定义颜色】面板进行设置即可。

（二）色样的设定

对于H5作品设计中常用的颜色，可在对象颜色设置时存为色样，当后续设计过程中需要使用该颜色时，可直接从色样中调取。

（三）设置渐变色

方正飞翔可以为对象底纹或线框设置渐变色效果。

设置渐变色的方法为：

选中对象后选【对象】主菜单中的【底纹颜色】或【线型颜色】按钮旁的颜色选项卡，选择渐变色的类型，如需要另外设置渐变色效果，点击颜色选项卡下侧的【其他颜色】，调出【自定义颜色】面板，点击【渐变】选项，选定【渐变模式】后，对渐变色的起点、终点及其他控制点位的颜色进行设定，设定完成后点【确定】，就完成了渐变色效果的设定。

（四）颜色吸管工具

方正飞翔工具箱中的【颜色吸管】工具，可以吸取图像及图元上的颜色，应用于页面上其他需要着色的对象。

使用【颜色吸管】工具的方法为：

选择工具箱中的【颜色吸管】工具，在选中的颜色位置点击鼠标左键吸取颜色，然后移动鼠标至需要着色的对象，根据【颜色吸管】工具的光标状态，对需着色对象的底纹或边框分别进行着色。

三、设计操作

方正飞翔为页面设计提供了文字和对象的美术设计功能，包括艺术字、装饰字、文裁底、文字转曲、文字打散以及转裁剪路径、阴影、羽化、透明、立体阴影等，还可以调用第三方图像编辑软件参与设计加工，并且可以获取飞翔资源中心提供的模板、部件、素材和插件支持。

（一）文字的设计操作

文字的设计操作包括艺术字、装饰字、文裁底、文字转曲和文字打散等。

1.艺术字

艺术字设计提供了立体、勾边、空心等多种设计方式。

选用艺术字方式的操作为：

选中设计文字后，执行【设计→艺术字】，从中直接选用需要的艺术字方式即可。除直接选用方正飞翔提供的艺术字方式外，还可以选择【艺术字】选项菜单下的【自定义艺术字】选项，调出【艺术字】设置卡，如图2-5-4所示，根据设计需要对艺术字方式进行设置。

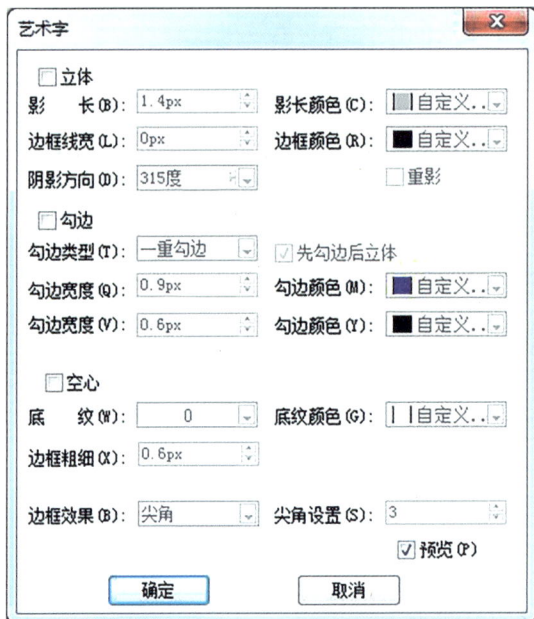

图2-5-4 【艺术字】设置卡

2.装饰字

装饰字设计提供了米字格、田字格、心形装饰等多种文字装饰方式。

选用装饰字方式的操作方法为：

选中文字块后，执行【设计→装饰字】，从中直接选用需要的装饰字方式即可。除直接选用方正飞翔提供的装饰字方式外，还可以选择【装饰字】选项菜单下的【自定义装饰字】选项，调出【装饰字】设置卡，如图2-5-5所示，根据设计需要对文字的装饰方式进行设置。

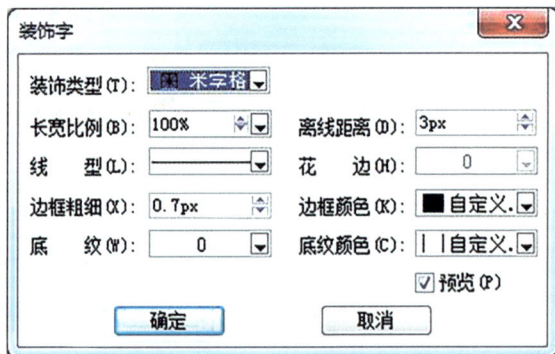

图2-5-5 【装饰字】设置卡

3. 文裁底

文裁底是使用文字对底纹进行裁剪，使文字获取底纹的颜色，实现文字的特殊效果。

文裁底的操作方法为：

  （1）选中文字块，执行【对象→底纹颜色】，给文字块铺上底纹。

  （2）选择【设计→文裁底】，则文字块中的文字对底纹进行裁剪。

使用文裁底功能需注意，在执行【文裁底】前，不宜执行【框适应文】的操作，否则执行文裁底后，部分英文字母或符号不能被裁到。用户可以执行【文裁底】后，再执行【框适应文】的操作。

4. 文字转曲

通过文字转曲功能，可以将文字转为图元，利用穿透工具就可以在文字形状的基础上设计出各种图形效果。

使用文字转曲功能的操作方法为：

  选中文字块，执行【设计→文字转曲】，即可将文字转为曲线块。

5. 文字打散

文字打散功能可以将多个文字构成的文字块转变为每个字单独的小文字块，从而方便对每个文字进行单独的设计操作。

使用文字打散功能的方法为：

  选中文字块，执行【设计→文字打散】，即可将多字构成的文字块转变为每个字单独的小文字块。

（二）转裁剪路径

【转裁剪路径】功能可以将文字块或图元设为裁剪路径，用来裁剪其他的块，满足页面设计中艺术表现的需要。

使用【转裁剪路径】功能的方法为：

  （1）将需设置裁剪路径的文字块或图元移动至与图像重叠。

  （2）选中文字块或图元，选择【设计→转裁剪路径】，设置文字块或图元的裁剪属性。

  （3）将设置好裁剪路径的文字块或图元与图像同时选中，按F4成组，图像即被裁剪。

图2-5-6　转裁剪路径

（三）设置对象的艺术效果

设置对象的艺术效果包括阴影、透明等操作。

1.阴影

阴影功能提供了设置对象阴影多种效果的方式。

选用阴影效果的操作方法为：

　　　　选中文字块或图元对象后，执行【设计→阴影】，从中直接选用需要的阴影效果即可。除直接选用方正飞翔提供的阴影效果外，还可以选择【阴影】选项菜单下的【自定义阴影】选项，调出【阴影】设置卡，如图2—5-7所示，根据设计需要对对象的阴影效果进行设置。

2.透明

透明功能提供了设置对象透明度的方式。选用透明度设置的操作方法为：

　　　　选中文字块或图元对象后，执行【设计→透明】，调出【透明度】设置卡，如图2-5-8所示，即可设置或调整对象的透明度。

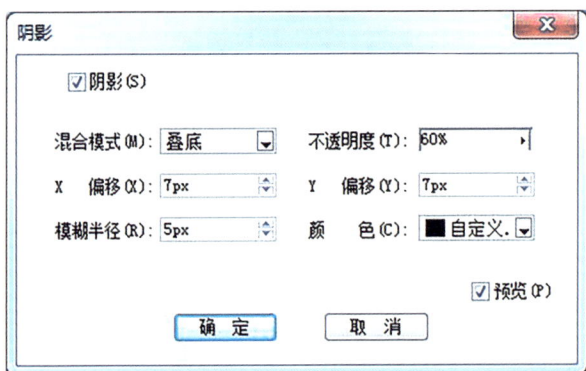

图2-5-7　阴影效果设置卡

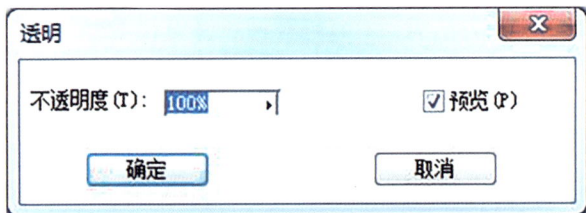

图2-5-8　透明度设置卡

（四）字体设计

方正飞翔提供了强大的字体设计工具【字+】，为作品设计提供了更加丰富的字体选择。使用【字+】前，需先安装【字+】程序，如用于商业设计，应进行必要的注册，获得商业授权。调用【字+】的方法为：点击【设计→字+】，即可弹出【字+】界面，如图2-5-9所示。选中需要的字体，点击即可加入到本地字库中。之后就可根据需要进行字体的设置。

（五）调用图像编辑软件

方正飞翔可对排入的图像直接调用图像编辑软件进行图像设计和编辑修改，设计修改的结果可以直接反映在方正飞翔中。需要注意的是方正飞翔软件自身对图像的编辑修改并不会影响图像的原文件，但调用图像编辑软件编辑修改后的图像原文件则会发生变化。

（六）云部件

方正飞翔提供了配套的设计资源，通过执行【设计→云部件】可以与方正飞翔资源中心平台连接，从而获取丰富的创意素材，并体验到方正飞翔对用户设计的强大支持。

图2-5-9　【字+】界面

第六节　预飞、文档的打包与输出

一、预飞

预飞分文档预飞和工程预飞。预飞是对即将打包或输出的文档检查是否存在不符合阅读终端要求的重要步骤，通过预飞，可以将文档中不符合要求的问题列出来，以供创作者进行修改。

（一）文档预飞

对文档预飞的操作方法是：

执行【文件→预飞】，方正飞翔自动对当前文档进行检查，检查结束后，弹出预飞结果对话框，如图2-6-1所示，对文件中的字体、图像、对象等是否存在有问题进行报告。

作品设计人员可用鼠标左键双击对话框中列出的问题，将文档跳转到问题所在的页面，从而逐一对问题进行修改。

图2-6-1　【预飞】对话框

（二）工程预飞

在【工程输出】向导中，可以进行工程预飞。工程预飞除对工程中所有互动文档按照文档预飞的要求进行检查外，还增加了"工程"属性项的检查。工程属性项包括出版物属性检查、是否属同一类文档的检查等。

预飞没有问题就可以进行文档的打包与输出。

二、文档的打包

文档的打包是作品创作设计工作结束时不应忽视的重要工作。通过文档的打包操作，将作品创作中所使用的素材进行归档保存，可以防止素材的丢失，为作品的修订提供便捷。

文档打包的操作方法是：

执行【文件→打包】，弹出【打包对话框】，如图2-6-2所示，设置打包文件夹存放的路径后，点击【确定】即可对文档进行打包。

三、文档输出

文档的输出是生成作品最终形态的步骤，文档输出格式的选择，会对作品的阅读产生影响。方正飞翔文档输出的类型有ePub和PDF。

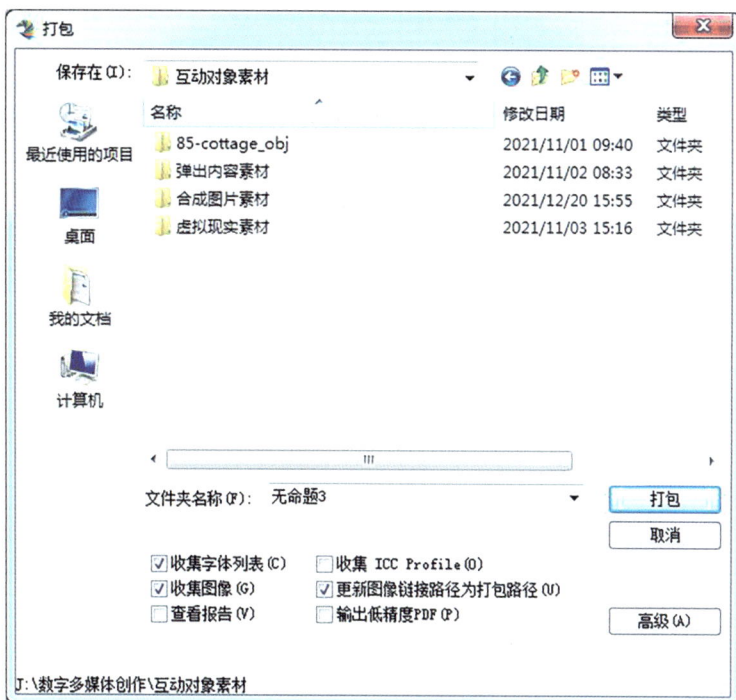

图2-6-2 【打包】对话框

（一）输出ePub

ePub是一种电子图书标准，由方正飞翔输出的ePub类型文件符合ePub 3.0的技术规范。

输出ePub的方法是：

图2-6-3 【输出】对话框

图 2-6-4　设置输出 ePub 参数对话框

　　执行【文件→文档输出】，弹出【输出对话框】，如图 2-6-3 所示，选择【文件类型】为【版式 ePub】。点击【高级】选项，弹出【设置输出 EPUB 参数对话框】，如图 2-6-4 所示，对其中的选项设置后点击【保存预设】，对预设保存后，即可点击【确定】转回【输出对话框】。点击【输出对话框】中的【确定】按钮后，就可进行文档的输出。

【版式 ePub】是原版原式的输出，输出的 ePub 与飞翔版式一致，可以展现互动效果。

【设置输出 EPUB 参数对话框】中的参数含义如下：

封面：设置 ePub 作品的封面，可以选择无、提取首页或定义图片。

图像设置：设置图像的分辨率，可选择将公式、表格、成组块等是否转为图片。

元数据：包括作品类型、名称、作者、出版商、出版日期等，是构建作品及预设不可或缺的一部分，可以帮助读者了解作品大概的内容。

其他：设置输出前是否预飞，是否下载字体等。

（二）输出交互 PDF 文件

交互 PDF 适合交互式阅读，能够播放音视频、超链接跳转和页面过渡的交互式幻灯片效果。输出交互 PDF 文件的方法是：

　　执行【文件→文档输出】，弹出【输出对话框】，选择【文件类型】为【交互 PDF】。点击【高级】选项，弹出【设置输出交互 PDF 参数对话框】，如图 2-6-5 所示，对其中的选项设置后点击【保存预设】，对预设保存后，即可点击【确定】转回【输出对话框】。点击【输出对话框】中的【确定】按钮后，就可输出 PDF 文件。

【设置输出交互 PDF 参数对话框】中，在【常规】设置选项中可对是否增加水印及水印图位于上层还是下层、是否输出后打开 PDF 文件、是否嵌入缩略图、是否创建带标签的 PDF、是否

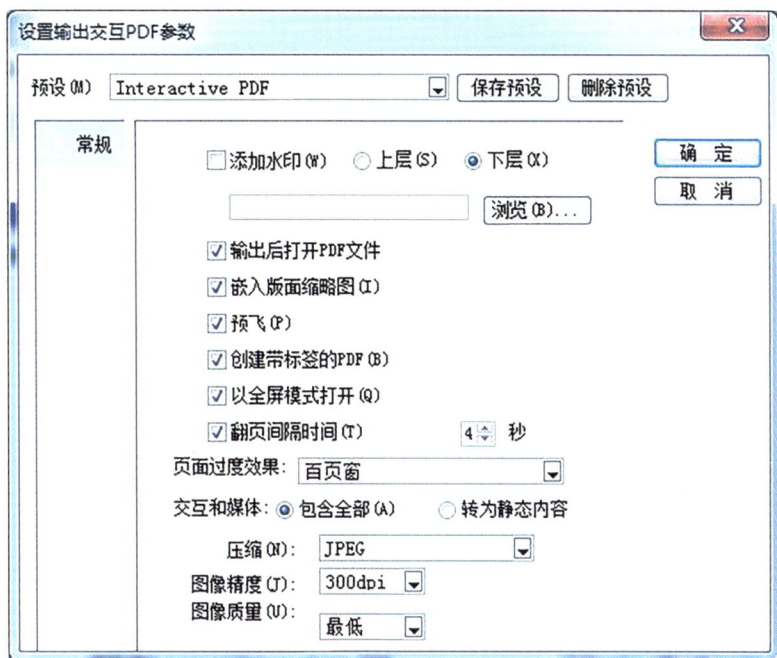

图2-6-5　设置输出交互PDF参数对话框

以全屏模式打开、自动翻页间隔时间以及是否在输出前执行预飞程序等进行设置。

页面过渡效果：可选择百页窗、梳理、渐隐、放大、缩小等翻页动画效果。

交互和媒体：【包含全部】表示允许音频、视频和超链接等在导出的PDF文件中进行交互。【转为静态内容】表示把音频、视频和超链接等当成静态内容输出PDF。

四、保存并同步至云端

方正飞翔为用户提供了H5作品的云端发布功能，方正飞翔用户可以将自己创作的H5发布到方正云空间，即可向全网进行传播。

当用户创作完成融媒体作品后，作品发布的方法如下：

（1）执行【文件→保存并同步至云端】，弹出【设置html参数对话框】，需要对其中的选项卡内容进行勾选。

【图像设置】选项卡如图2-6-6所示，其中的设置项目含义如下：

图像分辨率：提供四个选项：72ppi、96ppi、150ppi和300ppi，用户可根据使用的图片素材分辨率进行选择。

图像转换：有自动、JPG、GIF和PNG四个选项。选择【自动】，则保留原始图像格式。

【翻页效果】选项卡如图2-6-7所示，其中的设置项目含义如下：

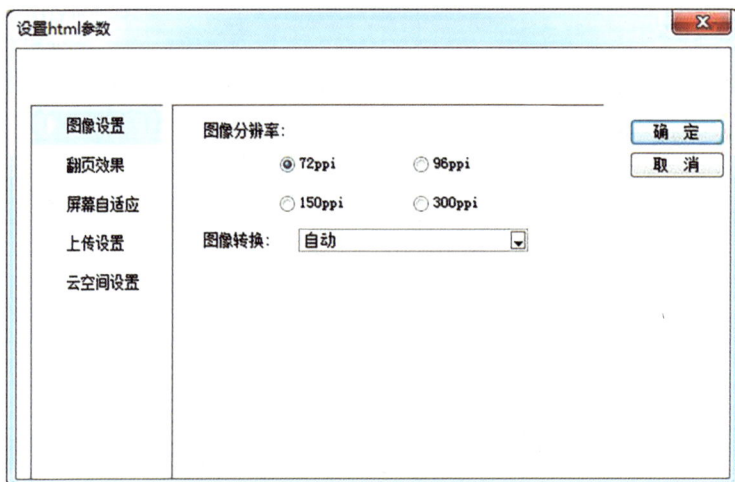

图2-6-6　图像设置选项卡

翻页效果：浏览作品时，翻页的动画效果为平移或流转。

翻页方向：上下翻页或左右翻页。

循环效果：选"是"，当浏览作品翻到最后一页时，再滑动翻页，则翻到首页；选"否"，当浏览作品翻到最后一页后，则只能往回翻页。

翻页时间：以毫秒为单位，可根据需要设定翻页时间。

翻页图标：如勾选，则浏览时出现翻页图标；不勾选，就不会出现翻页图标。

禁止滑动翻页：如勾选，则浏览作品时，无法通过滑动翻页，只能用其他互动跳转翻页。

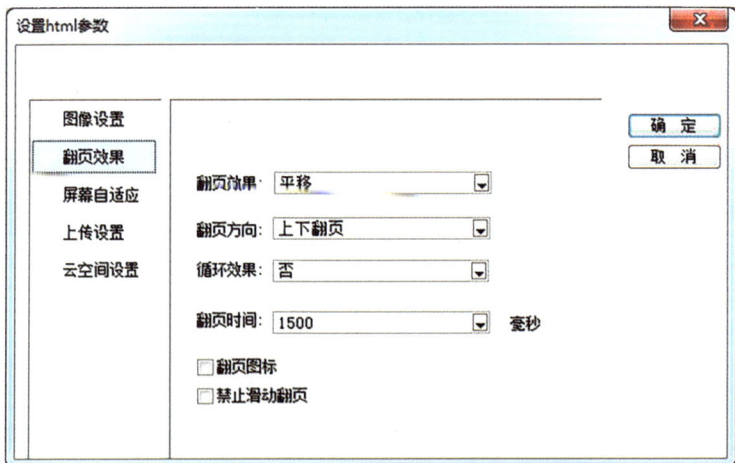

图2-6-7　翻页效果选项卡

【屏幕自适应】选项卡如图2-6-8所示，共有五项选项，其含义分别为：

宽度适配，垂直居中：作品页面宽充满屏幕宽度，页面高度等比例缩放，整体页面居中显示，其余部分剪裁或留白。

高度适配，水平居中：作品页面高充满屏幕高度，页面宽度等比例缩放，整体页面居中显

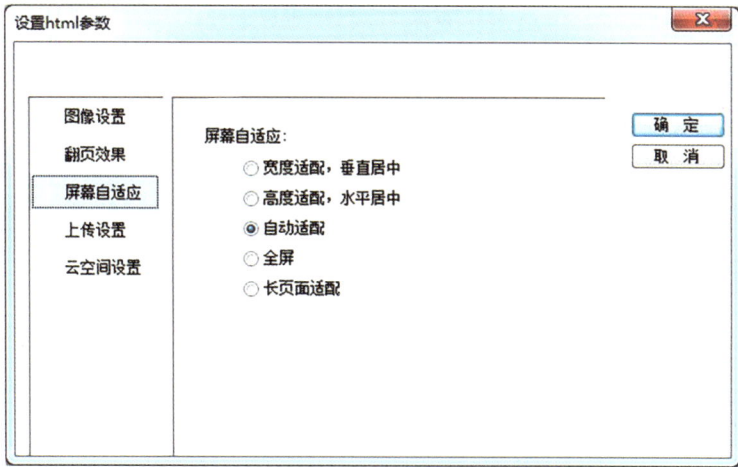

图2-6-8 屏幕自适应选项卡

示，其余部分剪裁或留白。

自动适配：作品页面等比例缩放充满高度或宽度，整体页面居中，另一边留白。

全屏：作品页面充满屏幕，页面不一定是等比例，有可能是变形的。

长页面适配：只有新建"长页面"文档，此项才置亮。选中，就按长页面浏览。

【上传设置】选项卡如图2-6-9所示，共有两项设置，其含义分别为：

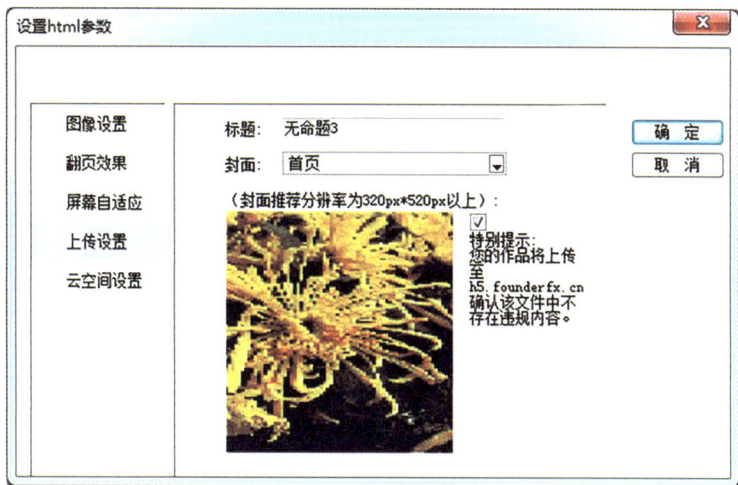

图2-6-9 上传设置选项卡

标题：填写作品的标题名称。

封面：设置H5作品的封面，可提取首页，或者自定义图片。封面图片推荐分辨率为320px×520px以上。

【云空间设置】选项卡为方正飞翔用户提供了注册及登陆云空间的有关事项。

（2）完成html参数设置后，点击【设置html参数】设置框上的【确定】按钮，就开始上传作品至飞翔H5云服务。

当同步进度达到100%时，可点击"查看"跳转到飞翔H5云服务的个人作品列表，查看已经上传完成的作品。此时作品仍处于未发布状态，可以生成临时链接对作品进行预览。如需要对作品进行修改，则在飞翔设计软件中进行，修改后以同名的标题进行设置，按照相同的步骤进行上传，即可覆盖云空间中的同名文件，此时链接不发生改变。

第三章
H5作品的动效与交互功能设计

页面动效和交互式阅读功能是数字多媒体有别于其他形式作品的主要特征。随着移动互联网的快速发展，移动智能终端性能的不断提高，H5作品以其绚丽多彩的动态效果和灵活多样的交互功能展现了强大的表现能力，日益成为移动传播时代重要的数字作品形式。方正飞翔具有强大便捷的动画效果制作功能和交互功能设计能力，创作者应用简单的方式就能够利用方正飞翔创作出表现力优异的H5作品。

第一节　H5作品页面动效设计与制作

页面动效是H5作品在阅读端所呈现出的页面或页面元件的动态效果，是H5作品展现生动性、趣味性的重要方式。动效设计也被称作动画设计，方正飞翔为H5页面对象的进入、退出以及突出强调提供了多种类型的动态表现方式。

一、动效的作用、分类和设计原则

迪士尼动画设计师Isara Willenskomer曾说："很多设计师把动效理解为一种更高层面的设计，即为一个界面内的实体在即时的和非即时的事件之间的一种暂时性的行为。"这其实指出了动效的本质就是作品在表达过程中表现出的一种过渡性效果。它既是构成完整作品的重要组件，也是作品中各组件之间的"润滑剂"，对提升作品表达效果和用户体验发挥着不可替代的重要作用。

（一）正确理解动效的作用

如果数字作品的页面只是文字和图片机械性地呈现，这样的作品必然是呆板的，其表现力也一定是不理想的。但如果作品的页面上充斥了各种各样的动态元素，这样的页面也表现得杂乱无章，会让人有无所适从之感。动效其实对用户体验这个大专业来讲是一门新的学科，随着设备硬件条件越来越好，动效也得到了更多的支持，被广泛运用于各种类型的数字作品之中。然而，无论数字作品的结构如何复杂，怎样运用好动效，却是一个需要作品的设计师仔细思考的问题。动效不仅要使作品的页面变得更加有序，而且还要使用户能够产生对作品继续深入探究下去的意愿，从而使作品的价值通过动效的运用而得到增加，这就必须要正确理解动效在作品中所发挥的作用。

动效在数字作品中的作用主要表现在以下几个方面：

1.装饰美化

通过作品页面及页面元素的动态呈现，可以对作品进行装饰美化，从而提高作品的亲和力和趣味性。

2.过渡转换

动效可以为两个内在逻辑不紧密的内容页面提供一个过渡转换空间，降低页面突兀跳跃所带来的视觉不适感，保证内容信息传递的流畅性。

3.内容强调

恰当的动效可以构建出内容的呈现环境和内容的表现状态，从而对内容的意义给予突出强调。

4.导航指引

通过在作品中构建特定的动态组件，可以展示作品的结构细节，对用户进行提示，为用户的操控使用指引方向，起到导航的作用。

（二）动效的分类

动效并没有明确的分类，从动效在作品整体中的作用的角度可以将动效分为功能型动效、交互型动效和展示型动效，而从动效与作品内部组件关系的角度也可以将动效分为转场型动效、层级展示型动效、空间扩展型动效、聚焦关注型动效、内容呈现型动效和操作反馈型动效等。

1.从与作品内部组件的关系的角度对动效的分类

动效与作品的内部组件之间具有相应形式的关系，这些不同的关系形式可使动效分为不同的类型。

（1）转场过渡型动效：人的大脑对移动、形变、色变等动态事物具有敏感性。在界面中加入一些平滑舒适的过渡效果，不仅能让界面显得生动，还能帮助用户理解界面前后变化的逻辑关系。

（2）层级展示型动效：在现实空间里，人们会有物体近大远小的错觉，对物体的运动也会有近快远慢的感觉。当界面中的元素存在不同层级时，运用对象不同大小和速度的动态变化可以帮助用户理清前后位置关系，以动效来体现整个系统的空间感。

（3）空间扩展型动效：在移动端界面设计中，由于有限的屏幕空间难以承载大量的信息内容，可以通过折叠、翻转、缩放等形式拓展附加内容的存储空间，以渐进展示的方式来减轻用户的认知负担。

（4）聚焦关注型动效：聚焦关注型动效就是通过元素的动作变化，提醒用户关注相关的内容信息。这种提醒方式不仅可以减少视觉元素的干扰，使界面更清爽简洁，还能在用户的使用过程中，轻松自然地吸引用户的注意力。

（5）内容呈现型动效：内容呈现型动效是将界面的内容元素按照一定的秩序逐级呈现，引导用户视觉焦点的走向，帮助用户更好地感知页面布局、层级结构和重点内容，同时也使整个展示流程更加丰富流畅，增添了界面的活力。

（6）操作反馈型动效：每一个好的多媒体作品都应该对用户与系统之间的交互行为做出即时反馈。操作反馈型动效就是以动效方式对用户的交互行为所做出的即时反应。以动效方式展现用户交互行为的结果，可以帮助用户了解当前系统对交互过程的响应情况，为用户的决策提供支持。

2.从在作品整体中的作用对动效的分类

（1）功能型动效：这类动效一般通过动态图形向用户传递信息，其中加载和刷新提示以及进度条应该是我们平时接触最多也是最常见到的动效，此类动效最开始只是为了告知用户作品的页面状态。功能型动效还被广泛地运用在体现作品的各种其他状态之中，如信息报错、二维码扫描等。功能型动效在于优化用户对页面的感知，为用户提供操作后的视觉信息，虽然具体的表现方式不同，但都是通过动效方式帮助用户理解和使用作品。随着用户对作品趣味性和差异化要求越来越高，一些作品将自己的品牌因素融入到动效当中，使其也成为品牌宣传的一种方式。

（2）交互型动效：该类动效的核心是"交互"，其主要作用是帮助用户理解界面的层级逻辑关系，提升用户的使用体验。用户都是从现实生活中的认知习惯来使用数字作品的，因此，要注意此类动效不能脱离用户的认知模型，如果动效的设计只是单纯的"炫酷"，这对于整个作品来说是有害的。交互型动效是用户在作品中接触最多的一种动效，因为作品的使用就是通过不同元素串联而完成的，而负责元素串联的方式就是交互型动效。交互型动效一般可分为单页面交互动效和多页面交互动效。单页面交互动效就是在当前页面发生的交互动画，如二级菜单展开、返回顶部等等。多页面交互动效就是不同页面之间的交互动画，实际上就是页面的跳转。设计师应根据不同的场景使用不同的跳转样式，好的跳转动画能够帮助用户理解前后页面的逻辑关系。

（3）展示型动效：展示型动效的作用就是尽可能地为用户制造视觉上的愉悦感，表现作品的愉悦氛围，让用户觉得作品生动有趣。展示型动效使用的场景十分广泛，常见的有品牌展示、数据运营和营销活动等等。品牌宣传就是将动效与品牌相结合，让原本生硬的产品形象变得生动有趣，从而拉近用户与产品之间的距离。可以将动效与数据运营相结合，使动效成为获取业务数据的重要入口，发挥动效对用户的吸引力，从而提高获取业务数据的质量。

（三）动效的应用原则

页面动效是为作品的表现力服务的，其目的是为了增进用户对内容的感知和提升用户的使用体验，页面动效需要与其他元素一起共同构建出良好的页面呈现效果。因此，在动效设计时就必须充分考虑作品的表现形式和内容表达方式的需要，使动效与作品的整体风格一致，为作品展现内容增加价值。

美国动画设计师唐纳德·诺曼曾说："有时候现代科技产物使用起来非常复杂，但是其实'复杂'本身没有好坏之分：不好是因为没有处理好这个复杂，从而产生了'混乱'，所以应该被批评的不是复杂而是因复杂所产生的混乱。"动态页面可以提高页面表现的生动性，但并不是应用页面动效就一定对作品的表达是有益的。创作H5作品时，在应用和设计动态效果时应遵循以下原则：

1.尊重用户的操控体验

动效的使用是为增进用户的操控体验服务的。动效丰富了作品的表现方式，但在作品中用不用动效、用什么样的动效以及如何实现动效的表现方式都应该从是否满足用户的操控需要和是否能提高用户的操控体验出发来确定，这是动效设计最重要的原则。要避免为表现动效而应用动效，而应该使动效成为用户更好地理解作品和便捷使用作品的工具。

2.与作品的整体风格相一致

动效是作品不可分割的一部分，是构成作品完整性的有机组成部分，因此，动效的设计也必须与作品的整体风格保持一致。首先，动效的表现方式与作品的体裁类型相符合，满足作品表述方式一致性的要求。其次，动效应与界面的呈现方式相符合，不能引起用户对作品使用的困惑。其三，动效在整个作品中应保持一致的风格，从而使用户形成对进一步操作的可预期性，不会产生"出戏"的感觉。

3.要让动效提升作品的艺术性

动效是赋予作品灵动性的重要方式之一。页面动效与用户的操作是互补的关系，动效可以改变用户的操作情绪，精致流畅的动效可以带给用户操作的舒适感，是作品与用户进行情感互动的重要途径。以开门见山的方式展开作品常会使人感觉作品的创作设计是粗糙的，而设计独特的动效，则可以赋予作品优雅的艺术气息，提升用户在使用作品过程中的愉悦感。此外，动效也是反映作品创作和设计制作技术和艺术水平的重要细节特征。

二、页面动效的设计

鲜明的个性是动效引人入胜的关键，动效的表现力就在于其独特的艺术呈现方法。但动效的创作设计并不能天马行空，不受拘束，还应该遵守必要的设计规则。

（一）页面动效的设计依据

动效的设计制作是整个H5作品创作的重要环节，然而，动效只是为作品拥有更好的表现形式服务的，因此，在动效设计制作之前，必须需要准确分析作品的核心内容、整体架构和受众对象。

在H5作品的创作过程中，动效属于页面布局设计过程中的细节设计环节。在页面动效设计制作前，设计制作人员必须明确应用页面动效所要达成的目标。

1.为产品价值目标的实现服务

H5作品作为数字产品，在创作设计前需要明确产品的价值目标，因此，页面动效设计也必须围绕产品价值目标的实现而展开。

实现产品价值目标对动效设计的要求体现在：

（1）动效必须清晰地表达作品的层级关系。

（2）动效必须提升作品的易用性。

（3）动效可以改善作品的表现力。

2.为受众目标的实现服务

H5作品不仅是一款数字产品，它还是移动网络传播时代重要的信息载体之一，必须有明确的受众价值目标。由此，H5作品创作过程中的动效设计也必须符合受众价值目标实现的要求。

实现受众价值目标对动效设计的要求体现在：

（1）动效的使用必须减少用户的认知成本。

（2）动效可以为用户的操作提供指引。

（3）动效可以减少操控移动终端带给用户的不适性。

在H5作品创作中，只有符合实现产品价值目标和受众价值目标两方面的要求时，动效的设计才具有意义。

（二）页面动效的设计要求

在H5作品的创作中，动效是为作品的价值目标实现服务的，因而，从作品的整体效果出发，页面动效的设计必须符合以下要求：

1.动效的一致性

动效的设计必须符合作品的整体性要求，包括动效的颜色、外观形式以及变化速率等，贴合作品的主题与价值表达，使动效与作品在整体视觉感觉和操控性方面保持紧密的关联性和一致性，体现动效在作品内容呈现过程中的真正价值。

2.动效的规范性

应根据视觉感受的舒适性确定同一类动效的延迟时间、方向和持续时间，并以此作为同一作品内动效设计的统一规范，形成作品全局性的参数定义。

3.动效的组件化

针对不同场景需要的动态组件进行统一划分，如对于方正飞翔以插入对象方式引入的动效，可按照模块化的方式先行设计制作出作品所需要的动态组件，这样既可以保证动效的一致性，也能提高动效的设计制作效率。

（三）动效设计的注意事项

动效是提升H5作品表现力的重要方法，对提高用户体验具有十分重要的作用。如何让动效发挥其应有的作用，需要在作品的创作过程中注意以下几个方面：

1.结合作品设计动效

动效是表现作品风格的重要形式，但决定作品风格的是作品的主题、内容与用户需要，因此，动效应与作品的要求相匹配，应与作品的风格相一致。

2.要尊重用户的视觉感受

人们的视觉感受是建立在对自然界物质运动的长期观察基础之上的，页面的动效也应该符合一般运动规律，遵守基本的物理运动定律。迪士尼动画设计师就曾总结出12条动画表现规则，用于指导他们的动画创作，这些规则就是建立在尊重观众视觉感受基础之上的，从而保证了他们的动画的摄制水平。因此，在动画设计参数的设置上，要从受众的视觉感受出发，使页面对象的空间位置变化、形状变化以及动效的节奏、速度、间隔时间等能够贴合自然过程，带给用户良好的使用体验。

3.要不断创新表达方式

作品的创作过程不仅是技术方法的实践过程，也是表现形式的艺术创新过程，因此，需要不断地通过实践积累经验，发现问题，提高技能，还需要不断学习，深入思考，敏锐把握前沿流行趋势，不断突破创新表达方式，使动效设计能够更加丰富作品的表现形式，提升作品的艺术表现水平。

三、方正飞翔动画设计方法

方正飞翔提供了简便灵活的动画设计方法。页面动画包括页面组件的运动变化、显示变化和形状变化等，对于页面组件的这些动态变化，方正飞翔都提供了多种形式的动画设计支持，同时，通过各种动画方式的灵活组合，还可以使作品的动态效果更加丰富多彩。

（一）页面对象动效的制作方法

1.添加或删除动效

（1）添加动效：方正飞翔可以为页面组件添加进入、强调和退出的多种效果。需要注意的是，对于图像，只有JPG和PNG类型的图像设置的动画才有效果。

添加动效的方法为：

用工具箱中的【选取】工具选中需要添加效果的组件，组件可以是页面中的图片、图形、文字块等对象，然后在浮动面板中选择【动画】，调出【动画】选项设置卡，如图3-1-1所示，点击【添加效果】按钮，即可为选中的对象设置动效。此外，还可在选中对象后，点击主菜单【动画】，在工具栏中选择所需的动效，也可为选中的对象设置动效。继续点击【添加效果】，可以为对象添加多种动效。

（2）删除动效：如需删除对象所有动态效果时，可选中对象后，点击菜单【动画→删除动画】即可。如需删除对象

图3-1-1　【动画】选项设置卡

多种动效中的一种或几种，可在【动画】选项设置卡属性框中选中需要删除的动效，然后点击选项卡下部的删除按钮即可。

2.动效的属性设置

页面对象的动画类型有【进入】【强调】【退出】或【形变动画】等。【进入】【退出】类型下有【渐变】【滑动】【回弹】等动画方式，为页面对象进入页面或退出页面时所呈现的动画方式。【强调】类型下有【弹跳】【闪烁】【放大】等动画方式，为突出展示页面对象时所呈现的方式。每一个对象可以设置多种动画方式，通过这些动画方式的组合，可以使页面对象呈现出丰富多彩的动态效果。【动画】选项设置卡的菜单如图3-1-2所示。

【动画】选项设置卡中的参数有【触发事件】【延迟时间】【方向】【持续时长】以及【限次拖放】和【循环拖放】的选项设置。在【动画】选项设置卡的下部有五个按钮。前四个用于调整选项框中动画方式的排序，分别为【置顶动画效

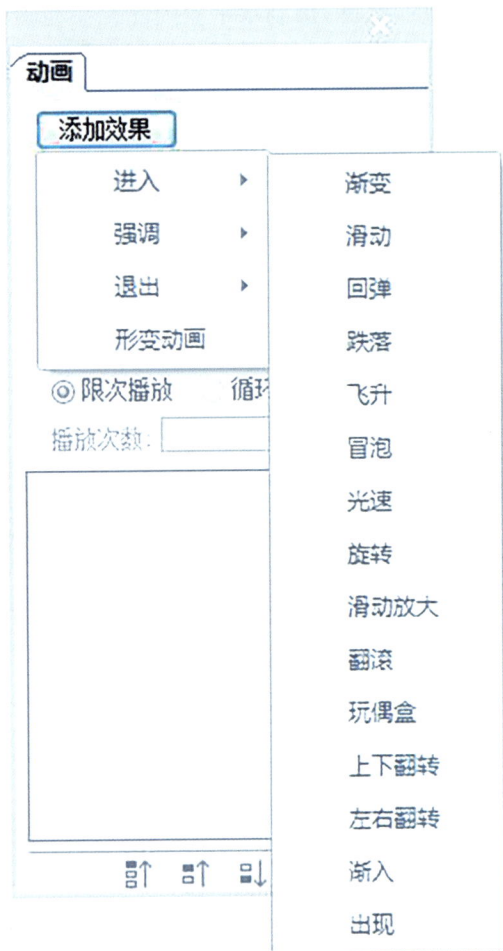

图3-1-2 【动画】选项设置卡

果】【上移动画效果】【下移动画效果】和【置底动画效果】，也可以用鼠标直接拖动选项框中的动画方式调整顺序。后一个为【删除】按钮，可删除选项框中选中的动画方式。

触发事件：设置载入动画效果的时机，有【在上一动画之后开始】【与上一动画同时开始】两个选项。

在上一动画之后开始：第二个动画会在上一个动画播放完成之后开始播放。

与上一动画同时开始：第二个动画和上一个动画同时或延迟开始播放。延迟时间为0，就表示与上一个动画同时开始。

延迟时间：对【进入】或【强调】类型的动画，【延迟时间】设定的是触发后到动画开始播放的时间间隔。时间的先后顺序为控制页面对象进入或强调时的顺序。对【退出】类型的动画，【延迟时间】设定的是【进入】动画播放完成后到【退出】动画开始播放的时间间隔。时间的先后顺序为控制页面对象退出时的顺序。

方向：设置对象进入或退出过程的运动轨迹，有的动画效果是内置的曲线路径，不需设置方向。

持续时长：设置动画持续的时间。

播放次数：设置限次播放的次数。

（二）形变动画的制作方法

1.为页面对象添加形变动画的方法

形变动画是页面对象在动画过程中有大小、旋转、斜切和透明度方面的变化，其制作方法为：

选中一个要添加动画的对象，点击【动画】选项卡上的【添加效果】图标按钮，选择【形变动画】，弹出【形变动画设置】对话框，如图3-1-3所示，设置完成后在动画属性面板上自动为页面对象添加形变动画。

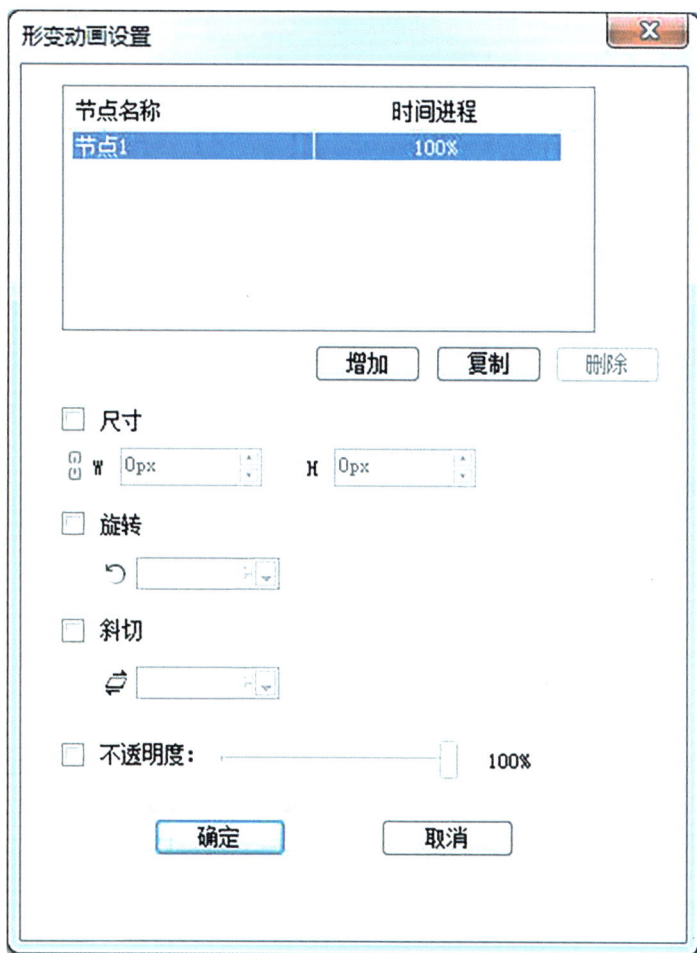

图3-1-3　【形变动画设置】对话框

2.形变动画的设置

形变动画必须设置节点，并对所处节点时的页面对象的变化状态进行设置。

节点名称与时间进程：【节点名称】为页面对象形变动画过程中的节点编号，【时间进程】为动画节点在动画总时长中百分比时间点的位置。可以按【增加】、【复制】或【删除】按钮增加、复制或删除节点。双击"节点"可以修改节点名称，双击"百分比"可输入新值。

节点参数的设置方法：

先在节点设置框中选中节点，然后通过【尺寸】【旋转】【斜切】【透明度】等选项设置页面对象在这个形变节点的大小、旋转、斜切和透明度等参数。设置完所有节点的形变参数后即可完成对页面对象的形变动画设置。如需对页面对象动画进行修改，只需选中相应的节点，进行相关参数的重新设置即可。

（三）路径动画的制作方法

1.制作路径动画的方法

路径动画指页面对象沿着一定路径运动的动画。

路径动画的制作方法为：

（1）用工具箱中的【钢笔】【直线】【矩形】【椭圆】【菱形】或【多边形】等工具在页面上绘制图形作为路径。

（2）用工具箱中的【选中】工具选中页面对象和路径。需要注意的是，选中后基准对象与路径对象的中心标记是不同的，如图3-1-4所示。如果两者颠倒，可直接点击需要设定的基准对象进行切换。

（3）点击主菜单【动画】工具栏上的【路径动画】图标按钮，在动画属性面板上自动添加为路径动画，如图3-1-5所示。

（4）如需要改变路径的方向，可用【选中】工具双击路径，然后点击鼠标右键，再点击【反转路径方向】，即可实现路径的方向的反转，如图3-1-6所示。

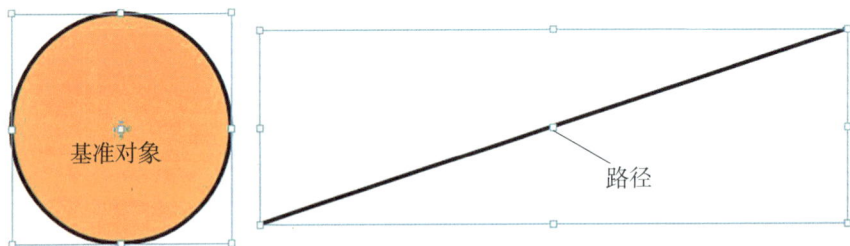

图3-1-4　选中基准对象与路径对象

2.设置路径动画的参数

在【动画】参数选项卡上对相应的参数进行设置，即可完成该路径动画的制作。

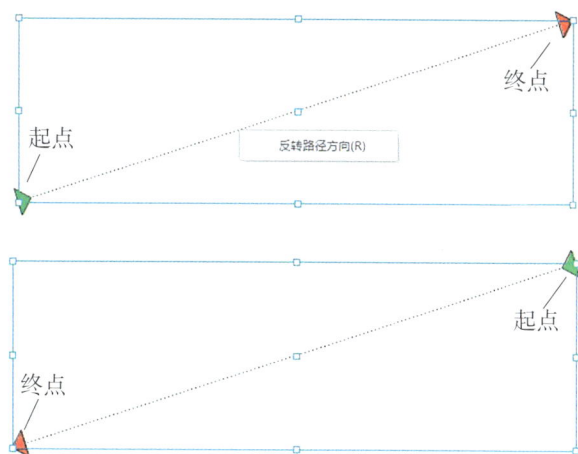

图3-1-6　改变路径的方向

图3-1-5　自动添加为路径动画

第二节　H5作品交互功能设计的基础知识

　　交互功能是数字作品的基本功能之一，也是数字作品有别于其他形式的作品，最能体现和代表数字作品基本特征的重要功能。

一、H5作品交互功能的作用及特征

（一）H5作品交互功能的作用

H5作品的交互功能是指作品具有对用户在智能终端的操控进行反馈的功能。

H5作品交互功能的作用有：

（1）对用户页面内的操控行为做出反馈。

（2）实现页面间的跳转连接。

H5交互功能不仅使作品同一页面内的元素间建立起了联系，而且也为作品中不同页面之间构建起了形式多样的联系方式，改变了传统形式的作品线性浏览的阅读方式，大大增强了作品的生动性和表现力。从一定意义上讲，交互功能是构建H5作品的"黏结剂"。

（二）H5作品交互功能的特征

通常H5作品的反馈功能具有两个特征。一是H5作品的反馈是被动反馈，是对用户的操控行为被动做出的反应，二是反馈行为是预先设定好的，反馈的方式是预先设置的特定形式，因此，这种交互功能也是非智能化的。

二、H5作品交互功能的设计原则

有关数字多媒体作品的交互设计原则的理论较多，如格式塔心理学原则、尼尔森可用性原则、费茨定律等等，从不同的角度总结了交互设计的实践经验，以推动互联网应用的发展。

雅各布·尼尔森是国际著名的交互设计师，在互联网交互设计方面拥有丰富的经验和高超的造诣，被誉为"Web易用性大师"。他提出的交互设计十原则，在业界的认可度较高。

原则一：状态可见原则。系统应该让用户时刻清楚当前发生了什么事情，也就是快速的让用户了解自己处于何种状态、对过去发生、当前目标以及对未来去向有所了解，一般的方法是在合适的时间给用户适当的反馈，防止用户使用出现错误。

原则二：环境贴切原则。软件系统应该使用用户熟悉的语言、文字、语句，或者用户熟悉的其他概念，而非系统语言。软件中的信息应该尽量贴近真实世界，让信息更自然，逻辑上也更容易被用户理解。

原则三：用户可控原则。用户常常会误触到某些功能，我们应该让用户可以方便的退出。这种情况下，我们应该把"紧急出口"按钮做得明显一点，而且不要在退出时弹出额外的对话框。很多用户发送一条消息时总会有他忽然意识到自己不对的地方，这个叫做临界效应，所以最好支持撤销/重做功能。

原则四：一致性原则。对于用户来说，同样的文字、状态、按钮，都应该触发相同的事情，遵从通用的平台惯例；也就是，同一用语、功能、操作保持一致。软件产品的一致性包括以下五个方面：

（1）结构一致性：保持一种类似的结构，新的结构变化会让用户思考，而规则的排列顺序则可以减轻用户的思考负担；

（2）色彩一致性：产品所使用的主要色调应该是统一的，而不能换一个页面颜色就不同了。

（3）操作一致性：产品更新换代时仍然让用户保持对原产品的认知，减小用户的学习成本。

（4）反馈一致性：用户在操作按钮或者条目的时候，点击的反馈效果应该是一致的。

（5）文字一致性：产品中呈现给用户阅读的文字大小、样式、颜色、布局等都应该是一致的。

原则五：防错原则。比一个优秀错误提醒弹窗更好的设计方式，是在这个错误发生之前就避免它。可以帮助用户排除一些容易出错的情况，或在用户提交之前给他一个确认的选项。在此，特别要注意在用户操作具有毁灭性效果的功能时要有提示，防止用户犯不可挽回的错误。

原则六：易取原则。通过把组件、按钮及选项可见化，来降低用户的记忆负荷。用户不需要记住各个对话框中的信息。软件的使用指南应该是可见的，且在合适的时候可以再次查看。

原则七：灵活高效原则。常用的互动功能的设置应满足用户随时操作的需要，对于其他非常用功能，可置于不明显之处，但也应保证用户可随时调取使用。这样的系统应允许用户定制常用功能，可以同时满足有经验的和无经验的用户的需要。

原则八：优美且简约原则。对话中的内容应该去除不相关的信息或几乎不需要的信息。任何不相关的信息都会让原本重要的信息更难被用户察觉。

原则九：容错原则。错误信息应该使用简洁的文字（不要用代码），指出错误是什么，并给出解决建议。也就是在用户出错时如何为出错的用户提供及时正确的帮助呢？即要帮助用户识别出错误，分析出错误的原因，再帮助用户回到正确的道路上。如果真的不能帮助用户从错误中恢复，也要尽量为用户提供帮助，让用户的损失降到最低。

原则十：人性化帮助原则。即使系统不适用帮助文档是最好的，但我们也应该提供一份帮助文档。任何帮助信息都应该可以方便地搜索到，以用户的任务为核心，列出相应的步骤，但文字不要太多。

三、H5作品交互功能的分类

关于H5交互功能的分类方法很多，如从采用的技术方法角度将H5交互功能分为全景/VR型、3D型、重力感应型、双屏互动型等，也有按表现方式分为视频型H5、场景型H5等，有按用途分为游戏互动型H5、信息展示型H5等，有按内容分为IP型H5、节日型H5、热点型H5、情感型H5及测试型H5等。由于交互事件的发生需要与一定的激发方式相关联，是激发行为的结果，因此，按激发交互事件发生的方式可以将H5交互功能分为基于传感器的交互功能、基于触摸屏操作的交互功能和基于融媒体展示的交互功能等。

（一）基于传感器的交互功能

智能终端的传感器，是智能终端感知外部环境信息的功能元件，主要有麦克风、摄像头、重力感应器、空间感应器等，可以使智能终端获取声音、光线、地理坐标和空间位置等信息，通过信息处理器转换为相应的音频、图像、视频以及空间地理信息。基于传感器的交互功能，是指通过用户调用智能终端上的传感器，获取音频、图像或视频等内容信息，共同参与完成H5作品的交互方式。如《军装照》就是调用摄像头自行自拍后，最终由用户参与完成的作品方式。

（二）基于触摸屏操作的交互功能

基于触摸屏操作的交互功能，是指H5作品的交互过程是由用户点击触摸屏而激发的，用户可通过各种手势和手机的屏幕进行交互，使屏幕呈现的内容发生改变。需要注意的是，用户点击屏幕的方式除最常见的单击屏幕方式外，如用其他手势点击屏幕，需向用户做出明确提示。

（三）基于融媒体展示的交互功能

基于融媒体展示的交互功能，就是通过一定的作品方式，展示文、图、音频、视频以及动效等各种融媒体内容。

第三节　H5作品互动功能制作技术

方正飞翔为H5作品的互动功能提供了便捷的设计制作方式，这些方式对丰富H5作品的表现力提供了强大的支撑。H5作品的互动功能是通过互动对象实现的，互动对象是互动功能实现的载体，是静态对象的动态扩展，方正飞翔就是通过对静态对象进行组合并赋予动态属性而实现作品的互动功能，因此，通过互动选项卡为对象设置互动属性既是创建互动对象的方式，也是对互动效果进行修改的主要途径。

一、互动对象的制作

方正飞翔提供的互动对象方式主要有为H5作品添加背景音乐、音频、视频以及图像扫视、图片对比和图像序列等。

（一）背景音乐

1.为H5作品添加背景音乐

可以为整个作品或指定的页面添加背景音乐，需要注意的是，不能对已存在有背景音乐的页面重复添加背景音乐，因此，如作品中各部分页面的背景音乐不同，需要设定背景音乐使用的页面范围。

H5作品添加背景音乐的方法为：

　　点击【插入→背景音乐】，弹出【背景音乐】设置对话框，如图3-3-1所示，设定背景音乐应用于作品【全部】或指定的【页面范围】，再选择音乐来源于【本地音频】或【网络音频】，然后对播放参数进行设定，点击【确定】按钮后，就完成了为作品添加背景音乐的设计制作。

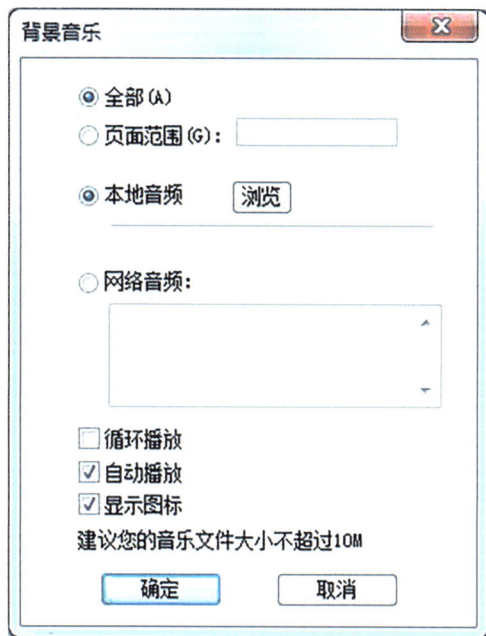

图3-3-1　【背景音乐】设置对话框

2.添加背景音乐的参数设置

添加背景音乐时，必须根据作品创作的需要设置好相关的参数。

H5作品播放背景音乐的参数选项：

【循环播放】作品循环播放背景音乐。

【自动播放】打开作品或设置背景音乐的页面时，自动播放添加的背景音乐。

【显示图标】播放背景音乐时显示播放背景音乐的图标。

3.H5作品添加背景音乐的注意事项

（1）H5支持的背景音乐格式为MP3音频文件。

（2）为保证页面在终端较快的加载速度，背景音乐的文件大小不能超过10M。

（3）如背景音乐来自网络音频时，需在【背景音乐】设置对话框中，完整提供背景音乐文件所在的网络地址。

（二）音频

为页面添加背景音乐或为页面添加交互音频组件。

1.为页面添加背景音乐

为页面添加背景音乐，则在阅读终端打开该页面时，可以播放页面的背景音乐。

页面添加背景音乐的方法为：

点击【插入→音视频】，弹出【插入音视频】对话卡，如图3-3-2所示，选择音频文件来源于【本地音视频】或【网络音视频】，点击【确定】按钮后，就可为页面添加背景音乐。需要注意的是，音频文件必须是MP3格式，如果应用网络音频文件，需要在【插入音视频】对话框中的【网络音视频】选项下输入网络音视频文件所在的完整网址。

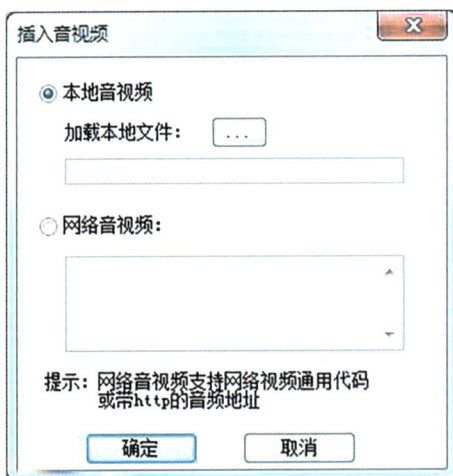

图3-3-2　【插入音视频】对话卡

2.为页面添加交互音频组件

当为页面组件添加交互音频组件后，可以在阅读终端激发该组件播放添加的音频。

为页面组件添加交互音频的方法为：

用【选取】工具选中矩形的图元或图像，点击鼠标右键选择【互动→音频】，弹出【插入音视频】选项卡，选择【本地音视频】文件或【网络音视频】文件，点击【确定】按钮后就可为选中的页面组件添加上音频。需要注意的是只能添加MP3格式的音频文件，如需添加网络音频文件，需输入网络音频文件完整的网址。

3.设置互动音频组件的属性

当音频文件添加完成后，可对互动音频组件的属性进行设置。

音频组件属性的设置方法为：

选中音频互动对象，单击【互动→编辑属性】，可在【互动属性】设置卡（如图3-3-3所示）中设置或修改属性信息。

添加音频互动对象的【互动属性】设置框中参数意义如下：

【重新设置】可更换音频文件。

【自动播放】阅读终端可自动播放音频。只要用户翻到此页，就可以自动播放音频。

【延迟时间】可调整自动播放的延迟时间，默认为0秒。

【循环播放】只要用户在阅读终端不翻页或不按暂停，就是循环地播放音频。

【播放时背景音乐静音】本音乐播放时，背景音乐静音，处于停止播放状态。

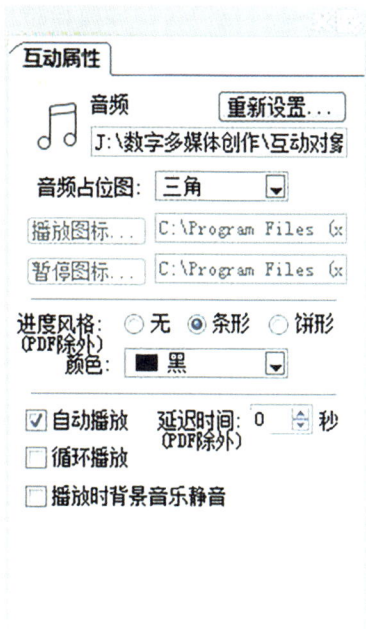

图3-3-3　添加音频互动对象的【互动属性】对话框

（三）视频

1.插入视频文件

在创作的作品中插入MP4（H.264的编码）格式的视频文件或网络视频通用代码。视频多用于封面或页面中某些区域。在页面加载的视频对象可以实现视频的播放、暂停或停止，还可以在阅读终端上放大或缩小观看视频。

插入视频文件的方法有两种：

方法一：

单击【插入→音视频】，弹出【插入音视频】选项卡（如图3-3-4所示），选择需要插入【本地音视频】或【网络音视频】，设置加载视频文件的路径，如为网络视频则输入网络视频文件完整的网址，单击【确定】按钮即可插入选中的视频。

方法二：

选中矩形的图元或图像，点击鼠标右键在菜单中选择【互动→视频】，弹出【插入音视频】选项卡，选择本地的视频文件或输入网络视频完整的网址，点击【确定】按钮即可。

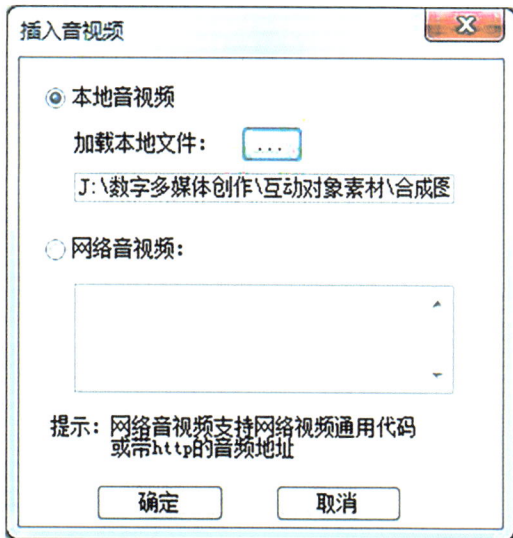

图3-3-4　【插入音视频】选项卡

2.设置或修改视频组件的属性

选中视频对象，单击【互动→编辑属性】，可在【互动属
性】设置卡（如图3-3-5所示）中设置或修改视频组件属性
信息。

视频组件的【互动属性】设置卡中的属性参数意义如下：

【重新设置】可更换视频文件。

【视频第一帧为占位图】视频占位图是用于在版面中显示
视频所在位置的图像。需要注意的是，如果第一帧是黑屏，
则需要自定义占位图。

【自定义占位图】用自定义图像作为占位图。

【播放方式】提供了自动播放、循环播放、弹出式全屏播
放三种播放方式。

【弹出式全屏播放】选中此项，在阅读终端，可弹出一个
窗口以全屏方式播放视频。

【显示播放控制】选中此项，则在阅读终端页面显示视频
播放进度条和控制键。

（四）图像扫视

1.图像扫视互动对象的制作

图像扫视可在较小的区域中显示较大的图像，并允许在该
区域内平移和缩放图像。用于查看图像的局部细节，如用于查看图像中的物品的各个细节部分。

图像扫视互动对象的制作方法为：

> 单击【互动→图像扫视】，弹出【打开】图像对话框，选择一个图像文件，单击【打
> 开】按钮，在页面划出一个方框区域即可完成图像扫视的创建，划出的区域即为图像扫视
> 的可视区域。

可视区域的大小可以使用选取工具或裁剪工具进行调整。图像扫视效果是将一幅大图限定
在一个区域内显示，所以可视区域一定要小于图像，图像扫视才能有缩放或平移效果。图像扫
视还可用来实现图像从屏幕外向屏幕内滚入滚出的效果。

2.设置或修改图像扫视互动对象的参数

选中图像扫视互动对象，单击【互动→编辑属性】，可在【互动属性】设置卡（如图3-3-6
所示）中设置或修改图像扫视互动对象的属性信息。

图3-3-5　视频组件的

【互动属性】对话卡

图像扫视互动对象【互动属性】设置卡中的属性参数意义如下：

【重新设置】可更换图像文件。

【初始缩放比例】提供图像初始缩放比例设定。

【初始偏移量】可设置初始图像显示范围。可利用图像左上点坐标相对于限定区域左上点坐标的差值进行调整。

【镜头摇移】类似于电影中镜头移动的效果。通过设置初始偏移量和比例、终止偏移量和比例，来实现镜头摇移效果。

【滚屏】可以设置纵向或横向自动滚屏，还可以循环滚动。

【允许手势缩放】可在移动终端对图像进行缩放。

（五）图片对比

1.图片对比互动对象的制作

图片对比主要用于两张尺寸相同的图片内容的比较，如用于对同一事物、同一角度、不同时期两个场景前后的变化情况等，通过图片对比，可在阅读终端通过手指拖动滑杆查看图片的对比效果。

图片对比互动对象的制作方法：

单击【互动→图片对比】，弹出【创建图片对比】对话框（如图3-3-7所示），单击【添加】，弹出【打开】对话框，选择两张尺寸相同的图片，单击【确定】按钮完成图片对比互动对象的创建。

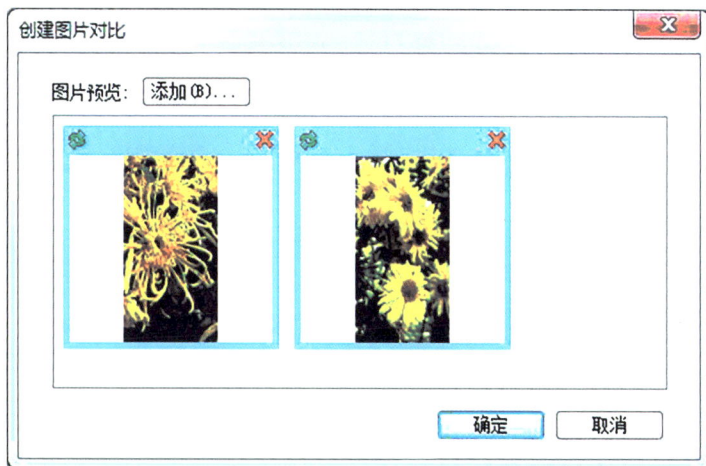

图3-3-6　图像扫视互动对象的
【互动属性】对话卡

图3-3-7　【创建图片对比】对话框

2.设置或修改图片对比互动对象的参数

选中图片对比互动对象，单击【互动→编辑属性】，可在【互动属性】设置卡（如图3-3-8所示）中设置或修改图片对比互动对象的属性信息。

图片对比互动对象【互动属性】设置卡中的属性参数意义如下：

【初始显示比例】在图像框中设定二张图片各占的显示比例来确定在阅读终端上显示拖动杆的初始位置。

【对比分界线】如果两图差异较小，对比不明显时，需提供分界线图标。可以使用系统默认的对比分界线，也可以自定义对比分界线。

需要注意的是，在阅读终端，图片对比有两种方式，一种是拖拽滑杆比对图片，另一种是分别拖拽两侧图片使之分离开来完整观看图片。此外，图片对比互动对象不宜做得过小，否则会出现无法点中滑杆的现象。

图3-3-8　图像对比互动对象的【互动属性】对话卡

(六) 图像序列

1.图像序列互动对象的制作

图像序列互动对象可以在阅读终端产生物体连续变化的效果，如查看一个物体的各个方位的效果，适宜用作物品的动态展示。

图像序列互动对象的制作方法：

单击【互动→图像序列】，弹出【浏览文件夹】对话框（如图3-3-9所示），选择准备好的文件夹，在对话框中，还可以通过【编辑图像序列】添加、替换或删除序列中的图片，单击【确定】，在页面上排入图像，即可完成图像序列的创建。

在制作图像序列前，需要准备序列图，序列图应大小尺寸相同，然后将图像按照一定的顺序命名并放在同一个文件夹下。

2.设置或修改图像序列互动对象的参数

选中图像序列互动对象，单击【互动→编辑属性】，可在【互动属性】设置卡（如图3-3-10所示）中设置或修改图像序列互动对象的属性信息。

图像序列互动对象的【互动属性】对话卡中的参数意义如下：

【自动播放】勾选后，页面打开时将自动播放图像序列。

图 3-3-9　选择图像序列对话框

【延迟时间】图像序列将在设定的时间后开始播放。

【播放速度】以每秒多少帧数的速度播放。可指定 0 ~ 60帧/秒之间的值。

【反序播放】勾选后，阅读终端将按照从后向前的顺序播放图片。

【点击播放/暂停】勾选后，用户可通过点击来控制播放和暂停播放图像序列。

【循环播放】勾选后，将循环播放图像序列。

图 3-3-10　图像序列互动对象的【互动属性】对话卡

（七）滑线动画

1.滑线动画互动对象的制作

滑线动画互动对象可以供用户在阅读终端上展示手指滑动或点击逐帧播放动画的效果（有滑动条）。

滑线动画互动对象的制作方法为：

（1）需要准备滑线资源包，即制作多组图像序列包，里面有多个文件夹，每个文件夹是一组图像序列。

（2）单击【互动→滑线动画】，弹出【浏览文件夹】对话框，如图 3-3-11 所示，选择滑线资源包，在右侧可以预览每组的资源，如需对文件夹中的图片进行增减和替换调整，可单击【编辑第1组】按钮。选择资源包后，单击【确定】按钮，在页面排入图像即可完成滑线动画的制作。

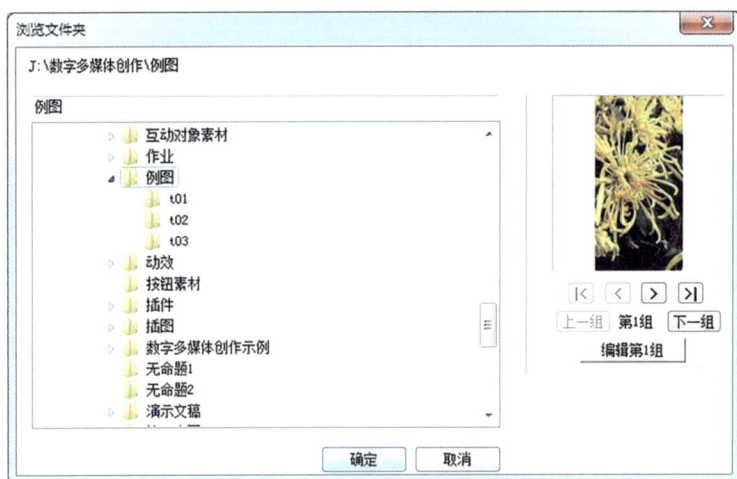

图3-3-11　选择滑线动画资源包

2.设置或修改滑线动画互动对象的参数

选中滑线动画互动对象，单击【互动→编辑属性】，可在【互动属性】设置卡（如图3-3-12所示）中设置或修改滑线动画互动对象的属性信息。

滑线动画互动对象的【互动属性】对话卡中主要参数的意义如下：

【滑线刻度示意图】资源包有多少组图像序列，就生成多少个刻度节点，默认平均分布到刻度线。从左到右的节点顺序，依据资源夹中的每组图像序列的排列顺序。

【节点数】资源包有多少组图像序列，就有几个节点数。比如：文件夹下包含有3个图像序列文件夹，下拉列表中就有1至3个数。选中节点数，刻度示意图上的红实圆点显示对应的节点。

【节点名称、位置】选中节点，可以设置节点的名称以及位置。

【节点加载mp3文件】与节点的图像序列同时播放，在"阅读设备"端默认方式播放。为空时，表示无音乐。

图3-3-12　滑线动画互动对象的【互动属性】对话卡

【播放时背景音乐静音】播放滑线动画互动对象音乐时，背景音乐静音，处于停止播放状态。

【加载滑线图标】可以自定义滑线图标，在阅读终端呈现。

（八）自由拖拽

1.自由拖拽互动对象的制作

自由拖拽可以使用户在阅读终端通过手指将图片在页面上任意移动、放大或缩小，对其比较关注的图片进行全屏显示、查看细节等操作。

自由拖拽互动对象的制作方法：

单击【互动→自由拖拽】，弹出【打开】对话框，如图3-3-13所示，选择一张或几张图片，单击【确定】按钮，在页面排入图片，即可完成自由拖拽互动对象的创建。排入的图片在阅读终端可以进行自由拖拽操作。

图3-3-13　选择创建自由拖拽互动对象的图片素材

2.设置或修改自由拖拽互动对象的参数

选中自由拖拽互动对象，单击【互动→编辑属性】，可在【互动属性】设置卡（如图3-3-14所示）中设置或修改自由拖拽互动对象的属性信息。

自由拖拽互动对象的【互动属性】对话卡中主要参数的意义如下：

【不允许拖拽】勾选此项，限定在阅读终端图片不能拖拽观看。

【不允许缩放】勾选此项，限定在阅读终端图片不能缩放观看。

【不允许旋转】勾选此项，限定在阅读终端图片不能旋转观看。

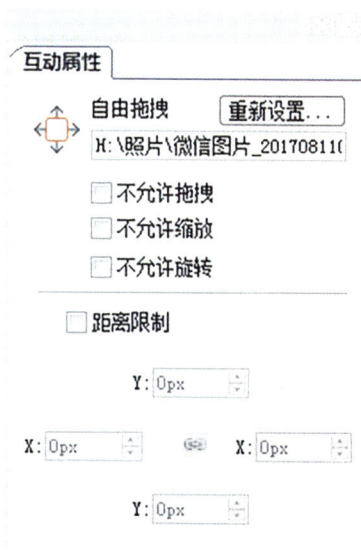

图3-3-14　自由拖拽互动对象的【互动属性】对话卡

【距离限制】设置图片拖拽的范围。

（九）图文框

1.图文框互动对象的制作

图文框互动对象可以为用户提供在阅读终端上展示录入和手绘的功能。

图文框互动对象的制作方法为：

单击【互动→图文框】，弹出【创建图文框】对话卡，如图3-3-15所示，选择阅读终端输入方式是手写还是输入法，选择占位图，单击【确定】按钮后即可完成图文框互动对象的创建。

图3-3-15 【创建图文框】对话卡

2.设置或修改自由拖拽互动对象的参数

选中图文框互动对象，单击【互动→编辑属性】，可在【互动属性】设置卡（如图3-3-16所示）中设置或修改图文框互动对象的属性信息。

图文框互动对象的【互动属性】对话卡中主要参数的意义如下：

【阅读设备上的输入方式】有【手写】或【输入法】选项，若选【输入法】，则可设置【阅读设备默认示例文】和【字号大小】。

（十）网页视图

1.网页视图互动对象的制作

网页视图互动对象可以使用户不必使用浏览器在视图区

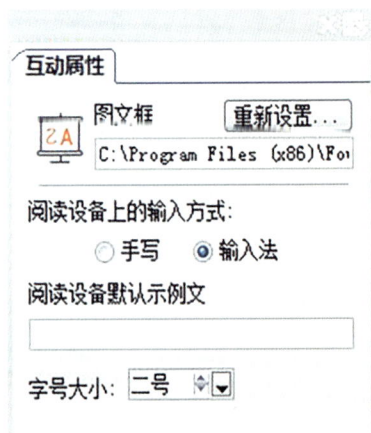

图3-3-16 图文框互动对象的【互动属性】对话卡

域内查看指定Web URL或本地HTML网页文件的内容。

网页视图互动对象的制作方法：

单击【互动→网页视图】，弹出【创建网页视图】对话卡，如图3-3-17所示，在文本框中直接输入目标地址（比如：http://www.163.com）或加载HTML文件，选择占位图，点击【确定】按钮，排入占位图片即可完成网页视图的创建。网页会以页面内置的方式呈现，网页使用阅读终端内置浏览器打开，并会被自动缩放以适应屏幕的大小，用户可以通过缩放网页进行观看。

图3-3-17 【创建网页视图】对话卡

2.设置或修改网页视图互动对象的参数

选中网页视图互动对象，单击【互动→编辑属性】，可在【互动属性】设置卡（如图3-3-18所示）中设置或修改网页视图互动对象的属性信息。

网页视图互动对象的【互动属性】对话卡中主要参数的意义如下：

【重新设置】对网页视图互动对象的网址或html文件以及占位图进行重新设置。

【导航面板】如勾选，阅读器端呈现导航面板，可以控制返回主页，也可以回退到上一步。

图3-3-18 网页视图互动对象的
【互动属性】对话卡

（十一）动感图像

1.动感图像互动对象的制作

动感图像是通过在一张大的底图上添加小的前景图，通过阅读设备端的互动，形成小图在底图上的运动，展示出如蒲公英、雪花、雨滴、树叶飘落的动画效果。

动感图像互动对象的制作方法：

（1）制作前需准备相应的素材，需要加载的动感小图最好为透明背景的PNG格式图片，也可为GIF或JPG图，图的大小为10px×10px到150px×150px。

（2）点击【互动→动感图像】，弹出【创建动感图像】对话卡，如图3-3-19所示，分别选择动感小图和背景大图，点击【确定】按钮，排入背景大图即可完成动感图像的创建。

图3-3-19　【创建动感图像】对话卡

2.设置或修改动感图像互动对象的参数

选中动感图像互动对象，单击【互动→编辑属性】，可在【互动属性】设置卡（如图3-3-20所示）中设置或修改动感图像互动对象的属性信息。

动感图像互动对象的【互动属性】对话卡中主要参数的意义如下：

【方向】动感小图在背景大图上运动的方向。有从下向上、从上向上、从左向右、从右向左、从中心向四周、从四周向中心等六个选项。

【速度】动感小图在背景大图上运动的速度。有非常快、

图3-3-20　动感图像互动对象的

【互动属性】对话卡

快、中、慢、非常慢等五个选项。

【小图个数】屏幕上呈现的动感小图的个数。

【小图大小变化范围】设置动感小图大小不固定，下限为缩小的最小比例，上限为放大的最大比例。

【小图摆动范围】动感小图以不固定角度运动，下限为最小摆动角度，上限为最大摆动角度。

【小图摆动方式】动感小图摆动到背景图像边界后的继续摆动方式，有循环或反复两个选项。

【小图路径方式】动感小图的运动路径，有直线或曲线两个选项。

【手势交互参数】用户在阅读终端上对小图进行交互的方式。

（十二）图表

1.图表互动对象的制作

图表互动对象多用于动态展示统计数据。通过方正飞翔可设计制作一维图表和二维图表。一维图表适用于单对象多数据的统计，图形为柱状图或饼状图。二维图表适用于多对象多数据的统计，图形为折线图。

图表互动对象的制作方法：

单击【互动→图表】，弹出【创建图表】对话卡，如图3-3-21所示，先选择一维图表或二维图表，再选择图表类型，设定图表大小，单击【确定】按钮，在版面上就可创建表格，如图3-3-22所示，在表格中输入图例名称和数值即完成图表互动对象的创建。

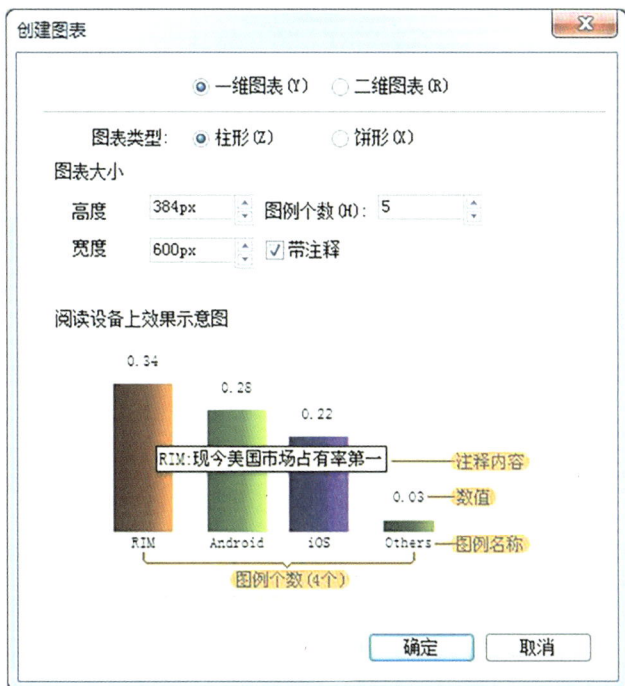

图3-3-21 【创建动感图像】对话卡

一维图表	数值项1	注释
图例名称1		
图例名称2		
图例名称3		
图例名称4		
图例名称5		

图3-3-22　创建表格

2.设置或修改图表互动对象的参数

选中图表互动对象，单击【互动→编辑属性】，可在【互动属性】设置卡（如图3-3-23所示）中设置或修改图表互动对象的属性信息。

图像互动对象的【互动属性】对话卡中主要参数的意义如下：

【图表类型】一维图表为柱型图表或饼型图表；二维图表为折线型图表。

【图例方向】可选水平向右或垂直向上。

【图例增长速度】反映统计数据动态变化的速度。

【统计数值动态显示】选此项，移动阅读端数值呈动态显示，不选则只显示最终数值。

（十三）地理标注

1.地理标注互动对象的制作

地理标注是标识出某地点的中心位置，多用于标识某指定地点的相关信息。用户点击标识可查看相关的文字和图片信息，也获得了信息源的地理位置。

地理标注互动对象的制作方法：

图3-3-23　图表互动对象的【互动属性】对话卡

单击【互动→地理标注】，弹出【创建地理标注】对话卡，如图3-3-24所示。设置标注物中心点的经纬度。如果需要标注信息，填写标注信息并加载图片。选择地图类型为标准地图效果或卫星地图。单击【确定】，排入占位图完成地理标注的创建。地理坐标可通过百度地图或谷歌地图获取。

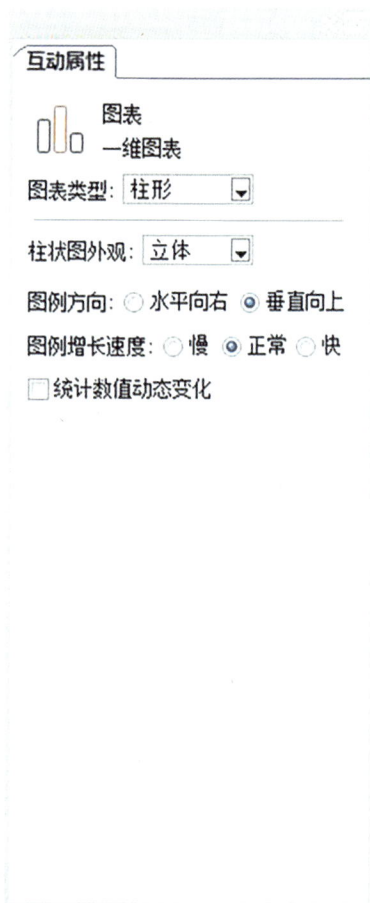

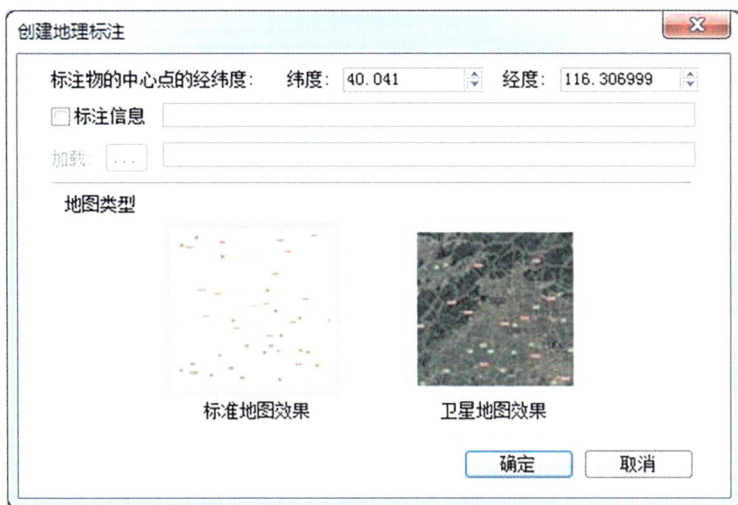

图3-3-24 【创建地理标注】对话卡

2.设置或修改地理标注互动对象的参数

选中地理标注互动对象，单击【互动→编辑属性】，可在【互动属性】设置卡（如图3-3-25所示）中设置或修改地理标注互动对象的属性信息。

地理标注互动对象的【互动属性】对话卡中主要参数的意义如下：

【类型】显示地图的类型为标准图或卫星图。

【中心点的经纬度】输入中心点的地理坐标值，可通过百度地图或谷歌地图获取。

【标注信息】如选取，需输入中心点的说明信息。

【加载】中心点的图像信息。

（十四）增强现实

增强现实（AR），也被称之为混合现实，是以计算机信息处理技术和网络通信技术为基础，通过传感技术将数字信息和真实的环境实时叠加，借助显示设备使虚拟对象与真实环境融为一体，从而增强人们对周边环境的感知能力。

1.增强现实互动对象的制作

增强现实互动对象可以在阅读终端展现三维立体效果，实现对物品的动态立体展示。

增强现实互动对象的制作方法：

图3-3-25 地理标注互动对象的

【互动属性】对话卡

单击【互动→增强现实】，弹出【创建增强现实】对话卡，如图3-3-26所示，加载obj类型的3D增强现实文件，单击【确定】按钮，排入占位图即可完成增强现实互动对象的创建。需要注意的是，增强现实的obj文件与相关文件一定要放在一个独立的文件夹中，否则，会把无关资源输出，增大无用的数据量。此外，通过3D增强现实软件保存的obj文件，一定要选择"相对路径"保存，不能选"绝对路径"，只有"相对路径"的obj文件，才能预览和在阅读终端上正确显示。

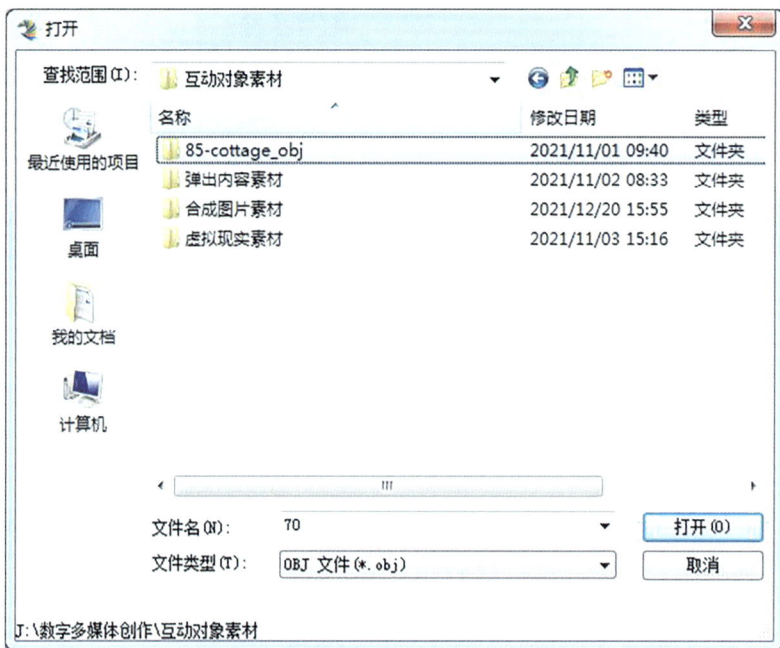

图3-3-26　【创建增强现实】对话卡

2.设置或修改增强现实互动对象的参数

选中增强现实互动对象，单击【互动→编辑属性】，可在【互动属性】设置卡（如图3-3-27所示）中设置或修改增强现实互动对象的属性信息。

增强现实互动对象的【互动属性】对话卡中主要参数的意义如下：

【允许手势缩放】勾选后，在阅读终端上可以通过手势进行缩放；否则不能进行缩放。

【对象旋转】可设置为自由旋转、水平旋转或垂直旋转。

【初始显示比例】三维图像在阅读终端初始显示的比例。

【初始显示位置】三维图像的初始坐标值。

图3-3-27　增强现实互动对象的
【互动属性】对话卡

（十五）精灵

1.精灵互动对象的制作

精灵互动对象是一组播放时带有音效的序列图像。

精灵互动对象的制作方法：

单击【互动→精灵】，弹出【创建精灵】对话卡，如图3-3-28所示，选择图像序列文件夹，加载MP3文件，单击【确定】，排入图片就可以完成精灵互动对象的创建。

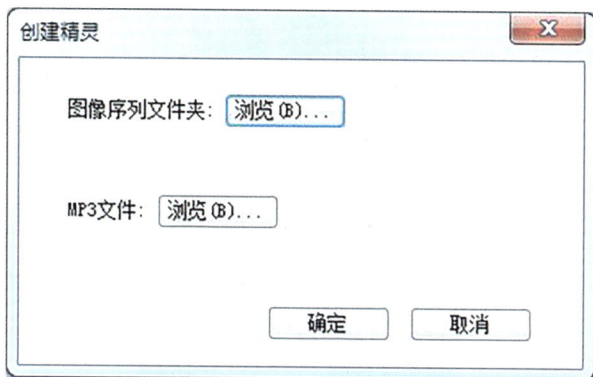

图3-3-28　【创建精灵】对话卡

2.设置或修改精灵互动对象的参数

选中精灵互动对象，单击【互动→编辑属性】，可在【互动属性】设置卡（如图3-3-29所示）中设置或修改精灵互动对象的属性信息。

精灵互动对象的【互动属性】对话卡中主要参数的意义如下：

【播放速度】设定每秒播放的帧数。

【自动播放】勾选后，打开页面时可自动播放。

【循环播放】勾选后可进行循环播放。

【播放时背景音乐静音】精灵互动对象播放时，文档或页面的背景音乐停止播放。

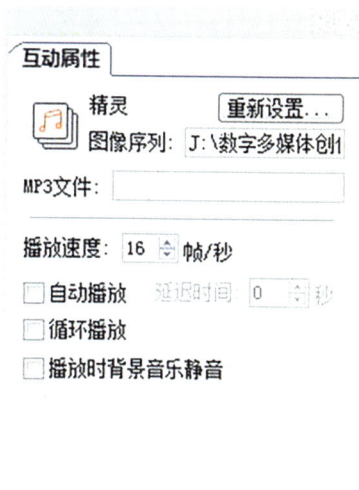

图3-3-29　精灵互动对象的【互动属性】对话卡

（十六）拼图游戏

1.拼图游戏互动对象的制作

拼图游戏是一款智力小游戏，可以穿插在H5作品中，在提高作品娱乐性的同时，也增加了用户对作品内容的印象。

拼图游戏互动对象的制作方法：

单击【互动→拼图游戏】，弹出【创建拼图游戏】对话卡，单击添加，选择几张需要进行拼图的图片，占位图可使用第一张图片，也可以重新加载，如图3-3-30所示，单击【确定】按钮，排入占位图就完成了拼图游戏互动对象的创建。

图3-3-30　【创建拼图游戏】对话卡

需要注意的是，选择几张图，游戏就有几关，但图片不能超过4张。此外，图片大小在800px×600px到1024px×768px之间，为了达到最佳的显示效果，拼图游戏的图片素材宽高比例应为4:5（竖版）或3:2（横版），如果不满足此比例，移动终端会自动对图像按该比例进行裁剪。

2.设置或修改拼图游戏互动对象的参数

选中拼图游戏互动对象，单击【互动→编辑属性】，可在【互动属性】设置卡（如图3-3-31所示）中设置或修改拼图游戏互动对象的属性信息。

拼图游戏互动对象的【互动属性】对话卡中主要参数的意义如下：

【游戏总关数】加载图片路径下有几张图就在下拉列表中自动显示有几关。

【图像分割块数】表示将图像分割成的矩形块数，不分横屏或竖屏。

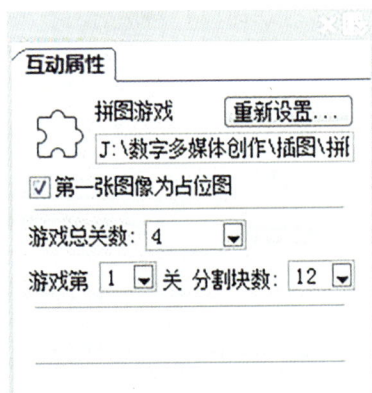

图3-3-31　拼图游戏互动对象的
【互动属性】对话卡

（十七）演示文稿

1.演示文稿互动对象的制作

演示文稿互动对象可使H5作品播放PowerPoint演示文稿，展示其文字、图片、音频、视频等内容。

演示文稿互动对象的制作方法：

单击【互动→演示文稿】，弹出【创建演示文稿】对话卡，加载PPT资源包后，选择占位图，单击【确定】按钮，即完成演示文稿互动对象的创建。

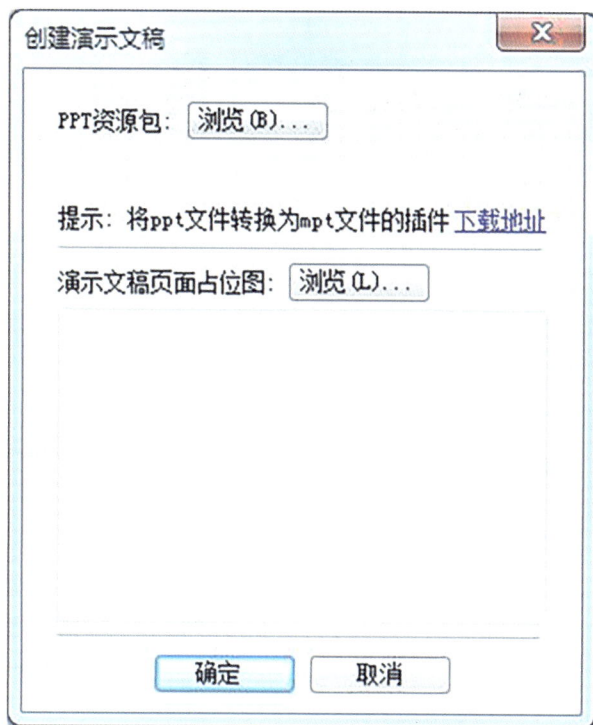

图3-3-32　【创建演示文稿】对话卡

2.设置或修改演示文稿互动对象的参数

选中演示文稿互动对象，单击【互动→编辑属性】，可在【互动属性】设置卡（如图3-3-33所示）中对演示文稿互动对象进行重新设置。

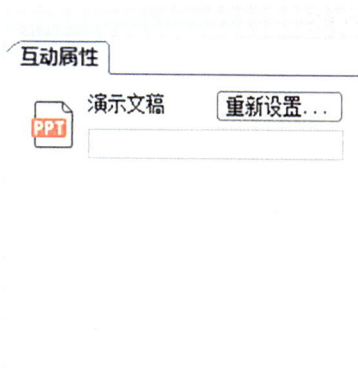

（十八）擦除

1.擦除互动对象的制作

擦除互动对象的效果，是在用户阅读终端屏幕上，用户可以将一张图片擦除。

擦除互动对象的制作方法：

图3-3-33　演示文稿互动对象的

【互动属性】对话卡

单击【互动→擦除】，弹出【打开】对话卡，如图3-3-34所示，选择一张图片文件，点击【打开】按钮，然后将图片文件排入版面即可完成擦除互动对象的创建。

图3-3-34　【打开】对话卡

2.设置或修改擦除互动对象的参数

选中擦除互动对象，单击【互动→编辑属性】，可在【互动属性】设置卡（如图3-3-35所示）中设置或修改擦除互动对象的属性信息。

擦除互动对象的【互动属性】对话卡中主要参数的意义如下：

【重新设置】更换图片文件。

【不透明度】被擦除图片的不透明度。

【擦除半径】用户在阅读终端用手指擦除图片的擦除区域半径。

【图片消失】图片渐隐消失时擦除的图片面积占图片总面积的比例。

图3-3-35　擦除互动对象的
【互动属性】对话卡

（十九）点播

1.点播互动对象的制作

点播互动对象可为用户提供在阅读终端上点播或点读的功能，如点击页面内乐谱段落播放当前音节，或点击英文单句播放朗读音频等。

点播互动对象的制作方法：

图3-3-36 【创建点播】对话卡

（1）首先准备LRC文件、mp3文件和歌谱图。LRC文件是用户通过第三方软件生成的文件，是音频文件对应的LRC歌词或英文语句。

（2）单击【互动→点播】，弹出【创建点播】对话卡，选择mp3文件，加载LRC文件，选择歌谱图，单击【确定】，排入歌谱图即可完成点播互动对象的创建。

2.设置或修改点播互动对象的参数

选中点播互动对象，单击【互动→编辑属性】，可在【互动属性】设置卡（如图3-3-37所示）中设置或修改点播互动对象的属性信息。

点播互动对象的【互动属性】对话卡中主要参数的意义如下：

【编辑lrc…】编辑歌词与音频对应关系，单击后会弹出歌词划位工具。

【播放时背景音乐静音】点播音乐播放时，背景音乐静音，处于停止播放状态。

图3-3-37 点播互动对象的
【互动属性】对话卡

【控制条选项】可以使用系统自带的播放/暂停按钮，也可以采用自定义方式设计制作播放/暂停按钮图标。

【变速】【切换（音频）】可采用系统默认方式，如需采用自定义方式，需要添加相应的自定义音频文件。

【进度浮标图片】可采用系统默认方式，也可以修改为自己设计的图标。

（二十）复读

1.复读互动对象的制作

复读互动对象可使用户在阅读端重复播放指定的音频或视频片段。

复读互动对象的制作方法：

单击【互动→复读】，弹出【创建复读】对话卡，如图3-3-38所示，选择【音频复读】或【视频复读】。如选【音频复读】，则选择添加【主音频Mp3文件】，还可勾选添加【交替音频Mp3文件】，添加完成后，点击【确定】按钮，完成音频的复读互动对象的创建。如选【视频复读】，【创建复读】对话卡如图3-3-39所示，选择添加视频文件和占位图，点击【确定】按钮后，完成视频的复读互动对象的创建。

图3-3-38　【创建复读】对话卡　　　　图3-3-39　视频的【创建复读】对话卡

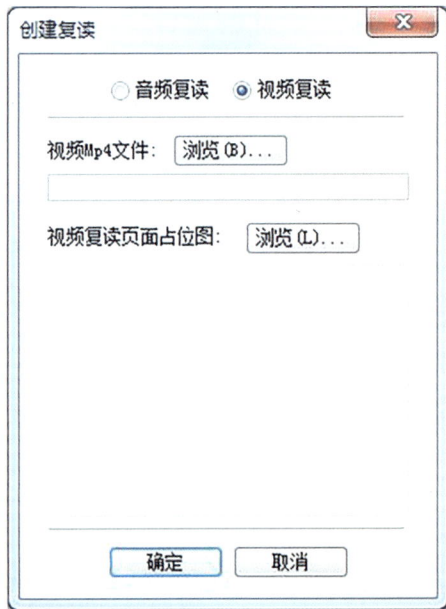

2.设置或修改复读互动对象的参数

（1）设置或修改音频复读互动对象的参数：

选中音频复读互动对象，单击【互动→编辑属性】，可在【互动属性】设置卡（如图3-3-40所示）中设置或修改复读互动对象的属性信息。

音频复读互动对象的【互动属性】对话卡中主要参数的意义如下：

【加载主音频MP3】可以更换主音频文件。

【加载交替音频MP3】如勾选，可更换交替音频文件。

【播放时背景音乐静音】复读音频文件时，背景音乐停止播放。

【进度条背景】自定义复读播放进度条背景图。自定义背景图的格式为png格式，建议尺寸为510px×80px，文件大小不超过50kb。

（2）设置或修改视频复读互动对象的参数：

选中视频复读互动对象，单击【互动→编辑属性】，可在【互动属性】设置卡（如图3-3-41所示）中设置或修改复读互动对象的属性信息。

视频复读互动对象的【互动属性】对话卡中的参数意义如下：

【重新设置】重新设置视频复读对象。

（二十一）画廊

1.画廊互动对象的制作

画廊互动对象是图片的展示组件，可在用户的阅读终端呈现放映幻灯片的效果。

画廊互动对象的制作方法：

图3-3-40　音频复读互动对象的
【互动属性】对话卡

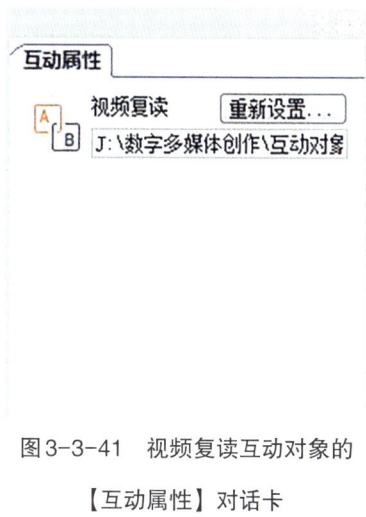

图3-3-41　视频复读互动对象的
【互动属性】对话卡

单击【互动→画廊】，弹出【创建画廊】对话卡，如图3-3-42所示，单击【添加】按钮，选择需要加入的图片。然后设置画廊的展示效果。系统提供了三种展示效果：

【走马灯】用户无需点击按钮，图片可自动或手动播放，还可以切换至全屏播放。

【一对一按钮】每个图片需点击对应的按钮才能展示。

【导航式按钮】系统提供最前、前一个、后一个、最后四个导航按钮，需点击按钮进行图片展示。

设置完画廊的效果后，点击【确定】按钮，在页面上排入图片即可完成画廊的创建。

2.设置或修改画廊互动对象的参数

选中画廊互动对象，单击【互动→编辑属性】，可在【画廊】设置卡（如图3-3-43所示）

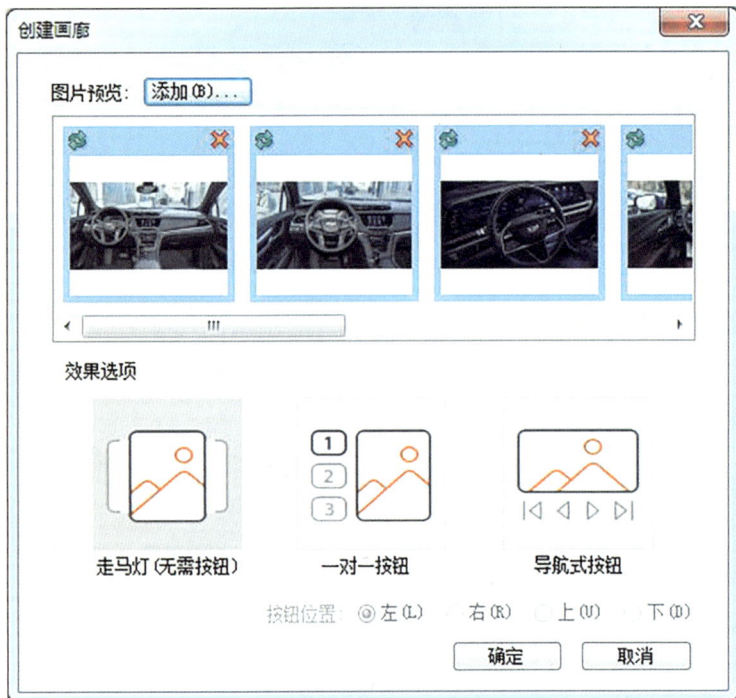

图 3-3-42 【创建画廊】对话卡

图 3-3-43 画廊互动对象的
【画廊】设置卡

1.选中画廊对象转换为普通对象
（将画廊转为普通图片）

2.选中画廊对象进行属性设置
（设置或修改属性需点击此按钮）

3.选中一个或多个图像形成画廊
对象

4.选中一个图像点击此按钮形成
一个新画面；还可以直接拖拽到
此面板形成一个新画面（点击此
按钮可添加新的画面）

5.画面上移或画面下移（调整画
面顺序）

6.释放画面（将画面从画廊中
删除）

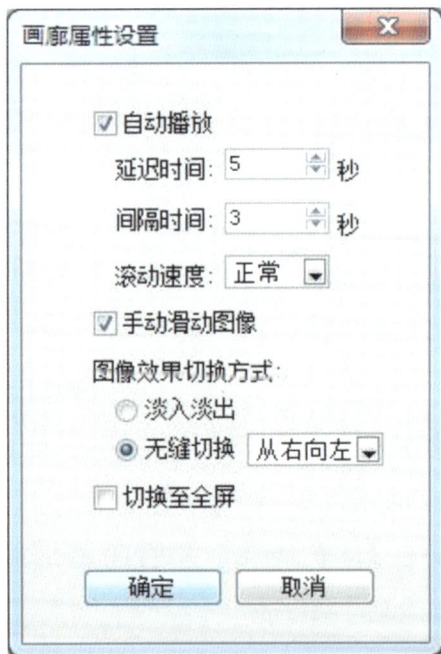

图 3-3-44 【画廊属性设置】对话卡

中对图片的设置进行修改。

　　【画廊属性设置】对话卡（如图3-3-44所示）主要参数的意义为：

　　【自动播放】打开画廊互动对象页面时，画廊互动对象自动播放。勾选此项后，需设定【延迟时间】【间歇时间】【滚动速度】等参数。

【手动滑动图像】用户可在阅读终端用手指滑动图像浏览画廊。

【图像效果切换方式】可设置图像的切换方式。如勾选【无缝切换】，可设定图像的运动方向。

【切换至全屏】画廊可切换呈全屏显示方式。

（二十二）按钮

1.按钮互动对象的制作

按钮是触发交互事件的一种重要方式，用户通过点击按钮，产生与作品之间的交互行为，在交互过程中完成对作品的阅读浏览。

按钮互动对象外观的制作方法：

（1）准备素材。按钮通常分别呈外观、点击前和点击后三种状态，因此，制作前需要三张图片素材。如果只准备一张图片，按钮无论是否被点击，也只能表现为一种状态。当然，如果准备两张图片，制作出来的按钮就会呈现两种状态。制作按钮的图片素材为jpg、jpeg、png或gif等格式。

（2）单击【互动→按钮】，弹出【创建按钮】对话卡，如图3-3-45所示。添加为按钮准备的素材图片，可以通过拖曳调整图片的顺序，点击【确定】按钮，在页面上排入按钮图片就完成了按钮的外观制作。

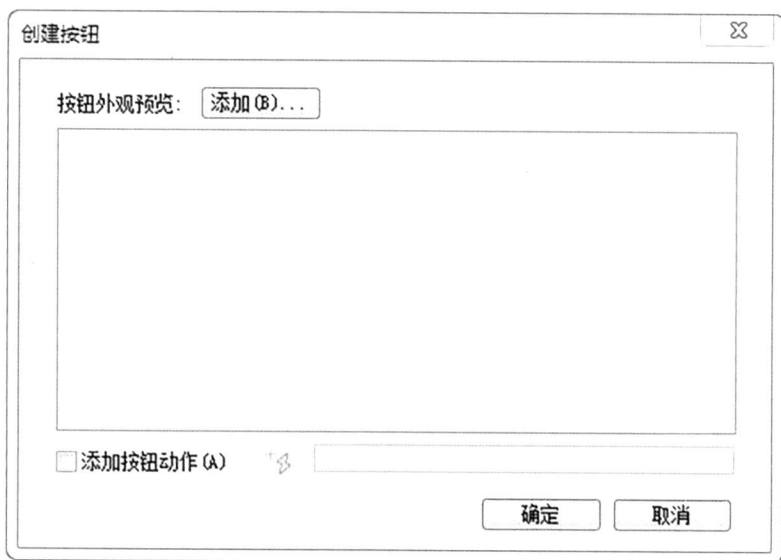

图3-3-45　【创建按钮】对话卡

2.为按钮添加交互动作

按钮是与交互行为相关的，因此，按钮的制作也必须要为按钮赋予相关的交互动作。

为按钮添加交互动作方法：

（1）在【创建按钮】对话卡中添加按钮图片素材后，勾选【添加按钮动作】选项进行添加。

（2）在【按钮】属性对话框（如图3-3-46所示）中点击【添加动作】按钮进行添加。

3.【添加动作】下拉菜单

点击【按钮】属性对话框上【添加动作】按钮，弹出【添加动作】下拉菜单，如图3-3-47所示，包括有【调整画面状态】【执行合成画面】【控制动态组件】【切换页面】【开关电脑全屏】【自定义按钮动作】等选项。

（1）【调整画面状态】与弹出内容和画廊相关。按钮的动作可以设置弹出内容和画廊【转至画面】【转至上一画面】和【转至下一画面】，还可以设置弹出内容【关闭画面】和【关闭全部画面】。

【转至画面】跳转到多画面对象中的特定画面或所有画面。例如，如果画廊对象有多个画面，则可以使用此动作显示特定的画面，也可以为所有画面。

图3-3-46　在【按钮】属性对话框

【转至上一画面】或【转至下一画面】跳转到多画面中的下一个或上一个画面。画廊对象尤为有用。

（2）【执行合成画面】与合成图片相关，按钮能触发图片合成。

（3）【控制动态组件】与图像序列、视频和滑线动画相关。图像序列、视频和滑线动画为动态组件。只有当前版面

图3-3-47　【添加动作】下拉菜单

上存在图像序列、视频和滑线动画互动对象时，与动态组件相关的按钮动作项才置亮。按钮的动作指定为【播放】【暂停】或【停止】动态组件，适合用于图像序列、视频和滑线动画的按钮动作。设置时将按钮指定到图像序列、视频和滑线动画的组件名称上。

（4）【切换页面】作为按钮独立应用的跳转功能，包括【转至首页】【转至末页】【转至上一页】【转至下一页】【转至指定页】和【转至URL】，是支持超链接的动作。如为文字制作透明按钮，在文字上画一个无边框的图元块，【互动】选项卡上转为【图像块】，右键菜单转为【按钮】，就为文字制作出了透明按钮。

（5）【开关电脑全屏】指用户在PC端浏览器观看H5，可以触发浏览器的F11功能进行全屏

观看。

4.自定义按钮动作

【自定义按钮动作】可以为简单动作添加详细的触发条件和动作。选择【自定义按钮动作】，弹出【自定义按钮动作】对话卡，如图3-3-48所示。

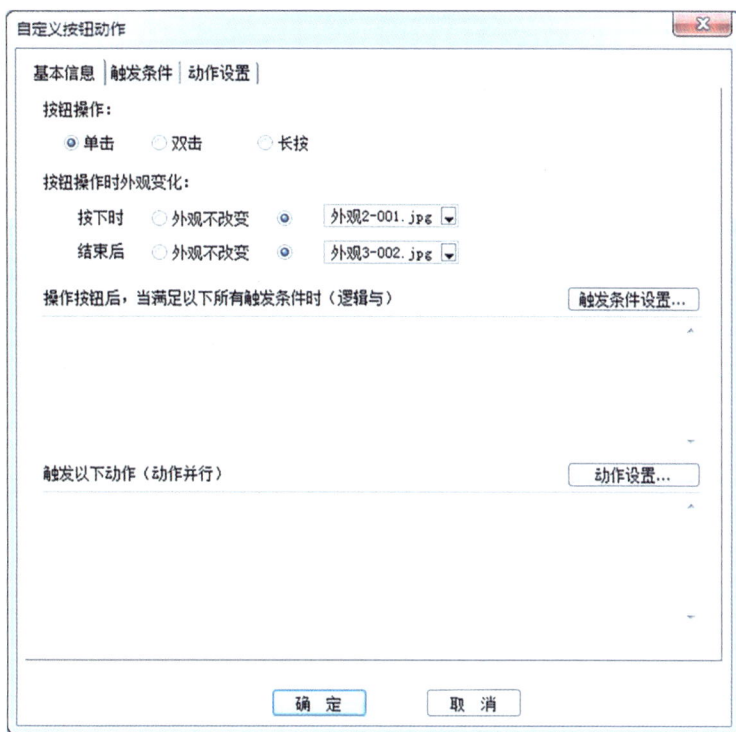

图3-3-48　【自定义按钮动作】对话卡

（1）【基本信息】对话卡：在【基本信息】对话卡中可以设置按钮操作方式和按钮操作时外观的变化。在【按钮操作】方式设置中有【单击】【双击】或【长按】三个选项。在【按钮操作时外观变化】中可设置【按下时】【结束后】的按钮的外观样子。还可以查看按钮设置的触发条件和动作的相关信息。为了方便修改，能直接跳转到【触发条件】和【动作设置】的界面进行修改。

（2）【触发条件】对话卡：为按钮添加动作的【触发条件】，如图3-3-49所示。

第一，需要设定逻辑条件，必须从前往后依次设置【特性】【对象】【判断】【类型】和【结果】。因不同的【特性】，对应不同的逻辑条件。逻辑条件全部设置完毕后，点击【增加】就添加一个条件，也可以【修改】或【删除】，还可以调整顺序。

第二，设置触发条件的要求，有两个选项：【满足以上所有条件时触发】或【满足以上任意条件时触发】。

（3）【动作设置】对话卡：为按钮添加动作，如图3-3-50所示。

图 3-3-49 　【触发条件】对话卡

图 3-3-50 　【动作设置】对话卡

　　选择左侧列表项，右侧就切换对应属性设置，设置完成后，点击【增加】就添加一个高级
动作，也可以【修改】和【删除】，还可以调整顺序。

【延迟】设置延迟时间，指动作延迟到设定的时间后才触发。

5. 修改按钮互动对象的参数

选中按钮，在【按钮】面板可以修改属性信息，如图3-3-51所示。

在【动作】对话框中，添加动作后，单击【修改动作】，可修改按钮关联的动作；单击【移除动作】，可移除按钮关联的动作。

鼠标悬停在【动作】对话框中，可以显示动作信息；双击就弹出【自定义动作】的界面。

选中按钮外观图标，点击【调整外观】图标，弹出【创建按钮】的对话卡，可以重新换图。

选中按钮外观图标，点击【恢复为普通图像块】图标，设定的按钮图片就变成静态普通图片。

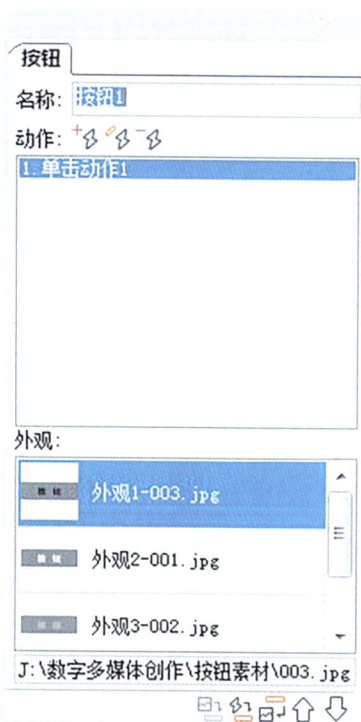

图3-3-51 【按钮】属性对话卡

选中版面上的图片，点击【形成按钮】图标，可以将普通图片直接转为按钮。

（二十三）弹出内容

1. 弹出内容互动对象的制作

弹出内容是在"阅读设备"端可以只显示图标按钮，隐藏需要弹出内容的对象，用户需要时，才点击按钮展现。所以，适用于对作品中的部分内容进行详细介绍及动态展示。

弹出内容互动对象的制作方法：

选中页面上的一个或多个对象，单击【互动→转弹出内容】，弹出【弹出内容】对话卡，如图3-3-52所示，即可对弹出内容互动对象进行创建设置。

2. 弹出内容互动对象的设置

点击【弹出内容】对话卡上的【选中弹出内容对象进行属性设置】按钮，弹出【弹出内容属性设置】对话卡，如图3-3-53，即可对弹出内容互动对象的属性进行设置。

【弹出内容属性设置】对话卡中设置项目的意义如下：

【弹出内容之间互斥】当画面存在多个弹出内容时，勾选此项，则各弹出内容不会在画面上同时出现。

【触发前显示第一个画面】不勾选此项时，弹出内容对象在阅读终端呈隐藏状态，只有点击对应的按钮才能显示出来。勾选此项后，在阅读终端除显示所有画面相关联的按钮外，还显示

图 3-3-52 【弹出内容】对话卡

1.选中弹出内容对象转换为普通对象　　2.选中弹出内容对象进行属性设置

3.选中一个或多个对象形成弹出内容对象

4.选中一个或多个对象点击此按钮形成一个新画面；还可以直接拖拽到此面板，形成一个新画面

5.画面上移或画面下移　　6.释放画面

弹出内容的第一个画面。

【允许图标闪烁】按钮外观在阅读终端切换时呈闪烁效果。

【显示画面关闭按钮】勾选后，在阅读终端每个画面呈现关闭按钮，主要用于弹出内容的画面有可能覆盖按钮而不能关闭的情况，可以自定义关闭按钮的图标和位置。

（二十四）合成图片

1.合成图片互动对象的制作

合成图片就是用户可以在阅读终端通过按钮触发，将设置为合成图片互动对象的内容，包括图像、文字以及图元对象等合成为一张图片，并以图片的方式进行保存。

合成图片互动对象的制作方法：

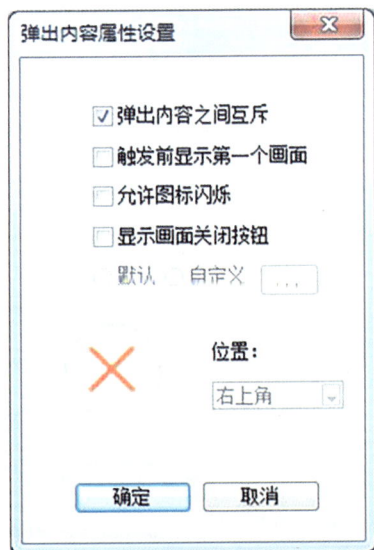

图 3-3-53 【弹出内容属性设置】对话卡

（1）选中版面上的一个或多个文字块或图片，单击【互动→转合成图片】，就转为合成图片。

（2）合成图片需要通过按钮来进行触发，因此需要在合成图片的当前页面上制作触发合成图片的按钮，并为按钮添加动作为【执行合成图片】。

2.合成图片互动对象的设置

点击【互动→编辑属性】，弹出【合成图片】对话卡，如图3-3-54所示，可对合成图片互动对象进行设置。

【合成图片】对话卡上的按钮含义如下：

【释放全部图片合成对象】将合成图片互动对象中的全部图片转为普通对象。

【选中一个或多个对象形成合成图片对象】选中页面上的一个或多个对象后点击此键可形成图片合成对象。

【选中一个或多个对象添加至合成图片对象】选中页面上的一个或多个对象后点击此键可添加入页面上已创建的图片合成对象中。

【跳转至按钮面板，为图片合成对象添加按钮动作】点击此按钮跳转至【按钮】属性对话卡，为按钮添加【执行合成图片】动作，使按钮可触发合成图片互动对象。

【释放所选图片合成对象】在面板上，选中合成对象的条目，可以一个一个地从合成图片对象中释放对象。如全部释放合成图片互动对象面板中的对象，可以将合成图片转为普通对象。

图3-3-54　【合成图片】对话卡

【返回按钮】勾选此项，当用户在阅读终端点击触发合成图片的按钮后，在合成图片页面上显示【返回】按钮，并可显示提示文本。制作时，系统提供默认图片，可通过右键菜单替换图片，并可定义图片的位置。

【提示文本】可输入提示文本的内容，并设置提示文本的字体、字号和颜色，还可以定义文本的位置。

（二十五）虚拟现实

1.虚拟现实互动对象的制作

虚拟现实，简称VR，是一种用计算机创建的虚拟和现实相结合的仿真系统，通过模拟人们的感知功能，为人们构建起一个虚拟的环境，以帮助人们感知现实环境中不易感知的现象。

虚拟现实互动对象的制作方法：

（1）素材准备：准备一张全方位大图，或已经拆分好的6张小图。也可以使用方正飞翔提供的"虚拟现实拆分"工具来拆分。

（2）单击【互动→虚拟现实】，弹出【创建虚拟现实】对话卡，如图3-3-55所示。点击

【浏览】按钮加载图片。可以选择一张未拆分的全方位的大图，也可以选择已经拆分好的6张小图。如果选择的是【拆分图】，需注意对话卡中图片的位置和顺序，如图3-3-56所示，如有问题需调整图片顺序后重新加载。如选择【一张图】，还应根据图片拍摄方式选择图片类型。然后点击【确定】按钮，在页面排入图像即可完成虚拟现实互动对象的创建。

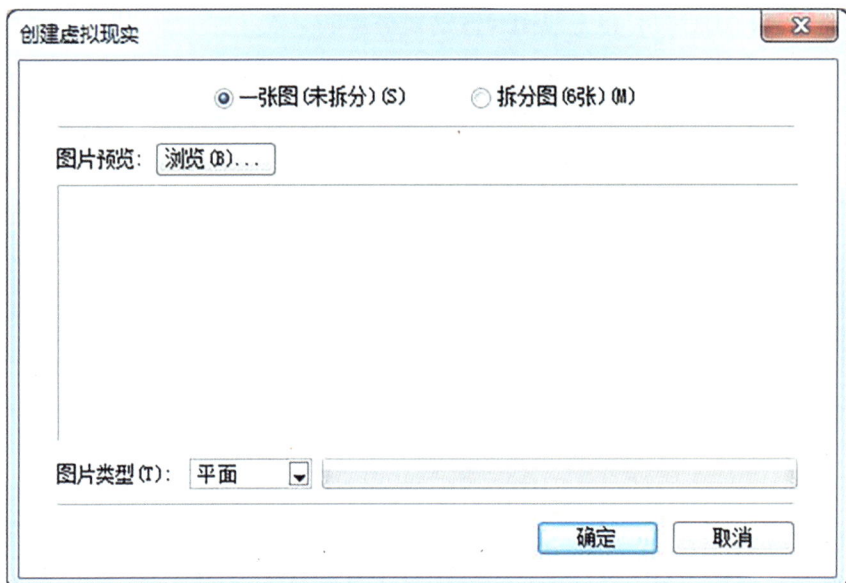

图3-3-55　【创建虚拟现实】对话卡

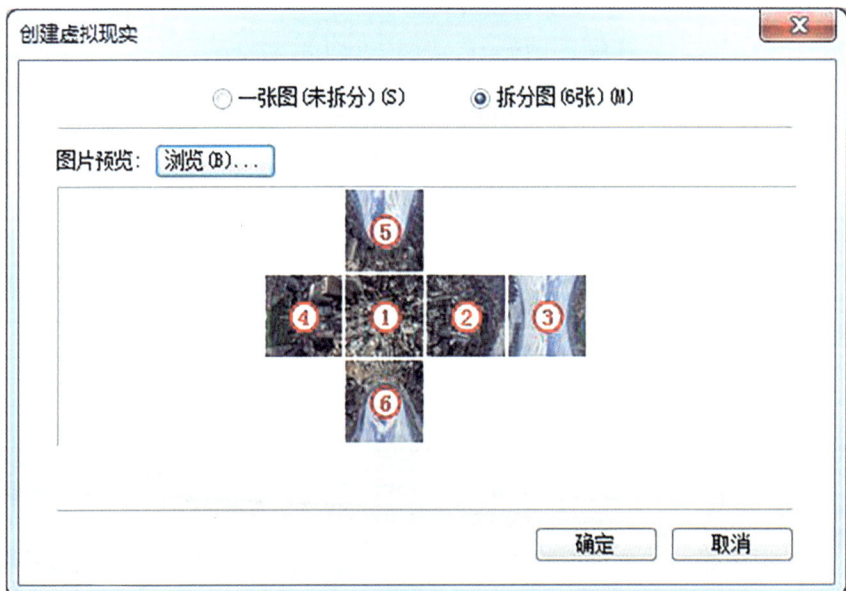

图3-3-56　使用拆分图创建虚拟现实互动对象

方正飞翔"虚拟现实拆分工具"使用方法：

　　用鼠标选择【互动】，在工具栏中点击【虚拟现实】工具下的下拉菜单，选择【虚拟现实拆分】项，弹出【虚拟现实拆分】对话卡，如图3-3-57所示，点击上部的【浏览】

按钮，加载全方位大图，根据图片的拍摄方式选择图片类型，然后再点击下部的【浏览】按钮，调整拆分图的保存路径，最后点击【拆分】按钮，即实现对图片的拆分。

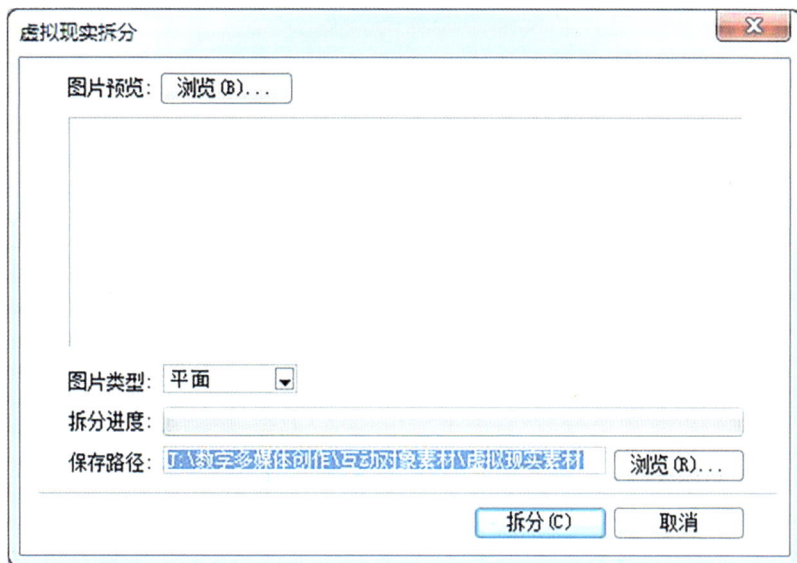

图3-3-57　【虚拟现实拆分】对话卡

2.修改虚拟现实互动对象

如需更换虚拟现实互动对象中的图片，单击【互动→编辑属性】，可在【互动属性】对话卡中（如图3-3-58所示）选择【重新设置】，对已创建的虚拟现实互动对象进行修改。

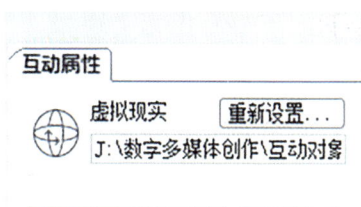

（二十六）转滚动内容

1.转滚动内容互动对象的制作

滚动内容是在用户阅读终端屏幕上呈现的滚动的文字内容或带有下拉条可下拉阅读的文字内容。转滚动内容互动对象就是将带有续排标记的矩形文字块转换为滚动内容对象。

图3-3-58　虚拟现实互动对象的
【互动属性】对话卡

转滚动内容互动对象的制作方法：

选中带续排的文字块，单击【互动→转滚动内容】，即可将该文字块转为滚动内容互动对象。需要说明的是，如为异形文字块制作滚动内容互动对象，会在用户的阅读设备终端上显示为空内容或显示效果混乱。

2.设置或修改转滚动内容互动对象的互动属性

选中滚动内容，在互动属性，单击【互动→编辑属性】，可在【互动属性】对话卡中（如图3-3-59所示）设置或修改属性信息。

转滚动内容互动对象的互动属性参数选项的意义如下：

【显示滚动条】勾选此项，在用户阅读终端上可显示文字块的下拉滚动条，用户可拉动滚动条进行内容阅读。

【自动滚动】勾选此项，在用户阅读终端上文字块的内容可自动滚动显示。勾选此项后可设置文字块内容的滚动速度和设定是否循环滚动。

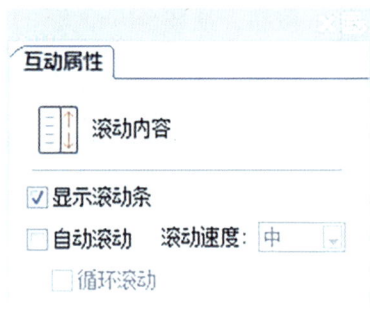

图3-3-59　滚动内容互动对象的
【互动属性】对话卡

（二十七）超链接

1.超链接互动对象的制作

超链接是实现用户在阅读内容过程中实现阅读对象跳转的主要方式，与传统读物相比，也是数字读物能够进行非线性阅读的重要特征之一。它使用户在阅读过程中具有了更加灵活高效的自主选择权，可以根据自己的需要，通过超链接方式进行非线性阅读或扩展阅读内容。

超链接互动对象的制作方法：

　　页面上的文字、图元、图片都可以创建超链接互动对象。选中页面上需要建立超链接的对象，点击【互动→超链接】，弹出【新建超链接】对话卡，如图3-3-60所示。设置【链接目标类型】和链接目标，点击【确定】按钮，即完成超链接互动对象的制作。

图3-3-60　【新建超链接】对话卡

【新建超链接】对话卡上有关选项的含义：

【链接目标类型】链接目标类型有URL、页面、电子邮件、文件和共享目标等几种。其中，【页面】可以超链接到本文档或其他文档的某一页；【共享目标】创建指向URL、文件或电子邮件地址时，选择【添加到共享目标】后，就保存起来，作为重复使用的超链接目标。

需要说明的是，一个超链接只能有一个跳转目标，但多个超链接可以有相同的跳转目标。

2.超连接互动对象的设置和修改

点击【属性列表栏】中的【超链接】，弹出【超链接】面板，如图3-3-61所示。通过【超链接】面板可以删除、重置或定位超链接，也可以设置超链接项的排序和超链接源的显示。

图3-3-61　　【超链接】面板

（1）【超链接】面板下部按钮的作用为：

【转到所选超链接的源】选中超链接面板中的超链接项，点击此按钮，可以直接跳转到所选超链接源点所在的位置。

【转到所选超链接的目标】选中超链接面板中的超链接项，点击此按钮，可以直接跳转或打开所选超链接的目标。

【新建超链接】选中页面上需要建立超链接的对象，点击此按钮，弹出【新建超链接】对话卡，可以创建新的链接。

【重命名选中超链接】点击此按钮，弹出【重命名超链接】对话卡，如图3-3-62所示，可对超链接进行重命名。

图3-3-62　　【重命名超链接】对话卡

【删除选中的超链接】点击此按钮，可取消所选中的超链接项。

（2）【超链接】面板上部按钮的作用：

【超链接】面板上部有两个按钮，一个是【关闭超链接面板按钮】，另一个是【超链接属性设置按钮】。点击【超链接属性设置按钮】，弹出【超链接属性设置下拉菜单】，选项有新建超链接、删除超链接、编辑超链接、转到超链接源、转到超链接目标、重命名超链接、重置超链接、排序、超链接显示设置等。

【排序】有按类型、按名称和手动三项排序选项。

【超链接显示设置】点选此项，弹出【超链接显示设置】对话卡，可对超链接的显示样式进行设置。

此外，拖动【超链接】对话卡中的超链接项，可手动进行前后顺序的调整；双击对话框中超链接项，可以调出【编辑超链接】对话卡，如图3-3-63所示，通过此卡可以对超链接项进行修改。

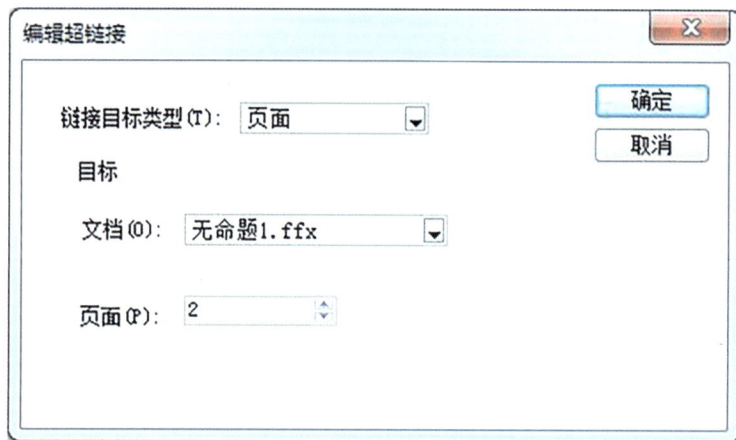

图3-3-63　【编辑超链接】对话卡

二、数据服务功能的设计制作

数据服务是通过作品获取数据资源的重要方式。方正飞翔为H5作品的创作提供了有力的数据服务支撑，创作者可以通过数据服务组件的设计制作为作品增添数据服务功能，实现文本、单选、复选、照片、列表和数据按钮的填写与记录，并将获取的数据资源上传保存至平台，并能够通过平台进行展示和分享，为作品运营创造条件。

数据服务组件可分为文本、单选、复选、照片、列表等类型。

（一）文本数据组件

1.文本数据组件的制作

文本数据就是以字符文本作为数据的数据类型。文本数据可以进行同类间的比较，但不能用于计算。如手机号码132xxxx0000、131yyyy0000就是文本数据，这两个号码进行比较可以发现它们的后四位是相同的，但显然手机号码是不能用于计算的。

文本数据组件的制作方法：

> 单击【数据→文本】，光标就带上一个文本框图标，点击页面，将文本框图标排入页面，就完成了文本数据组件的创建。

2.文本数据组件的属性设置

选中文本数据组件，单击【数据→编辑属性】，弹出【互动属性】对话卡，如图3-3-64所示，即可对选中的文本数据组件属性进行设置。

文本数据组件的【互动属性】对话卡中主要参数的含义如下：

【名称】默认显示"文本1"，用户可自行取名。此名称为按钮提交时数据的名称和输出数据的表头名称。

【字号】【颜色】【粗斜体】以及【对齐方式】为提示文本所做的属性设置。

【必填】勾选此项后，对用户数据填写做出限定，要求用户必须填写内容后才能提交数据，否则就不能提交。

【提示文本】用户阅读终端页面上输入框默认显示的文字，点击输入后，显示的文字就会消失。

图3-3-64 文本数据组件的【互动属性】对话卡

【输入限制】文本控件输入内容的属性，下拉选项有：任意、中文、英文、数字、电子邮件（默认文本为：name@domain.com 提交时必须含有@字符）、日期（直接调用系统日历控件）。

【长度限制】限制文本控件输入字符的个数。默认为"无"，选择"限制"，需设置输入文本的长度。

【边框样式】指浏览器端是否需要线框，默认是直线矩形框，也可以选"无"。

【关联】指同类的数据服务组件进行关联，关联后，可以实现当前H5中展示数据，还可以分享后，展示关联组件的数据信息，只是关联的组件不具有填写的能力。如文本组件与文本组件关联，而不会与其他组件交叉关联。【关联】有三个选项：【不关联】【关联提交数据】【关联已填数据】。

【关联提交数据】表示分享出去以后数据存在。

【关联已填数据】表示分享出去以后数据不存在，只是为了在当前H5中进行展示。

【关联到】下拉列表列出文档中所有同类的数据服务组件。

（二）单选数据组件

1.单选数据组件的制作

单选数据就是只能选择一项的数据类型。

单选数据组件的制作方法：

单击【数据→单选】，光标就带上一个单选框图标，点击页面，将单选框图标排入页面，就完成单选数据组件的创建。

2.单选数据组件的属性设置

选中单选数据组件，单击【数据→编辑属性】，弹出【互动属性】对话卡，如图3-3-65所示，即可对选中的单选数据组件属性进行设置。

单选数据组件的【互动属性】对话卡中主要参数的含义如下：

【名称】默认显示"单选1"，用户可自行取名，但名称不能重复。

【字号】【颜色】【粗斜体】以及【对齐方式】为选项文字所做的属性设置。

【必填】勾选此项后，对用户数据填写做出限定，要求用户必须填写内容后才能提交数据，否则就不能提交。

【选项文字】默认提供三条选项，可双击条目直接输入文字修改选项名称，增加或删除条目，还可以调整条目顺序。

【边框样式】【关联】和【关联到】含义与文本数据组件属性设置方式相同。

图3-3-65 单选数据组件的
【互动属性】对话卡

（三）复选数据组件

1.复选数据组件的制作

复选数据是有多个选项的数据类型。

复选数据组件的制作方法：

单击【数据→复选】，光标就带上一个复选框图标，点击页面，将复选框图标排入页面，就完成复选数据组件的创建。

2.复选数据组件的属性设置

选中复选数据组件，单击【数据→编辑属性】，弹出【互动属性】对话卡，如图3-3-66所

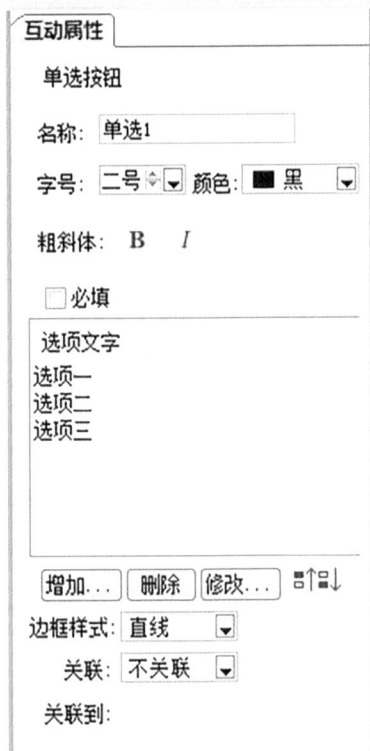

示，即可对选中的复选数据组件属性进行设置。

复选数据组件的【互动属性】对话卡中主要参数的含义如下：

【名称】默认显示"多选1"，用户可自行取名，名称不能重复。

【字号】【颜色】【粗斜体】以及【对齐方式】为【选项文字】所做的属性设置。

【必填】勾选此项后，对用户数据填写做出限定，要求用户必须填写内容后才能提交数据，否则就不能提交。

【选项文字】默认提供三条选项，可双击条目直接输入文字修改选项名称，可以增加或删除条目，还可以调整条目顺序。

【边框样式】【关联】和【关联到】含义与文本数据组件属性设置方式相同。

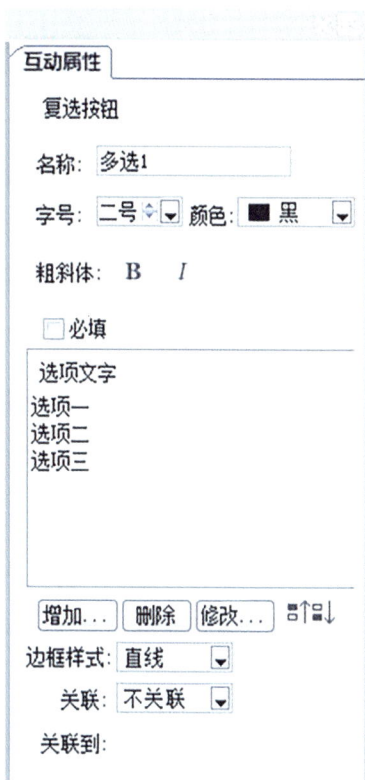

图3-3-66　复选数据组件的

【互动属性】对话卡

（四）照片数据组件

1.照片数据组件的制作

照片数据就是以图片作为数据的数据类型。

照片数据组件的制作方法：

单击【数据→照片】，光标就带上一个照片框图标，点击页面，将照片框图标排入页面，就完成照片数据组件的创建。

2.照片数据组件的属性设置

选中照片数据组件，单击【数据→编辑属性】，弹出【互动属性】对话卡，如图3-3-67所示，即可对选中的照片数据组件属性进行设置。

照片数据组件的【互动属性】对话卡中主要参数的含义如下：

【名称】默认显示"照片1"，用户可自行取名，名称不能重复。

【必填】勾选此项后，对用户数据填写做出限定，要求用户必须填写内容后才能提交数据，否则就不能提交。

图3-3-67　照片数据组件的

【互动属性】对话卡

【照片展示】勾选此项，照片可以在占位区域内展示；不勾选此项，在平台中更换照片数据，但照片不在占位区域内展示。

【展示形状】圆形或方形，还可以调整成椭圆形或长方形。

【占位图】提供默认占位图，也可以用设计的占位图进行重设。

【关联】和【关联到】含义与文本数据组件属性设置方式相同。

（五）列表数据组件

1.列表数据组件的制作

列表数据就是以图片作为数据的数据类型。

列表数据组件的制作方法：

> 单击【数据→列表】，光标就带上一个列表框图标，点击页面，将列表框图标排入页面，就完成列表数据组件的创建。

2.列表数据组件的属性设置

选中列表数据组件，单击【数据→编辑属性】，弹出【互动属性】对话卡，如图3-3-68所示，即可对选中的列表数据组件属性进行设置。

列表数据组件的【互动属性】对话卡中主要参数的含义如下：

【名称】默认显示"列表框1"，用户可自行取名。此名称为按钮提交时数据的名称和输出数据的表头名称。

【字号】【颜色】【粗斜体】为提示文本所做的属性设置。

【必填】勾选此项后，对用户数据填写做出限定，要求用户必须填写内容后才能提交数据，否则就不能提交。

【提示文字】用户阅读终端页面上输入框默认显示的文字，点击下拉列表选项后，显示的文字就会消失，变为选项内容。

【选项文字】默认提供一条选项，可双击【选项文字框】中的条目直接输入文字修改选项名称；可以增加或删除条目，还可以调整顺序。

【边框样式】【关联】和【关联到】含义与文本数据组件属性设置方式相同。

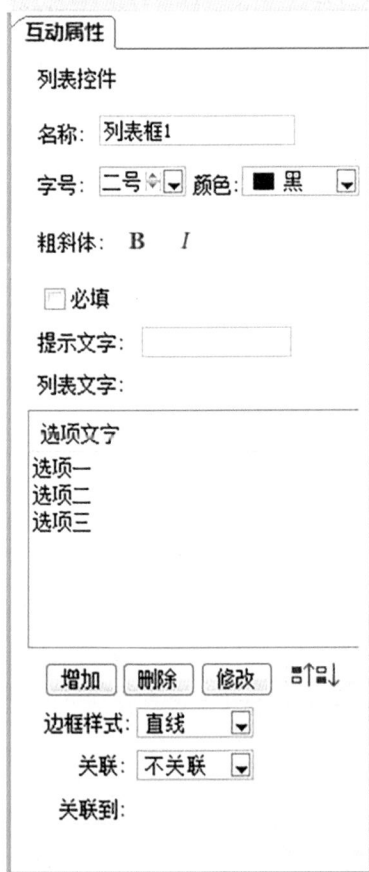

图3-3-68　列表数据组件的
【互动属性】对话卡

（六）微信头像数据组件

1.微信头像数据组件的制作

微信头像数据组件可用于自动获取作品访问者或分享者的微信头像。

微信头像数据组件的制作方法：

　　　单击【数据→微信头像】，光标就带上一个微信头像框图标，点击页面，将微信头像框图标排入页面，就完成微信头像数据组件的创建。

2.微信头像数据组件的属性设置

选中微信头像数据组件，单击【数据→编辑属性】，弹出【互动属性】对话卡，如图3-3-69所示，即可对选中的微信头像数据组件属性进行设置。

微信头像数据组件的【互动属性】对话卡中主要参数的含义如下：

【头像来源】选择为【访问者】时，则可获取阅读H5作品的用户微信头像；选择为【分享者】时，则可获取分享H5作品的用户微信头像。

图3-3-69　微信头像数据组件的【互动属性】对话卡

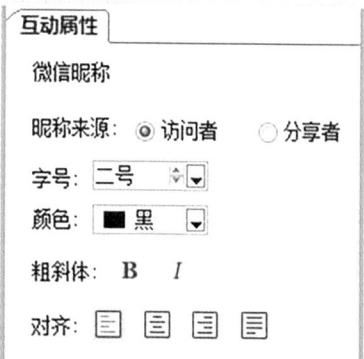

【展示形状】获取的用户微信头像以圆形或方形形式展示。

【占位图】点位图表示页面上用户微信头像的显示位置，方正飞翔提供默认占位图，也可以更换为设计的占位图。

（七）微信昵称数据组件

1.微信昵称数据组件的制作

微信昵称数据组件可用于自动获取作品访问者或分享者的微信昵称。

微信昵称数据组件的制作方法：

　　　单击【数据→微信昵称】，光标就带上一个微信昵称框图标，点击页面，将微信昵称框图标排入页面，就完成微信昵称数据组件的创建。

2.微信昵称数据组件的属性设置

选中微信昵称数据组件，单击【数据→编辑属性】，弹出【互动属性】对话卡，如图3-3-70所示，即可对选中的微信昵称数据组件属性进行设置。

微信昵称数据组件的【互动属性】对话卡中主要参数的

图3-3-70　微信昵称数据组件的【互动属性】对话卡

含义如下：

【昵称来源】选择为【访问者】时，则可获取阅读H5作品的用户微信昵称；选择为【分享者】时，则可获取分享H5作品的用户微信昵称。

【字号】【颜色】【粗斜体】为用户微信昵称文字所做的属性设置。

【对齐】为用户微信昵称的对齐方式。

（八）接力计数数据组件

1.接力计数数据组件的制作

接力计数用于统计用户的访问量和浏览量。

接力计数数据组件的制作方法：

单击【数据→接力计数】，光标就带上一个接力计数框图标，点击页面，将接力计数框图标排入页面，就完成接力计数数据组件的创建。

2.接力计数数据组件的属性设置

选中接力计数数据组件，单击【数据→编辑属性】，弹出【互动属性】对话卡，如图3-3-71所示，即可对选中的接力计数数据组件属性进行设置。

接力计数数据组件的【互动属性】对话卡中主要参数的含义如下：

【名称】默认显示"接力计数1"，制作时可自行取名，名称不能重复。

【字体】【字号】【颜色】【粗斜体】【对齐】为计数数字所做的属性设置。

【初始位数】设置初始数值的位数，如0000。

【初始数值】设置计数的初值。当初始数值大于初始位数时，按照初始数值显示。

【计数方式】确定以【访问量】【浏览量】或【按钮计数】作为计数的方式，其中，【访问量】是阅读的用户数，【浏览量】是统计打开的次数，【按钮计数】是统计点击按钮的次数。

【关联】可选择【关联已有数据】，选择文档中已有接力计数组件进行关联。

【关联到】指关联文档中已有接力计数组件，实现在不同页面显示相同计数结果。从其他页面回到设置计数器的页面

图3-3-71　接力计数数据组件的
【互动属性】对话卡

时，计数器重置。

（九）计时器数据组件

1.计时器数据组件的制作

计时器数据组件主要用于用户答题或玩闯关游戏时的计时。

计时器数据组件的制作方法：

> 单击【数据→计时器】，光标就带上一个文本框图标，点击页面，将计时器图标排入页面，就完成计时器数据组件的创建。

2.计时器数据组件的属性设置

选中计时器数据组件，单击【数据→编辑属性】，弹出【互动属性】对话卡，如图3-3-72所示，即可对选中的计时器数据组件属性进行设置。

计时器数据组件的【互动属性】对话卡中主要参数的含义如下：

【名称】默认显示"计时器1"，制作时可自行取名，名称不能重复。

【字体】【字号】【颜色】【粗斜体】【对齐】为计时时间所做的属性设置。

【计时方式】有【正计时】或【倒计时】两个选项。【正计时】用于答题或闯关完成所花费的时间；倒计时指在规定的时间内是否能完成答题或闯关。

【触发方式】触发计时的方式，有【载入时】和【按钮控制】选项。【载入时】指从页面载入时开始计时。【按钮控制】即通过按钮控制开始计时。

【翻页时】设置翻页时计时是否持续，可设置【暂停计时】或【继续计时】。

【关联】可选择【关联到已有数据】，选择文档中已有计时器组件进行关联。

【关联到】指关联文档中已有计时器组件，实现在不同页面显示相同计数结果。从其他页面回到设置计时器的页面时，计时器重置。

图3-3-72　计时器数据组件的
【互动属性】对话卡

（十）测验数据组件

1.测验数据组件的制作

测验数据组件为H5作品提供了测验答题功能，测验题型包括选择题、填空题或匹配题，用户可以答题，并可以核对答案。

测验数据组件的制作方法：

单击【数据→测验】，弹出【创建测验】对话卡，如图3-3-73所示，点击【创建资源包】按钮，选择已下载到本地硬盘上的测验资源包制作工具，选择占位图后，点击【确定】按钮，将测验数据组件排入页面，就完成测验数据组件的创建。

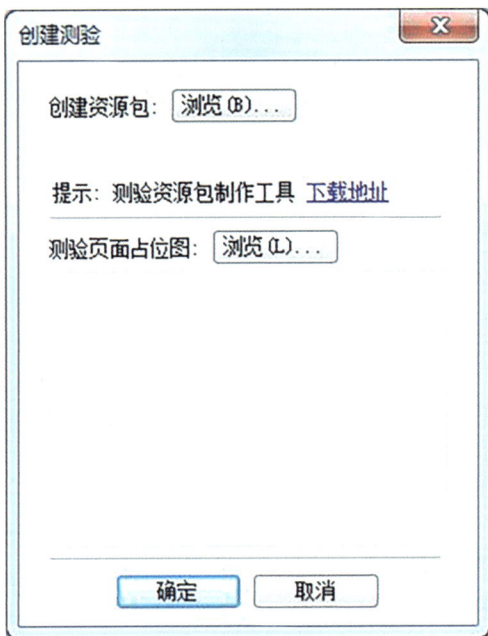

图3-3-73　【创建测验】对话卡

2.测验数据组件的属性设置

选中测验数据组件，单击【数据→编辑属性】，弹出【互动属性】对话卡，如图3-3-74所示，通过【互动属性】对话卡，可以对测验数据组件进行重新设置，还可以调用【测验编辑器】，编辑测验题。

3.应用【测验编辑器】制作测验题

（1）点击测验数据组件【互动属性】对话卡上的【测验编辑器】，弹出【QuizEdtor测验列表】，如图3-3-75所示。

（2）点击【新建测验】按钮，弹出【新建测验】对话框，如图3-3-76所示。

【新建测验】对话框中各项设置含义如下：

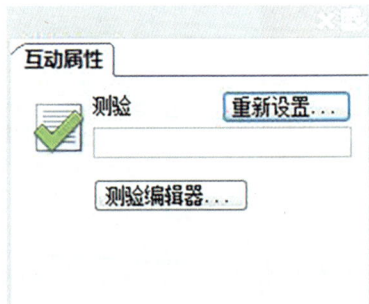

图3-3-74　测验数据组件的
【互动属性】对话卡

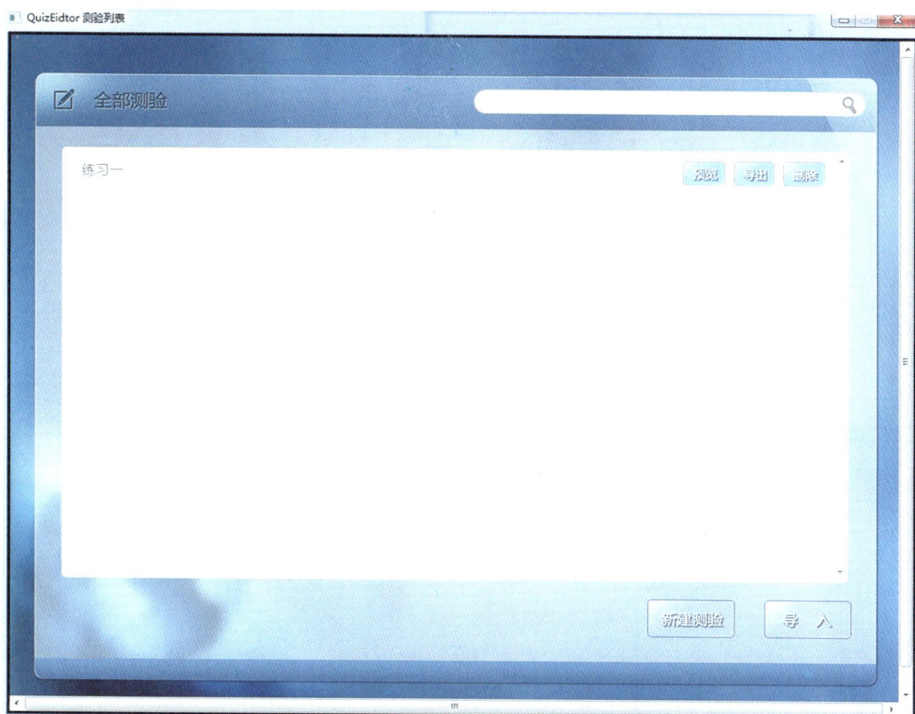

图 3-3-75　【QuizEdtor测验列表】

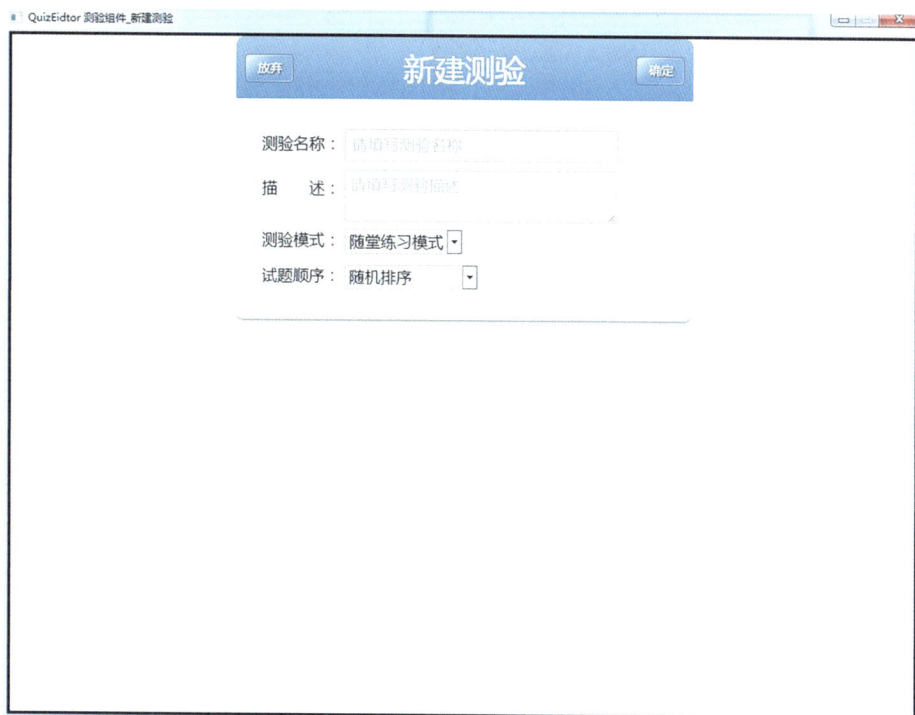

图 3-3-76　【新建测验】对话框

【测验名称】为测验命名。

【描　述】解释测验的目的。

【测验模式】有【随堂练习模式】【自由练习模式】【考试模式】和【作业模式】四种。【考试模式】需设置【时间限制】，【作业模式】需设置【结束时间】。

【试题顺序】有【随机排序】和【与组卷顺序相同】选项

完成上述各项设置之后，点击【新建测验】对话框上的【确定】按钮，即可新建测验。

（3）应用【新建测验】相同的步骤，创建多个测验。

（4）点击【QuizEdtor测验列表】选项框中的测验名称，弹出【测验详情】对话卡，如图3-3-77所示。

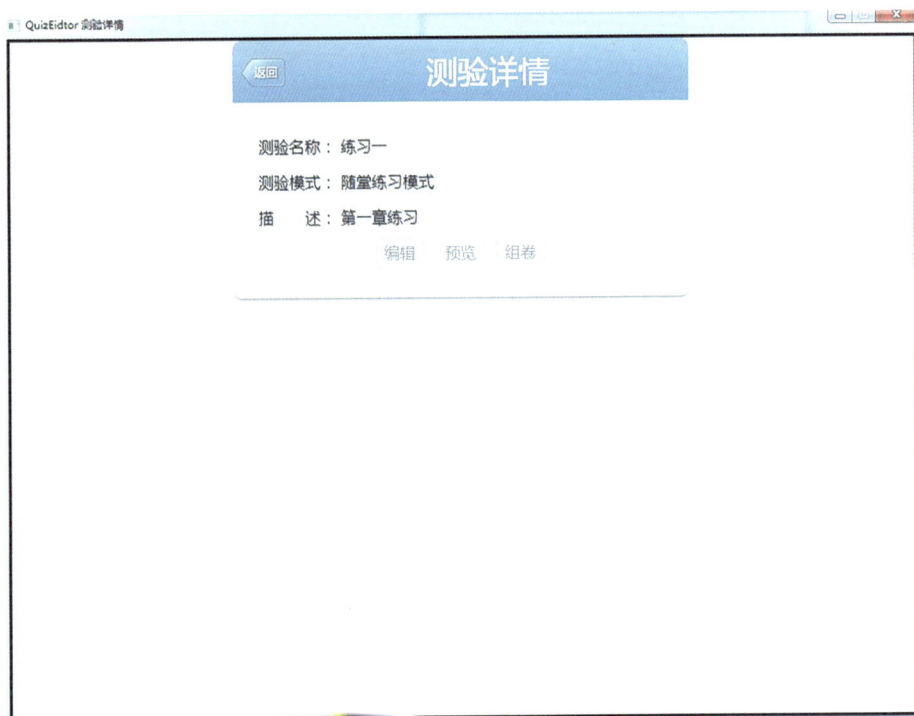

图3-3-77　　【测验详情】对话卡

【测验详情】对话卡中的【编辑】【预览】【组卷】选项含义如下：

【编辑】对测验进行修改。

【预览】预览测验的页面效果。

【组卷】弹出【测验组卷】对话卡，如图3-3-78所示。点击【新建试题】按钮，可以新建试题。

（5）点击【新建试题】弹出题型选择卡，选项为填空题、选择题和匹配题三种。

（6）新建填空题：点击【新建试题】弹出题型选择卡中的填空题选项，弹出【新建试题__填空题】对话卡，如图3-3-79所示。

在【试题名称】处输入试题的名称，再将题干输入到【题干】框中，答案反馈可以采用系

图 3-3-78 【测验组卷】对话卡

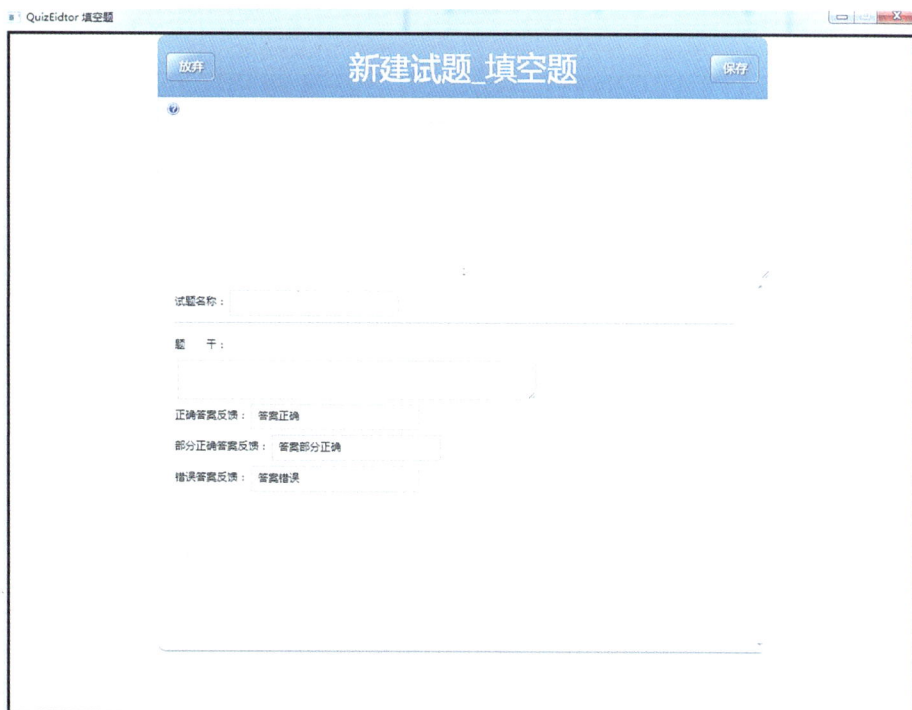

图 3-3-79 【新建试题_填空题】对话卡

统默认方式，然后将题目内容输入到试题对话框中，选择答案内容，点击【设空】按钮，弹出【设置备选答案】对话框，如图 3-3-80 所示，设置备选答案，点击【确定】按钮，返回【新建试题＿填空题】对话卡，点击【保存】按钮，即完成新建填空题。

（7）新建选择题：点击【新建试题】弹出题型选择卡中的选择题选项，弹出【新建试题＿选择题】对话卡，如图3-3-81所示。

图3-3-80　【设置备选答案】对话框

图3-3-81　【新建试题＿选择题】对话卡

在【试题名称】处输入试题的名称，再将题干输入到【题干】框中，将选择答案分别输入到答案选项框中，设置正确答案的比重为100%，反馈可以采用系统默认方式，点击【保存】按钮，即完成新建选择题。

（8）新建匹配题：点击【新建试题】弹出题型选择卡中的匹配题选项，弹出【新建试题__匹配题】对话卡，如图3-3-82所示。

图3-3-82 【新建试题__匹配题】对话卡

在【试题名称】处输入试题的名称，再将题干输入到【题干】框中，然后分别输入各子问题及答案，子问题的数量可进行增减，反馈可以采用系统默认方式，点击【保存】按钮，即完成新建匹配题。

（8）测验组卷：当题库中已有测验题后，可在【测验组卷】对话卡上进行组卷。点击【测验组卷】对话卡右侧窗体上的【开启】按钮，根据需要将测验题拖入左侧窗体中，点击【保存】按钮，即完成了组卷工具。

（9）可在【QuizEidtor测验列表】中将完成后的测验导出保存，以便后续使用。

（十一）数据按钮

1.数据按钮的制作

数据按钮是用于提交数据控件信息的数据互动组件。

数据按钮的制作方法：

单击【数据→数据按钮】，光标就带上一个数据按钮图标，点击页面，将数据按钮图标排入页面，就完成数据按钮组件的创建。

2.数据按钮组件的属性设置

选中数据按钮组件，单击【数据→编辑属性】，弹出【互动属性】对话卡，如图3-3-83所示，即可对数据按钮组件的属性进行设置。

数据按钮组件的【互动属性】对话卡中主要参数的含义如下：

【名称】默认显示"提交按钮1"，制作时可自行取名，名称不能重复。

【确认文字】默认显示"提交数据成功!"，可自行修改成需要的文字。

【重复提交】勾选表示填写完表单后，可以多次提交；不勾选表示只提交一次。

【控件列表】收集当前文档中所有数据服务的组件，形成列表。勾选表示受此提交按钮的控制。

【外观】指提交按钮的图标，右键可以替换图像。

【提交后动作】指为提交按钮添加一个动作画面或跳转到某一页面。此处的"画面"就是弹出内容的画面，【添加动作】【释放动作】和【跳转到按钮的目录】可参见互动组件"按钮"部分内容。

图3-3-83　数据按钮组件的
【互动属性】对话卡

三、加载页及页面属性设置

（一）加载页

1.加载页的创建

加载页是用户在开始浏览作品时，在系统加载作品的过程中，为减少用户在等待过程中的不良感受所呈现的动态效果。方正飞翔为H5作品提供了默认的加载页效果，在H5作品的创作过程中，也可根据需要重新创建加载页。

加载页的创建方法：

点击【互动→加载页】，弹出【加载页设置】对话卡，如图3-3-84所示。选择样式，设置图片、颜色等项目后，点击【确定】按钮即可完成加载页的创建。

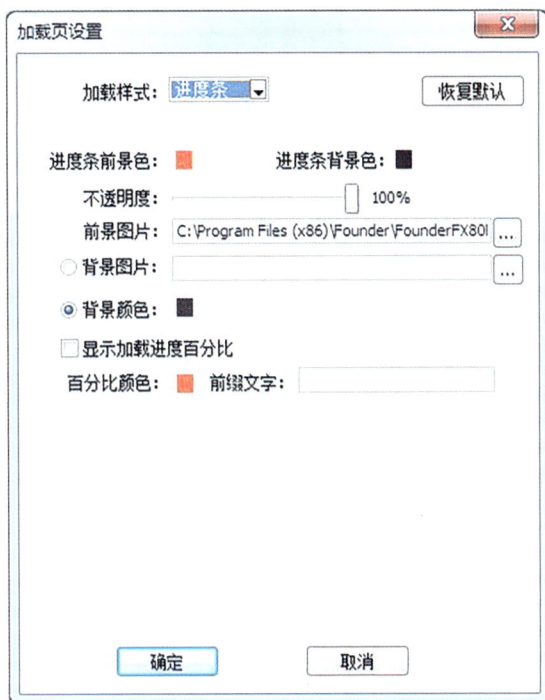

加载页设置

加载样式：进度条 ▾　　　　　　　　恢复默认

进度条前景色：■　　进度条背景色：■

不透明度：|　　　| 100%

前景图片：C:\Program Files (x86)\Founder\FounderFX80l ...

○ 背景图片：　　　　　　　　　...

● 背景颜色：■

□ 显示加载进度百分比

百分比颜色：■　前缀文字：

确定　　取消

图3-3-84　【加载页设置】对话卡

2.加载页样式的设置和修改

可根据创作需要对加载页进行设置和修改。设置和修改加载页时，点击【互动→加载页】即可。

【加载页设置】可进行进度条、进度环、旋转、饼状、条状和百分比等加载样式的设置。加载样式设置的差别见表3-3-1所示。

表3-3-1　加载样式设置的差别

样式	选项内容							
进度条	进度条前景色	进度条后景色		不透明度	前景图片	背景图片	显示加载进度百分比	百分比颜色
						背景颜色		前缀文字
进度环	进度条前景色	进度条后景色		不透明度	前景图片	背景图片	显示加载进度百分比	百分比颜色
						背景颜色		前缀文字
旋转	加载方向	顺时针		不透明度	前景图片	背景图片	显示加载进度百分比	百分比颜色
		逆时针				背景颜色		前缀文字
饼状	加载方向	顺时针	加载图片	不透明度	前景图片	背景图片	显示加载进度百分比	百分比颜色
		逆时针				背景颜色		前缀文字
条状	加载方向	从左到右	加载图片	不透明度	前景图片	背景图片	显示加载进度百分比	百分比颜色
		从下到上				背景颜色		前缀文字
百分比				不透明度	前景图片	背景图片		百分比颜色
						背景颜色		前缀文字

【恢复默认】恢复方正飞翔提供的默认加载页式样。

（二）页面属性的设置

有的H5作品需要对页面的翻页功能做出限定，在H5作品的创作设计过程中就需要对页面属性进行设置。

设置页面属性的方法为：

点击属性列表栏中的【页面属性】，弹出【页面属性】对话卡，如图3-3-85所示。勾选或设置需要的选项，就完成了对页面属性的设置。

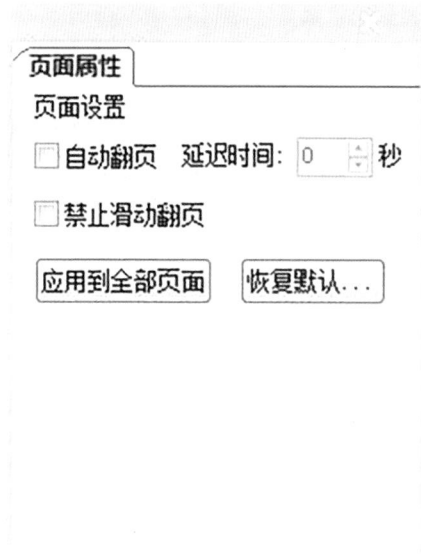

图3-3-85 【页面属性】对话卡

【页面属性】对话卡设置选项的含义如下：

【自动翻页】勾选此项，可使当前页具有自动翻页功能。

【延迟时间】勾选【自动翻页】选项后，当前页面翻页之前在用户阅读终端屏幕上停留的时间。

【禁止滑动翻页】勾选此项后，用户在阅读终端屏幕上不能对当前页面进行手动滑屏翻页。

【应用到全部页面】点按此按钮，则当前页面的【页面属性】设置作用于作品的全部页面。

【恢复默认】点按此按键，即取消设计制作过程中对【页面属性】所做出的设置。

四、对象转换功能、管理与互动预览

（一）对象转换功能

方正飞翔提供了快速制作互动效果的能力，也提供了方便快捷地转换为普通对象的能力，即去掉互动属性，成为静态对象；制作互动对象，大部分需要图片为载体，飞翔提供了将图元或成组对象转为PNG图片，用于制作按钮或其他互动对象。

1.转为普通对象

选中互动对象，单击【互动→转普通对象】或者右键菜单中的【转为普通对象】，可以把页面中的互动对象转为普通对象，方便快速地去掉互动属性。

2.转图像块

选中任何对象，单击【互动→转图像块】，就将选中对象转为一个图像块。如制作矢量文字按钮：在文字上画一个空线无底纹的图元块，转为图像块，右键菜单转为按钮，就制作成文字的透明按钮。

（二）对象管理

在方正飞翔的页面上，每一个对象都是一层，对象与对象之间有上下层次关系，新创建的或新粘贴的对象处于最上层。设计制作过程中，可通过【对象管理】面板，对页面上的对象层级关系进行管理。

点击【属性列表栏】中的【对象管理】，弹出【对象管理】面板，如图3-3-86所示。通过【对象管理】面板，可以调整对象在页面上的层次，给未命名的对象重新命名，还可以删除选中的对象。

图3-3-86　【对象管理】面板

在对象列表框中，可以进行以下操作：

切换对象显示：控制对象显示与隐藏。

切换 H5 端对象显示：控制 H5 端显示与隐藏。需要注意的是，如果弹出内容设置 H5 端隐藏，那么对象需要控制弹出内容和 H5 端对象都显示后，才能显示出对象。对图片或图元，如果设置了"穿透"，在 H5 端对象仅视觉上覆盖下层对象，而实际上可对下层对象进行操控。

可在飞翔面板中锁定或解锁对象：锁定对象，使对其不允许编辑，不能改变位置和大小，也不能删除。

此外，双击对象可以修改对象的名称。

（三）互动对象管理

互动对象管理就是通过【互动管理】面板将当前页或文档的互动对象统一进行收集、管理。通过互动对象管理界面可以跳转至互动对象所在的位置，并同时展示互动对象的属性面板。

点击【属性列表栏】中的【互动管理】，弹出【互动管理】面板，如图 3-3-87 所示。

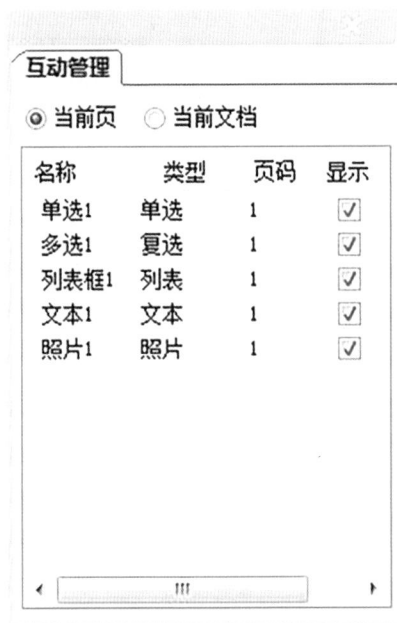

图 3-3-87　【互动管理】面板

在【互动管理】面板上，选择显示【当前页】或者【当前文档】，可以显示当前页或者当前文档中的互动对象。双击互动对象管理面板上的对象，直接在版面上定位对应的对象块，并同时打开对应的属性浮动面板。

【显示】勾选时，显示版面上对应的对象；不勾选时，隐藏版面上对应的对象。在制作复杂组件时可使用此功能。

（四）互动效果预览

方正飞翔提供预览功能，预览与阅读终端具有相同的效果，可以检查制作的效果是否与预想的一致。

点击【互动→页面预览】或【数据→页面预览】，或者按F5，可以预览当前页面的排版布局效果，还可以通过简单的交互，查看互动对象制作的互动效果。

单击【互动→文档预览】或【数据→文档预览】，可以对当前文档所有页面进行预览，能够前翻页或后翻页。

五、导览目录制作

对于大型结构复杂的H5作品，在文档设计创意完成并定稿之后，还需要编制一个导览目录，为用户使用H5作品提供帮助。方正飞翔为H5创作者提供了自动提取目录功能，使创作者不仅可以快速地创建导览目录，还可以手动对目录的编目方式和条目的属性进行修改，因此，大大提高了导览目录的编制效率。

（一）提取导览目录

方正飞翔可以按每一页一个目录条目自动生成导览目录。

提取导览目录的方法：

点击【互动→导览目录】，弹出【导览目录】对话框，如图3-3-88所示，列出当前文档各页的目录索引，通过【导览目录】对话框，可以进行栏目、题图、目录名及页序的修订调整。

图3-3-88　【导览目录】对话框

（二）导览目录的编辑修订

1.添加页到目录

选择【导览目录→按页提取目录】或选择导览目录级联菜单中的【添加页至目录】，弹出【添加页至目录】对话卡，如图3-3-89所示，可以选择当前页或页面范围进行创建。

图3-3-89　添加页至目录

2.编辑目录属性

在【导览目录】中选择一条目录，在右键菜单中选择【目录属性】，弹出【目录属性】对话卡，如图3-3-90所示，可以对目录所性的栏目、目录名、作者进行标注和修改，还可以将选中的目录条目设置为广告页。

图3-3-90　【目录属性】对话卡

【目录属性】各项内容意义如下：

【栏目】目录所属的栏目。

【目录名】目录条目的名称。

【广告】勾选此项，就可以将正文目录转化为"广告"。【广告主】为此广告的厂商。【跨期标识】表示同一个广告的身份验证码，用于统计用户行为。

【上一篇】【下一篇】按钮（ ▣ ▣ ）方便用户不关闭目录属性对话框的情况，仍可以编辑其他正文或广告的属性。

需要注意的是，【栏目】【目录名】不能为空。另外，要做好【广告】规划，如果要多期使用的，一定要设定【跨期标识】。

3. 标注栏目

单击【导览目录】对话卡下边的【标注栏目】按钮，弹出【标注栏目】对话卡，如图3-3-91所示。

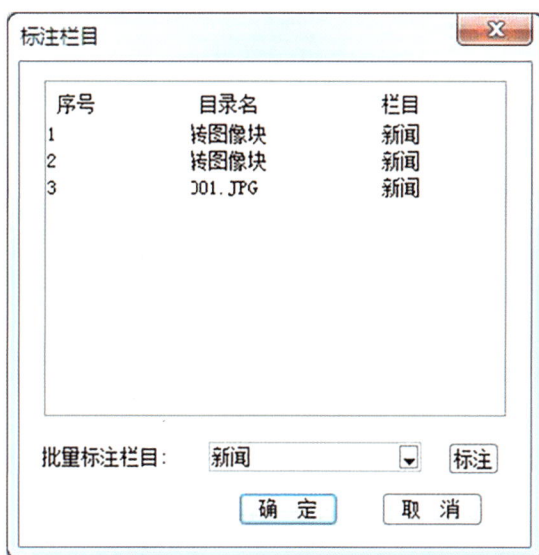

图3-3-91 【标注栏目】对话卡

【目录名】双击某个目录名，可对其进行修改。

【批量标注栏目】选中一个或多个栏目条目，在【批量标注栏目】框中输入或下拉列表中选择栏目名称，单击【标注】就设置了栏目信息。单击【确定】才有效，如果单击【取消】，则标注的栏目和目录名不能生效。

4. 栏目分类

单击【导览目录→定义栏目分类】，弹出【自定义分类】对话卡，如图3-3-92所示，可以设置栏目分类、刊物周期、广告主名称以及学科信息。

【栏目名称设置】增加、删除或修改常用栏目名称，但栏目数最多不能超过50个。

【刊物周期设置】将定期出版的数字期刊按出版周期设置为半月刊、月刊、季刊等等。

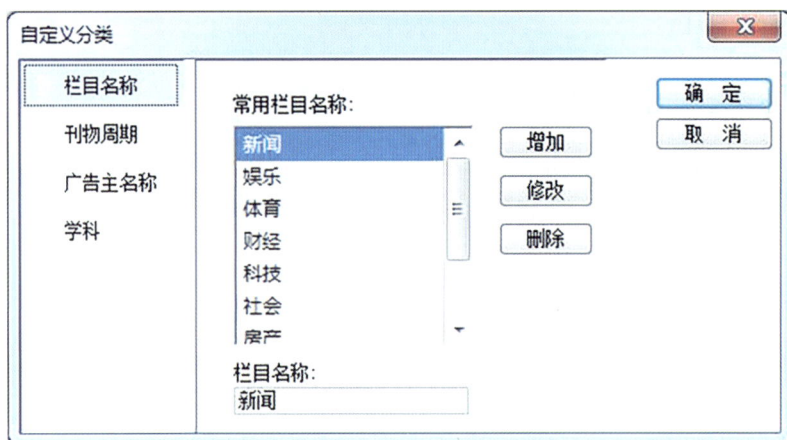

图3-3-92　栏目分类编辑

【广告主名称设置】设置数字期刊中广告厂商的名称。

【学科】设置数字期刊的学科分类，可对列表中的学科分类进行管理，没有的学科可以增设。

第四章

H5作品的创意设计

作为移动互联网传播的作品形态，H5作品主要是以微内容作品的形式传播于移动互联网用户之中，需要借助社交媒体平台和传播渠道，通过网络用户的认可和转发进行传播，因此，H5作品不仅需要能够打动人心的主题内容，还需要生动的表现形式和多样化的互动方式，充分调动受众积极参与作品的分享热情，实现作品的广泛传播。

与其他形态的网络作品相比，H5作品具有融媒体特色鲜明、创意形式多样、互动参与性强以及跨终端、跨平台传播便捷等等特点，这些特点使H5作品的创意设计具有了无限的空间。

第一节　H5作品的叙事方式与作品结构设计

一、H5作品的叙事方式

H5作品的表现形式是为作品主题内容的表达和传播服务的，因此，其叙事方式不仅受到作品主题内容的制约，还与用户的理解和使用习惯紧密相关。

传统的叙事方式是由创作者、叙事系统和接受者组成，叙事系统包括叙事框架、修辞方法和媒介呈现形态等。

H5作品的叙事方式具有多样化的特征。

一方面它的创作者仍受传统叙事方式的影响，以线性线索完成叙事过程，作品在传播之时就是以最终的形态呈现于受众面前，作品虽有人机交互与动效组件，但受众只是被动地参与叙事的走向选择，受众的反馈并不能影响作品的最终形态，因此，这一类作品本质上仍然是单向性传播的。

另一方面，HTML的开放性为H5作品的叙事方式提供了新的架构形式。在H5作品的创作过程中，作品的最终形态可以不完全由文本创作者创作的叙事架构所决定，也可以不完全由作品的设计制作者所决定，由于H5作品的传播依赖受众的参与和分享，作品的交互性越强，受众的参与度越高，作品的传播影响力就越大，因而，将受众与作品的交互结果纳入作品的再创作过程，这就使作品的最终形态具有了参与转发者的个性化特征。

交互叙事是H5作品利用交互特性展开的叙事方式。用户不但接受创作者创作的叙事方式，而且还可以利用人机交互系统与作品进行互动，形成新的叙事内容。与传统媒介叙事的单向交流不同，受众的参与改变了作品意义的流动路线，受众除了接受创作者的叙事意图，并且在一定的条件下做出反应，还可以参与作品意义的建构，改变作品的叙事系统，由此使交互叙事的交互过程划分为初始交互阶段和返回交互阶段。在交互叙事的不同阶段，叙事者和叙事接受者受到的限制条件是不相同的。创作者最初是以显性创作者的身份展开叙事，创作者此刻的限制性条件是如何使作品引起接受者的注意，并使接受者与作品之间建立起交互联系；一旦接受者与作品之间建立起了交互联系，接受者的身份就开始发生转变而成为作品创作新阶段的创作者，其与作品之间的交互过程被融入作品之中，并使作品具有了原接受者的个性特征，并随着接受者的分享转发而以一种新的方式传向下一位接受者。这种交互传播过程的复杂性远远超过了传统的单向式的传播机制，作品交互功能对传播效果的影响就显得格外重要，因此，对这一类作品，在作品的结构设计方面就必须充分重视交互功能的作用。

二、H5作品的叙事方式对作品结构的影响

作品的结构是为叙事方式服务的，因此，叙事方式是决定作品结构的最重要的主导因素。从交互功能对H5作品传播机制和结构设计的影响而言，可以将H5作品分为三类。

（一）强交互性作品

由于这一类作品的最终形态离不开传播过程中传播者与作品之间的交互而产生的再创作结果，交互功能影响着作品叙事意义的流动方向，因此，作品必须具备完整的交互反馈功能，而且每一位传播者与作品之间的互动结果也都成为他所传播的作品形态的组成部分。

（二）一般交互性作品

对这一类作品，作品中的交互功能设计只是为增强作品主题表现的生动性服务的，作品的

交互功能相当于叙事系统的修辞方法，交互功能并不能影响作品叙事意义的发展方向，接受者与作品的互动结果也不会影响作品的最终形态。

（三）弱交互性作品

这类作品以单线程的叙事方式呈现作品内容，作品的交互功能主要是对作品叙事进程的控制，并不具备对叙事线程的选择能力。

三、H5作品的结构

（一）弱交互性作品的结构

弱交互性H5作品结构简单，作品以单线程方式展开叙事，作品的结构框架也是以线性流的方式依次展开作品的各部分内容，其流程图如图4-1-1所示。

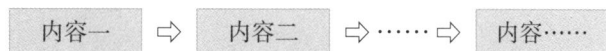

图4-1-1　弱交互性作品的线性结构流程图

（二）一般交互性作品的结构

一般交互性H5作品具有多线程式的叙事方式，作品在传播前就已经完成了最终形态，受众与作品之间的交互行为主要是选择叙事线程和对叙事进程的控制，而且每一叙事线程的流向都已在作品的创作中进行了规定，受众与作品之间的交互过程就是作品叙事方式的呈现过程，交互过程不对作品的形态产生影响。一般交互性作品的结构流程图如图4-1-2所示。

图4-1-2　一般交互性作品的结构流程图

（三）强交互性作品的结构

强交互性H5作品可具有多线程式的叙事方式，接受者与作品之间的交互行为不仅是选择叙事线程和对叙事进程的控制，交互行为也成为作品叙事方式的组成部分，通过交互完成对作品的再创作。强交互性作品的结构流程图如图4-1-3所示。

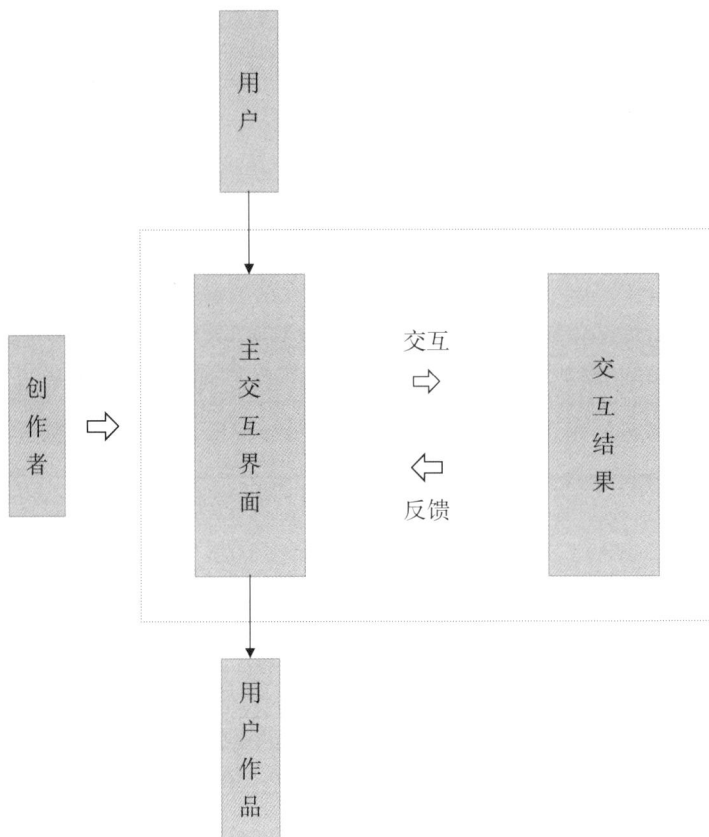

图4-1-3　强交互性作品的结构流程图

四、H5作品的结构设计

H5作品的结构设计是作品创作的重要组成部分。在作品创作文案及文本内容完成之后，作品的受众目标及内容主题等有关问题已经确定。作品结构设计要做的事情就是如何将内容划分为清晰合理的层次体系，比如结构的划分及其关系、页面的层级及其关系、链接的路径设置、交互功能在网页上的分配等等，是体现内容设计与创意设计的关键环节。

（一）H5作品结构设计的要求

H5作品结构设计应满足以下需要：

1.分清层次，突出主题

要理清作品内容及栏目结构的脉络，使链接结构、导航线路层次清晰，内容与结构要突出主题。

2.分配功能，体现特色

要注重特色设计，体现作品特征；各项交互功能在结构分配上要合理，且易于操作控制。

3.注重用户体验，方便用户使用

作品的结构设计要从方便用户使用的需要出发，尊重用户的使用习惯，便于用户对作品内容的理解。

（二）H5作品结构设计流程

1.根据作品主题，确立作品的类型和设计风格

作品的主题决定了作品的类型，也对设计风格提出了初步的要求。应根据作品主题及类型的表达需要，仔细规划作品的表现风格，从视觉效果出发，对页面的表现形式、主体颜色、动态效果及交互方式等制定统一规范，保证作品整体设计效果的一致性。

2.分解作品内容，绘制作品结构流程图

对作品内容结构进行分解，划分作品的结构层级，明确作品的信息流向，围绕特色定位，确定作品的功能模块和系统架构，绘制出作品的结构流程图。需要注意的是，由于交互关系的存在，作品的结构流程图与作品的信息流向并不会完全一致。

3.分配结构功能，制定页面设计方案

根据结构流程图，划分页面层次，明确页面的链接路径设置，分配作品的各项结构功能，制定页面设计方案。页面设计方案应包括页面的内容对象及动态效果、互动功能对象及其控制组件，并根据主体颜色，明确各层级页面的配色系、控制组件的外观效果等，为页面设计制作工作提供规范。

第二节　H5作品页面设计基础

H5作品的页面是向受众传达信息的人机交互界面，是作品的信息载体，也是构成作品的基础。H5作品的页面设计是建立在页面制作技术与艺术表现形式相结合的基础之上的，不仅需要从整个作品的结构出发规划好每一个页面的内容构成，而且需要每一个页面从表现风格和结构形式都要服从整个作品的一致性要求。因此，在页面设计之前，需要从作品的主题、结构和表现形式出发，对页面的形式、主体色彩、标题样式以及交互方式和动态效果做出统一规划。

一、页面设计原理

页面是作品内容信息的承载者，也是受众接触作品并对作品进行阅读操作的直接对象，因此，页面的表现形式必须时刻围绕着"信息传达"这一主题来展开，与人们的视觉感受方式相符合。

（一）视觉认知心理

心理学对人们视觉感受方式进行了多方位、多视角的深入研究，形成了诸多的学派和理论体系，其中格式塔心理学对视觉设计领域的影响引人瞩目。

格式塔心理学产生于20世纪初的德国。这一心理学理论提出的一系列观点和方法，特别是从认知心理学的角度对信息加工所提出的一系列观点对视觉作品设计具有启发意义。

格式塔心理学家们观察了许多重要的视觉现象并对它们编订了目录，其中最基础的发现是人类视觉是整体的，我们的视觉系统自动对视觉输入构建结构，并在神经系统层面上感知形状、图形和物体，而不是只看到互不相连的边、线和区域。"形状"和"图形"在德语中是Gestalt，因此这些理论也称作视觉感知的格式塔原理。格式塔原理对于视觉认知提出了七个原则，分别是接近性原理、相似性原理、连续性原理、封闭性原理、对称性原理、主体与背景原理、共同命运原理等。

1.接近性原理

物体之间的相对距离会影响我们感知它是否以及如何组织在一起。互相靠近（相对于其他物体）的物体看起来属于一组，而那些距离较远的则自动划为组外。

（A）　　　　　　　　　　　　　（B）

图3-2-1　视觉认知的接近性原理

2.相似性原理

如果其他因素相同，那么相似的物体看起来归属于一组。

图4-2-2 视觉认知的相似性原理

3.连续性原理

视觉倾向于感知连续的形式而不是离散的碎片。

图4-2-3 视觉认知的连续性原理

4.封闭性原理

视觉系统自动尝试将敞开的图形封闭起来，从而将其感知为完整的物体而不是分散的碎片。

图4-2-4 视觉认知的封闭性原理

5.对称性原理

人们倾向于分解复杂的场景来降低复杂度。

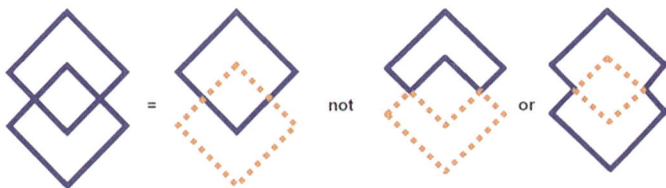

图4-2-5 视觉认知的对称性原理

6.主体与背景原理

人们的大脑将视觉区域分为主体和背景。主体包括一个场景中占据我们主要注意力的所有元素，其余则是背景。当物体重叠时，我们习惯把小的那个看成是背景之上的主体。

图4-2-6　视觉认知的主体/背景原理

7.共同命运原理

一起运动的物体被感知为属于一组或者是彼此相关的。如下面的数十个五边形中，如果其中的7个同步的前后摆动，虽然它们的距离较远，但我们还是会感知它们为一组。

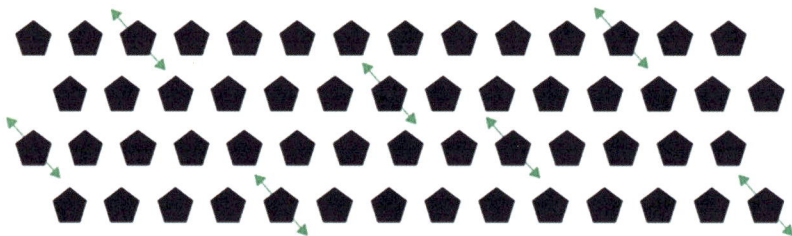

图4-2-7　视觉认知的共同命运原理

（二）尼尔森"F型视觉模型"

网络设计与应用分析权威尼尔森博士通过对人们网络应用的大量数据分析，提出了著名的尼尔森"F型视觉模型"。尼尔森在《文本扫描模式：眼动证据》中提到：在网络中，人们并不会阅读每个单词，常用的习惯方式是扫描。人们访问网页仅仅只是找到想要的答案，而并不是研究内容，尤其是文章没有主次标题或者没有吸引力的信息引导时，用户会遵循自己最省力的路径来浏览内容；所以轻扫便自然而然地取代了逐字阅读。当人们在第一次观看页面时，视线会先从顶部开始从左向右水平移动，目光再下移开始从左到右观察，但是长度会相对短些，即前几行左侧内容看得多，而右侧内容和页面靠后部分便看得少，通常情况下形成大体的F型。这就是尼尔森的"F型视觉模型"，如图4-2-8所示。

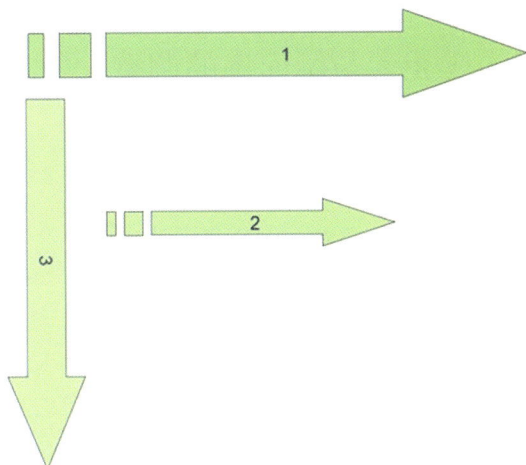

图4-2-8 尼尔森的"F型视觉模型"

这种习惯性模式会导致用户只关注左侧偏上方内容，而后面的许多重要内容都会被忽视掉。这就需要发挥设计师的作用，突出重点内容，改变视觉关注重点，设计合理有效的样式引导用户去阅读。

（三）页面设计的基本要求

从视觉认知心理和视觉行为特征出发，页面设计应遵循以下基本原则：

1.准确传达作品的主题

页面的设计应准确传达作品的主题。不同的作品结构具有不同的视觉差异，这种差异是由不同类型的图片和图形所产生的视觉冲击力所造成的，这种视觉冲击力被称为视觉度。利用视觉度调整页面结构的具体方法取决于作品的主题。一般视觉度高的页面给人以自由活泼之感，适宜表现夸张而醒目的主题。视觉度低的页面适宜表现低调、严肃的主题。即使是同一主题的作品，运用不同的页面结构也会产生不同的效果。因此，在页面设计时应根据作品主题的不同，合理利用页面结构方式，使作品的主题得到准确传达。

2.受众目标精准

页面的设计要有精准的受众目标。使受众接受作品，对作品感兴趣，这是页面设计的根本目的，也是页面设计的出发点和落脚点。受众在没有深入接触作品内容之前，首先看到的就是作品的外观，也就是页面的表现形式，特别是在自媒体高度发展的今天，人们处在信息冗余严重的状态之中，一方面是无用信息充斥屏幕，消磨着人们的耐心，另一方面又是所需要的信息难以分辨，因此，不仅在作品运营中做到受众目标的精准投放，还需要从页面设计之始就要从受众的需要和使用体验出发，分析用户的需求、偏好和操作习惯，使作品的表现形式能够打动受众，让受众在接触到作品之时就能够接受作品，并激发受众进一步阅读作品的兴趣。

二、页面的视觉构成元素与版面率的调整

（一）页面的视觉构成元素

点、线、面是构成视觉空间的基本元素，也是页面构成的主要视觉语言。页面设计实际上就是如何经营好点、线、面的构成。

1.点的编排构成

点是一切造型的基础。在页面设计中，一个文字、数字、图标和小色块等都被视为点。通过对点排列的方向、形式、大小、数量变化以及空间分布等，就能够产生不同的画面效果和心理效应。点在页面空间的编排构成，最常见的形式有左右式、左上式、右上式、左下式、右下式、上下式、中心集中式、中心发散式、自由式等，如图4-2-9所示。

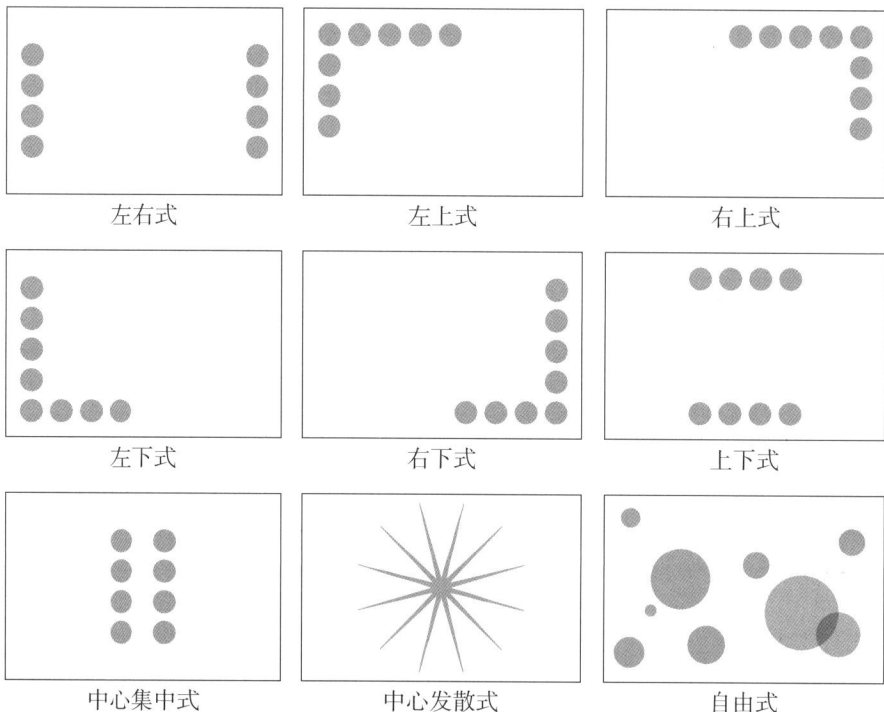

图4-2-9　点的编排形式

点在页面上的不同位置会产生不同的视觉感受。点既可以形成画面的中心，又可以与其他形态组合，起着平衡画面、填补空间、活跃气氛的作用。进行页面设计时，不仅要考虑到点在页面的分布方式，也要考虑到点在不同位置带来的不同视觉感受。

2.线的编排构成

线是点运动的轨迹，属于非常敏感和丰富的视觉元素。线有形式明确的实线、虚线，也有

空间中的视线流动线。实线一目了然，虚线虚实相间，空间中的流动线则是视觉受到引导在头脑中构筑起的线。在页面设计中，线起着引导页面、装饰页面和组合页面的作用，也可以界定和分隔页面中的各种元素。

线的形态多种多样，有水平线、垂直线、斜线、折线、圆弧线和自由曲线，如图4-2-10。直线简洁明了，给人平稳之感。折线变化丰富，富于运动感。弧线轻柔优美，让人感觉欢快跳跃。自由曲线自由随意，充满表现力。

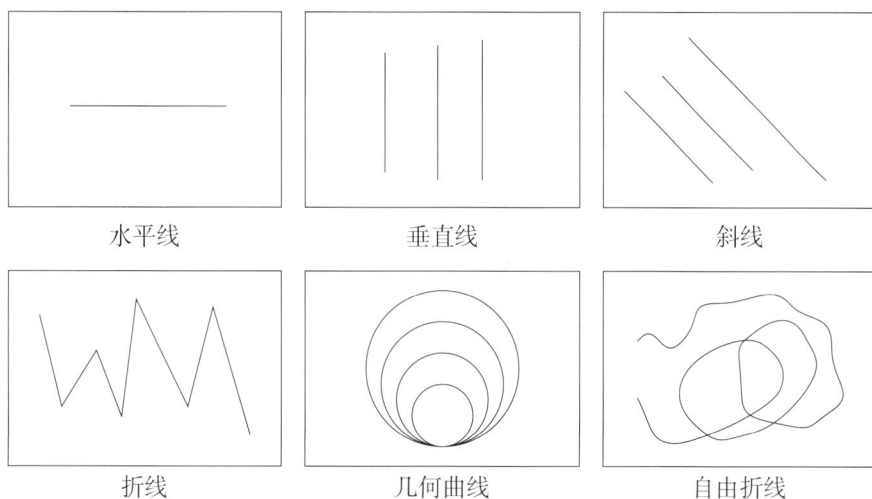

| 水平线 | 垂直线 | 斜线 |
| 折线 | 几何曲线 | 自由折线 |

图4-2-10　线的形态

线不仅用于表现性格，而且还用于进行空间的分割、约束和表现空间力场等。空间分割是用线将相同或相似的形态分割开来，使画面产生各种空间效果与节奏，从而增强画面的秩序感和条理性，增强信息的易读性。空间约束是通过线将内容的边界突显出来，以线框的形态变化，引导人们视觉感知，使画面张弛有度。空间力场是通过线在页面中的分割对页面中的图片和文字进行规整和划分，从而产生力场，其力场的强度与线的粗细虚实有关。线粗而实，力场感强；线细且虚，力场感弱。

3.面的编排构成

面可以看成是点和线运动的轨迹。面具有长度和宽度。不同形态的面在视觉上有不同的作用和特征，在设计中可塑性强，善于表现不同的情感。

面的构成还有分割构成和情感构成两种。分割构成主要是对一张图片或者多张图片进行分割，从而使画面具有强烈的秩序感和整体感。情感构成主要表现在动态的强弱和韵律，以此展现页面的情感特征。

4.点、线、面相结合表现页面的空间感

一个完整的页面是由点、线、面有机结合而成的。在页面设计中，必须综合运用点、线、面的构成形式，在有限的空间中，将文字、图片、图形、线条、色块等按内容需要运用点、线、面的形式有机结合，并注意它们的主次关系，从而展现出页面的空间感。

（二）版面率的调整

版面率是版面与页面的比率。版面率越高，页面包含的信息量就越大。版面率的不同也会带给人们不同的视觉感受。版面率低，页面所留空白多，可以给人以清静、舒畅、高雅的视觉感受；版面率高，页面所留空白少，则给人以充实、饱满、厚重的感觉。因此，可以通过版面率的调整来改变页面的视觉效果。

在作品设计时，我们通常采用统一的版面规格，但每一页面的内容信息是不同的，要求的页面视觉效果也不相同，这就需要通过版面率的调整来改变内容信息量不同所造成的视觉差异的不同。

版面率低的页面往往给人以典雅之感，适合整体效果比较安静和稳重的页面设计。如页面内容较杂时，可通过对图片进行裁切、缩减文字所占区域等方法，扩大页边的留白区，降低版面率，从而提升页面的视觉整洁度。

与版面率低的页面相比，版面率高的页面给人以充满活力而又非常热闹的感觉，同时，由于页边留白少，页面包含的内容也可以得到增加。

调整版面率的方法主要有两个：

1.利用图片调整版面率

增加图片的数量或扩大图片的尺寸，可以扩大版面率；减少图片的数量或缩小图片的尺寸，可以降低版面率。

2.改变版面底色调整版面率

如页面文字较多，同时图片数量较少且图片分辨率较低的情况下，可以通过增加页面底色的方式达到提高版面率的目的。

三、页面设计的原则

1.尊重视觉的主导地位

脑科学家指出，人类会调动全部感观，但大部分的脑力资源都花在了视觉上。视觉影响体验，也影响行为。好的设计不仅可以愉悦用户的视觉感受，也会激发用户的特定行为。用户首先是为页面的表现力所吸引，他会先观看页面，然后才会探索页面上的其他功能，因此，不要用强制交互的方式迫使用户使用作品，而应用作品的表现力吸引用户深入到作品之中。

2.提供清晰的方向指引

用户不会漫无目的浏览作品。人们对自己要去哪儿通常都有个大体概念，但还是需要一些指引和线索。他们会在脑海中创建地图，但人们对视觉的依赖性很强，因此，视觉图标的作用就不可缺少。

3.确保视觉统一

一致性在交互设计的所有方面都非常重要。一致性展现了作品在设计和排列方面的逻辑，可以为用户创造出更加令人愉悦的体验。视觉上的不一致是非常醒目的，每项不一致都迫使用户停下目光，来处理此处不同所表达的含义，它为何不同，又是如何影响他们的行为。因此，不一致的地方越少，交互越顺畅，体验就越好。

4.保持界面的简单明了

使复杂的问题简单化。如果用户觉得界面很复杂，则可能会认为系统本身也很难，从而对作品望而却步，所以与大而全的界面设计方案比较起来，简单明快的界面设计往往更可取。

5.慎重使用颜色

在界面上合理地使用颜色可以增加视觉上的感染力，但滥用颜色会适得其反。一般而言，亮色容易使人兴奋，同时也容易使人的眼睛产生疲劳；柔和的暗色可以使人平静，但如配色不当，也易造成画面的昏暗感。

第三节　H5作品的色彩设计

H5作品的色彩设计是指作品的色彩布局设计。H5作品是通过一个个页面组成的完整的作品，每一个页面的内容组成和功能都是不相同的，因此，H5作品的色彩设计就包括作品整体色彩设计和页面色彩设计两个环节。

对作品整体而言，作品的色彩设计就是根据作品内容主题和结构的关系，围绕作品内容表达的需要，确定作品的主色调，并平衡主色调与各层级页面色彩的对应关系，使作品形成层级结构分明、形式与内容相符合、色彩构成和谐统一的整体。对具体页面而言，色彩设计就是以页面的内容表达为依据，从页面层级色调的规定出发，协调各种色彩在页面空间上的布局，使各种色彩在页面内按照一定的比例，有秩序、有节律地彼此相互联结、相互依存、相互构成，从而构造起页面主色调突出、各种色彩和谐统一、与作品整体色彩协调一致的页面视觉表达空间。

一、色彩的基本原理

人们生活的世界是一个色彩的世界。色彩使自然万物五光十色，绚丽多彩。人之所以能够看到物体，感受色彩，是光线进入人的眼睛后，视网膜上的感光蛋白受到刺激，对不同频率的光线做出不同的应答并通过神经传入人的大脑，从而使人可以分辨出不同的色彩。人并不是被动地接受色彩的刺激。人在接收光线时，光的不同色彩会让人产生情绪和情感的变化，可以形成特定的审美反应，这种对色彩的审美反应又是与人们的审美认知和社会环境因素有着密切的关系。因此，H5数字作品的创作，也必须遵循人们的色彩认知规律和色彩应用理论，使作品能够更好地为社会大众所接受。

（一）光与色

1.光的本质

现代物理学对光进行了深入研究，揭示出光与X射线、无线电波等一样，都是电磁波。电磁波具有极为宽泛的波长范围，但只有波长在380纳米至780纳米之间的电磁波才能引起人的视觉感知，这段波长的电磁波被称为可见光，可见光的波长范围被称为可见光谱。

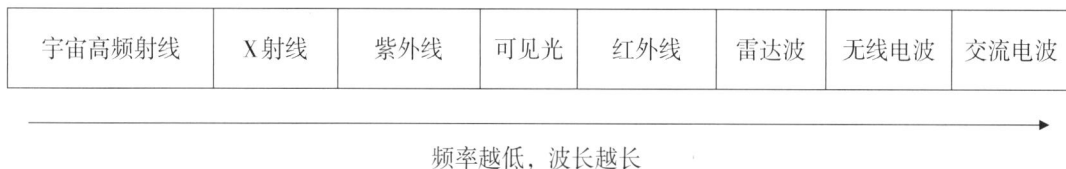

宇宙高频射线	X射线	紫外线	可见光	红外线	雷达波	无线电波	交流电波

频率越低，波长越长

图4-3-1　电磁波的分类

由此可知，可见光是由一系列不同波长的电磁波所组成。历史上，物理学家在对光进行研究时，通过三棱镜，发现了光的色散现象，即通过三棱镜的一束白光可以分解出呈特定顺序排列的不同颜色的光，与我们所见的彩虹的颜色排列相一致。经过进一步研究发现，光的颜色分布与波长之间具有直接的对映关系，波长越长，颜色越偏向红色，波长越短，颜色越偏向紫色（如图4-3-2所示）。

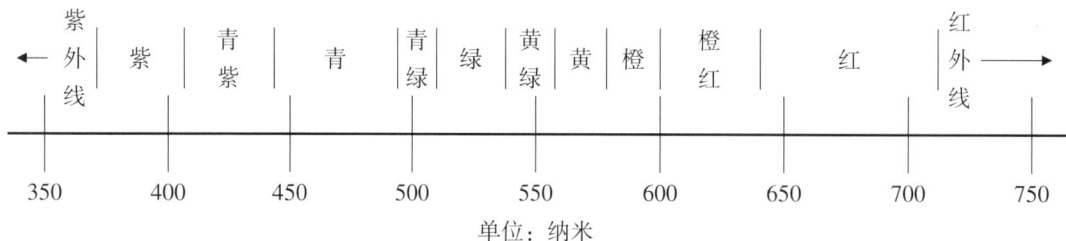

图4-3-2　光的颜色与波长关系

作为电磁波，光不仅有波长，还有光波振动所体现的振幅。波长的长度差别决定了光的色相差别，而在波长相同情况下，光的振幅不同，则决定了光色相的明暗变化（如图4-3-3所示）。

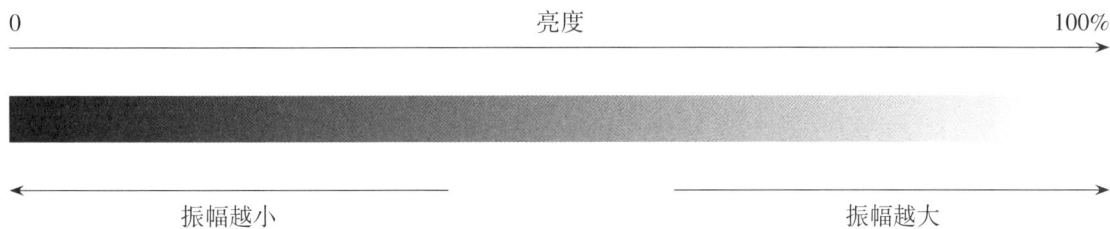

0　　　　　　　　　　　　　　　　亮度　　　　　　　　　　　　　　100%

振幅越小　　　　　　　　　　　　　　　　　　　振幅越大

图4-3-3　光的振幅与光的亮度关系

2.物体的颜色

历史上关于人的眼睛为什么能看见事物也是经过了漫长的认识过程。古希腊时期，人们认为人的眼睛能看见物体，是因为眼睛能发出视线的原因，这种认识一直持续至十世纪前后才被阿拉伯的科学家所改变。阿拉伯科学家伊本·海赛姆认为，人能看见物体是因为人的眼睛能够接受外界光线的原因，这一认识也为后来光学理论的发展奠定了基础。

在自然的万事万物中，发光的物体发出的光线能够被我们看见，但还有许许多多本身并不能发出光线的物体，而我们还能看见这些物体是因为它们能够反射光。物体在反射光的过程中，会因为自身的物质组成因素和表面的物理状态而对光形成了不同的反射效果，物体会因为自身的物质组成吸收一部分特定波长的光，这就使得物质反射回来的光具有了不同的波长，因而也就呈现出不同的颜色。

（二）色彩的分类和属性

色彩学上将色彩分为两类，即无彩色系和有彩色系。

1.无彩色系

（1）无彩色色系的定义：无彩色系是指黑、白、灰。

（2）无彩色系的属性：衡量无彩色系特征属性的指标为明度。明度是指在美术色彩分类上，将黑、白及之间的过渡灰分为0至10共11个阶梯，这就是色彩的明度色标。其中，0°~3°为低调色，4°~6°为中调色，7°~10°为高调色。明度色标如图4-3-4所示。

0°　1°　2°　3°　4°　5°　6°　7°　8°　9°　10°

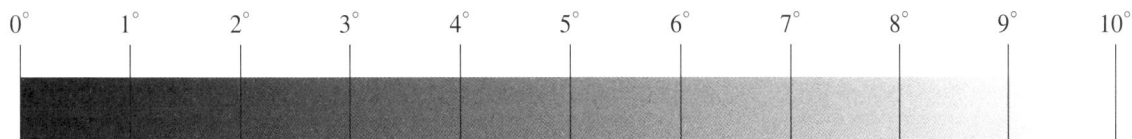

图4-3-4　明度色标

色彩之间明度差别的大小，决定了明度对比的强弱。相差3°以内的对比称为明度的弱对比，又称为短对比；相差3°~5°之间的对比称为中对比，也称中调对比；相差5°以上的对比，称为强对比，又称为长调对比。

一般来说，高调明快，低调朴素。明度对比较强时光感强，形象的清晰程度高；明度对比弱时光感弱，形象不明朗、模糊不清。但明度对比太强时，会有生硬、空洞、眩目、简单化等感觉，甚至易产生恐怖感。

2.有彩色系

（1）有彩色系的定义：有彩色系是指黑白灰之外的彩色系。

（2）有彩色系的属性：衡量彩色系的特征属性指标为色彩的三要素，即色相、纯度和明度，也被称为色彩的三属性或三特征。

色相是指色彩的相貌，也就是人们视觉中不同波长的光的色彩。在色彩学中，通过光的色散可以分出光的序列关系，即红、橙、黄、绿、青、蓝、紫，这些色彩是由红、绿、蓝三原色及间色构成的，一般可在色相环中细分为24色，也有将其分为更多颜色的。

纯度是指色光波长的单纯程度，也被称为艳度、彩度或饱和度。在七色相中各有其纯度。七色光的混和即成白光，而七色颜料混合则为深灰色。

明度是指色彩的明亮程度，光源称光度，对物体色则称明度、亮度或深浅程度。

（三）色彩的表示方法

为了在设计工作中更方便地运用色彩，就必须将色彩按照一定的规律和秩序排列起来。在色彩学上先后出现过多种表示色彩的方法，如牛顿色相环、色立体等表示方法。

在色立体表示方法中，德国化学家奥斯特华德从染料化学研究中提出了奥斯特华德色彩图示，被称作奥氏色立体。美国美术教育家孟塞尔从色彩与心理学的角度提出了孟塞尔色立体，后来得到了国际上的广泛使用，也是目前国际上普遍采用的颜色分类和标定的方法。1978年，日本在孟氏色立体的基础上，又提出了一个颜色更为细分的颜色样卡，对促进日本光学技术和色彩学的提高起了很好的作用。

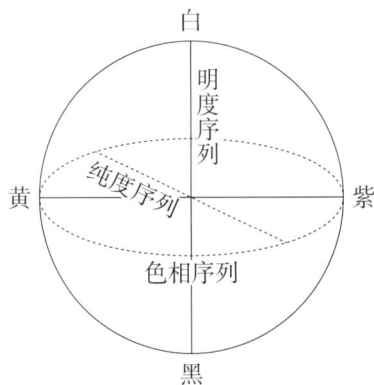

图4-3-5　色立体模型

色立体表示法的建立，使任何颜色都可以采用色相、明度、纯度（即H/V/G）表示，如5R/4/14就表示的是色相为第5号红色、明度为4、纯度为14的颜色。

（四）色彩混合

1.光的三原色

光的三原色也称为光的三基色，是指其他颜色的光可以分解出这三种基本颜色，而三原色中的任何一种都无法再分解出别的颜色的光。换句话说，就是其他颜色的光都可以由三原色光混合出来，而三原色光却不能由其他颜色光混合出来。

光的三原色是可见光的一种重要的物理特性。早在牛顿进行光的色散研究时，就发现了原色光的现象，但他当时认为白光经三棱镜色散分解的红、橙、黄、绿、青、蓝、紫七种色光都为原色。后来物理学家大卫·鲁伯特在研究中发现，用红、黄、绿三种颜色染料就可以调制出其他的颜色。随着生理学研究的发展，19世纪初生理学家汤麦斯·杨则根据人的视觉生理特征提出了色光的三原色应为红、绿、紫，这一发现被物理学家麦克思韦用实验所证实。此后人们才进一步认识到色光的三原色为红（red）、绿（green）、蓝（blue），颜料的三原色为品红、柠檬黄和湖蓝。

图4-3-6　光的三原色和颜料的三原色

2.加色混合与减色混合

色光混合与颜料混合的结果是不相同的。色光混合变亮，而颜料混合则变暗，因此，人们将色光混合称为加色混合，而将颜料混合称为减色混合。

使用红、绿、蓝三色光以不同的比例进行混合，可以得到任何颜色。利用加色混合原理，人们发明了彩色电视。目前的数字影像的色彩使用的是RGB模式，就是加色混合原理的实际应用。在H5作品的颜色设计中，也应用的是加色混合原理。

印刷物中的彩色来自于油墨的反射光，因此，印刷物中的色彩设置，采用的便是减色混合原理。

（五）色彩对人的影响与色彩的功能

1.色彩对人的生理心理影响

（1）色彩对人的生理影响：色彩是光作用于人的视觉系统而产生的视觉感受效果，因而，也会对人们的视觉和生理机能产生影响。色彩会使人的视觉产生色彩的错觉或幻觉，包括视觉后像、同时对比、色彩的膨胀感和收缩感、色彩的前进感和后退感等。

视觉后像：视觉后像是指视觉作用停止后，感觉并不立即消失，而是在人们的印象中会依然感觉到影像的存在。视觉后像包括正后像和负后像。电影就是利用了人们视觉后像的正后像而使我们可以看到屏幕上物体运动的连贯性。而负后像则与神经的疲劳过度有关。

同时对比：同时对比是指眼睛同时受到色彩刺激时，色彩感觉发生相互排斥的现象。如同一灰度的灰色块在黑白两块不同的底色上，会让人感觉亮度不同。

色彩的膨胀收缩与接近离去感：各种颜色都有不同的色像差，这是由于光的波长不同，通过透镜时的折射率不同所致。色彩的色像差有位置色差（纵向色差）和放大色差（横向色差）两种。当光通过人的眼睛时也存在一定的色像差。通常情况下，波长短的紫色光成像于视网膜前且成像较小，而波长长的红色光成像于视网后且成像较大，因此，红橙色光有迫近感与扩张感，蓝紫光则有远逝感与收缩感。

色彩的易见度：明度对比强的，易见度高；明度对比弱的，易见度低。此外，易见度还与色彩的面积、亮度等因素相关，这些对设计效果都有不同程度的影响。

（2）影响色彩心理的因素：

年龄：幼儿喜欢鲜艳的颜色，而成人则偏重于深色调的颜色。

职业和生活习惯：色彩与人们的职业及生活习惯有关，不同社会群体偏好的颜色相差很大，不同的地域也会有明显的差异。

流行文化：流行文化是社会心理的反映，体现在色彩上就是与时尚文化等相关的流行色，对人们的色彩心理影响很大。

（3）色彩与情感：每个人对色彩的感觉都不会是完全相同的，但色彩依然会对人们的情感产生一定程度的相同或相似的影响。

色彩的冷暖感：颜色会让人产生冷暖感，如红色、橙色、黄色可以使人有温暖的感觉，而蓝色、青色等则会让人有寒冷之感。此外，色彩的冷暖感也与明度和纯度有关，高明度的色一般有冷感，高纯度的色则一般有暖感。

色彩的轻重感：色彩的轻重一般由明度决定。高明度色有轻感，低明度色则有重感。

色彩的软硬感：色彩的软硬感与明度、纯度有关。凡明度较高的含灰色系具有软感，凡明度较低的含灰色系具有硬感。纯度越高越具有硬感，纯度越低越具有软感。强对比色调具有硬感，弱对比色调具有软感。

色彩的明快感与忧郁感：色彩明快感与忧郁感与纯度有关。明度高而鲜艳的色具有明快感，深暗而混浊的色具有忧郁感。

色彩的强弱感：高纯度色有强感，低纯度色有弱感。有彩色系比无彩色系有强感，有彩色系以红色为最强。对比度大的有强感，对比度小的有弱感。

色彩的兴奋感与沉静感：暖色系易产生兴奋感，冷色系则易让人有沉静感。明度高的色具有兴奋感，明度低的色则具有沉静感。纯度高的色具有兴奋感，纯度低的色有沉静感。

色彩的华丽感与朴素感：鲜艳而明亮的色具有华丽感，混浊而深暗的色具有朴素感。

2.色彩的功能

俗话说：千人千面。每种色彩如同人一样也都有自己的个性，具有自己的象征意义。因此，色彩设计就必须了解色彩的个性，正确使用色彩。色彩的个性决定了色彩的用处，也是色彩功能的体现。主要色系及常用单色的个性功能如下：

（1）红色：在可见光谱中，红色光的波长最长，给人以温暖感，称为暖色。红色容易引人注意、兴奋、激动、紧张，但红色易引起人视觉疲劳，人的眼睛也不易区分红光波长的细微变化。

（2）黄色：在可见光谱中，黄色光的波长适中，黄色光对人的眼睛比红色光要容易接受。黄色光明度高，光感强，可带给人光明、辉煌、灿烂、轻快、柔和、纯净和充满希望之感。

（3）橙色：橙色光的波长在红、黄之中，是色轮中的最暖色。橙色光常带给人明亮、华丽、健康、向上、兴奋、温暖、愉快、芳香、辉煌之感，也是最易打动人的颜色之一。橙色光在空气中的穿透力仅次于红色，所以也被用于信号色、标志色和宣传色，同样也易造成人的视觉疲劳感。

（4）绿色：绿色光的波长在可见光光谱中居中，人眼对绿色有很强的适应性，对绿色光波的微差分辨力最强，对绿色的反应最平静，绿光在各种高纯度的色光中，是使眼睛最能得到休息的颜色。在自然界中，绿色是植物色，也被称为生命色。在大自然中，绿色与生命的每个过程都相关，因此，从黄绿、嫩绿至灰绿、土绿等绿的系列色也被用于不同季节或不同生命时期的色彩。绿色又是一种很好的保护色，是军事上应用的主色调。

（5）蓝色：蓝色光的波长在可见光谱中偏向短波长侧。蓝光在空气中传播时，折射率角度大，辐射的直线距离短。蓝色在人的视网膜上成像位置最浅，红橙色是迫近色，而蓝色则是远逝色。同样，红橙色是暖极色时，天蓝色则是冷极色。蓝色容易给人以冷静、沉思、智慧和征服自然的力量，是现代科学的象征色。在商业美术中，蓝和白不能引起食欲，却能表示冷静、镇静、寒冷，是冷冻食品的标志色，也是医疗器械和药品包装的常用装潢色。

（6）紫色：紫色光的波长在可见光谱中为最短波长，波长再短就是不可见的紫外线了，因此，眼睛对紫色光的细微变化分辨力弱，易感到疲劳。紫色光不导热，不照明，眼睛对紫色光的知觉度最低，纯度最高的紫色同时是明度最低的色。纯度高的紫色可以给人以高贵、优越、奢华、优雅以及不安、流动等感觉，但灰暗的紫色则是忧郁、痛苦和不祥的颜色。紫色的应用原则是：少而贵，多而贱。

（7）土色：土色包括土红、土黄、土绿、赭石、熟褐、生赭等色。这些颜色是土地的颜色，也是动物皮毛的色彩，也是一种环境保护色，许多的植物果实与块茎也是这样的色彩，因此，这些色彩常带给人以深厚、博大、稳定、沉着、厚实、朴实、健美、敦厚和不哗众取宠之感，但也易造成保守、落寞的感觉。

（8）白色：白色光是由全部可见光混合而成，也被称为全色光，是阳光之色，也是光明的象征色。白色物体反射率高，因此给人以洁净、雅洁、一尘不染之感，是医疗卫生的象征色。白色常被用于圣洁、高雅之处，因白色的性格是最为谦逊的，白色不能映衬自己，但用白色做衬色，可以使其他颜色更加明亮、纯净和个性强烈。白色还是重要的调和色，用白色调和其他颜色，可以提高明度，降低纯度，削弱其他色之间对比的强烈感，带来明朗、艳丽、欢快、热烈且舒适之感。

（9）黑色：黑色是无光之色。黑色既带给人消极之感，让人联想起黑暗、阴森、恐怖、忧伤、消极、沉重、悲痛、迷惑甚至死亡，但也能带给人安静、深思、坚持、庄重、严肃、坚毅等积极之感。黑色也是威严、神秘之色，同样也是阴谋、阴险之色。黑色也不能映衬自己，用作其他色的衬色时可增强层次感。黑色与其他色混合使用时，会降低其他色的纯度、明度，可增强稳重、成熟之感，但需把握好度，过度时则形成阴暗之感。

（10）灰色：灰色介于黑色和白色之间，属于中明度无彩色或低彩色系。灰色对眼睛的刺激适中，既不眩目，也不深沉，属于视觉不易疲劳之色。灰色常使人产生平淡、乏味、枯燥、单调之感，如在其他色中混入灰色，则可降低明度和纯度，具有抑制、内敛的效果，但也易形成脏旧、衰败、颓废之感。灰色是一种复杂的颜色，是高档消费品的使用颜色，灰色应用得当时，也会带给人高雅、精致、含蓄、耐人寻味的印象。

（11）光泽色：光泽色通常是金属、塑料、玻璃以及瓷器等物体在光照时所呈现的颜色。光泽色需与呈现物的材质和场景相匹配，如金、银等贵重金属及一些贵重用品的光泽色，具有辉煌、高贵、华丽、活跃之感，而材质或场景不符时，光泽色则会造成低俗的感觉。

（12）荧光色：荧光色属浅色系，如棕黄色、淡黄色、中黄色、朱红色、橘红色、橘黄色、淡绿色等，如用深色相衬，可显得耀眼夺目。荧光色覆盖力不强，需用白底并有深色衬托时，才能显出荧光感。

二、色彩设计方法

（一）色彩的对比

对比，是把具有明显差异、矛盾和对立的双方安排在一起，进行对照比较的表现手法。色彩对比就是利用色彩之间的矛盾提高页面构图视觉率的表现方法。色彩对比包括色相对比、明度对比、纯度对比以及冷暖对比、聚散对比、位置对比和面积对比等。

1.色相对比

色相对比就是利用各色相的差别而形成的对比。色相对比的强弱可以用色相环上的度数来表示。

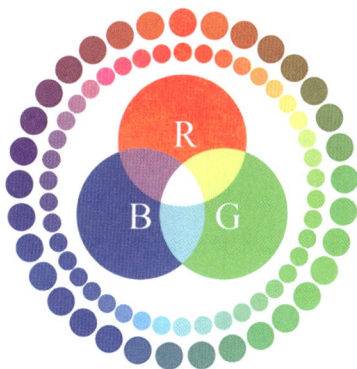

图4-3-7　色相环

（1）在色相环中15°以内对比，为同色相不同明度与不同纯度的对比，这是因为距离15°以内的色相属于较难区分的色相。

（2）色相间在15°~45°之间的色相对比为近似色对比，属于较弱的色相对比。

（3）色相距离在135°左右的色相对比为对比色相对比，这是色相中等对比。

（4）色相距离在180°左右的对比，为互补色相对比，是色相最强对比。

2.明度对比

明度对比是色彩的明暗程度的对比，也称为色彩的黑白度对比。明度对比是色彩构成的最重要的因素，色彩的层次与空间关系主要依靠色彩的明度对比来实现。只有色相的对比而无明度的对比，图案的轮廓形状难以辨认；只有纯度的对比而无明度的对比，图案的轮廓形状更难辨认。可见色彩的明度对比是十分重要的。

3.纯度对比

纯度对比是指较鲜艳的色与含有各种比例的黑、白、灰的色彩，即模糊的浊色的对比。色立体最表层的色是纯色，从表面层向内逐渐转灰直至无彩色系。因此，降低色彩纯度的方法有四种：

（1）加白：纯色混合白色可以降低其纯度，提高明度，同时色性偏冷。

（2）加黑：纯色混合黑色降低了纯度，也降低了明度。各种色彩加入黑色后，会失去原来的光亮感，而变得沉着、幽暗。

（3）加灰：纯色加入灰色，会使色味变得混浊。相同明度的纯色与灰色相混，可以得到相同明度而不同纯度的含灰色，具有柔和、软弱的特点。

（4）加互补色：在光学互补色中，加入互补色会提高色彩的明度，直至成为白色。而在颜料中加入互补色，则等同于加入深灰色，因此也可以降低色彩的纯度。

4.冷暖对比、聚散对比、位置对比和面积对比

（1）冷暖对比：即利用冷暖差别形成的色彩对比。如红橙色与蓝色的对比就是最强的冷暖对比。

（2）聚散对比：是指图形内的颜色分布与背景色之间的色彩对比。

（3）位置对比：是指图形内的颜色所处的位置变化所形成的对比。

（4）面积对比：是指各种色彩在构图中占据量的对比，是数量的多少对比，面积大小的对比。

（二）色彩调和

1.色彩调和的原理

色彩的调和是就色彩的对比而言的，没有对比也无所谓调和，两者即互相排斥又互相依存，相辅相成，相得益彰。不过色彩的对比是绝对的，因为两种以上色彩在配置中，总会在色相、纯度、明度、面积等方面或多或少地有所差别，这种差别必然会导致不同程度的对比。过分对比的配色需要加强共性来进行调和，过分暧昧的配色需要加强对比来进行调和。色彩的调和就是在各色的统一与变化中表现出来的，也就是说，当两个或以上的色彩搭配组合时，为了达成一项共同的表现目的，使色彩关系组合调整成一种和谐、统一的画面效果，这就需要进行色彩调和。

2.色彩调和的方法

调和是对比的反面，是视觉生理的平衡，也是色彩关系与形象的统一。色彩的调和是抑制过度对比的手段。色彩的调和方法有多种，主要有同一调和、近似调和、秩序调和、面积调和

等。色彩调和应做到色彩与作品内容的统一，与审美需求的统一，与设计功能的统一。

（1）同一调和。当两个或两个以上的色彩对比效果非常尖锐刺眼的时候，可以将一种色彩混入这些色彩中，从而在各色中增加了同一因素，改变色彩的明度、色相、纯度，使强烈刺激的各色逐渐缓和，使色彩对比的强烈程度得到降低。例如，当两色面积相等且互为补色时，由于强烈的对比刺激而不和谐。但如果在彼此双方中都调入灰色，都有了灰色的色素，从而削弱了对比度，使强烈对比的画面得到缓和，这样就能从视觉上使色彩得到调和。同一调和主要有混入同一白色调和、混入同一黑色调和、混入同一灰色调和、混入同一原色调和、混入同一间色或复色调和、互混调和等。

此外，同一调和还有点缀色调和、连贯色调和、同色相调和、同明度调和以及同彩度调和等。

点缀色调和：即在对比的色彩双方互相点缀对方的色彩，其效果是使有对比的各色增加了同一因素，使互相排斥的色彩多了一个互相联系的成分，其效果与同时混入同一色的效果近似。与混色调和相比，混色调和是色彩的直接混合，而点缀色调和则是一种视觉的空间混合。

连贯色调和：当画面中使用的色彩过于强烈或色彩含混不清时，运用中性色或同一色线，把形象的各个色域进行勾勒，使之既相互贯联又相互隔离，从而达到调和。连贯色可以是很窄的色线，也可以是较宽的色线，可以是同一色线，也可以是同一色组色线。连贯色使用的面积越多，线越宽，其调和效果越明显。

同色相调和：同色相调和即是在色相环中60°角之内的色彩调和，它们组织起来的色彩色相差别不大。应当注意的是，用作同色相的调和，主色与副色的划分不很重要，但应重视彩度的变化，否则会造成模糊、单调的感觉。

同明度调和：同明度调和即在孟塞尔色立体上同一水平上的色彩调和，由于在同一水平上的各色明度相同，同一因素很大，因此一般均能取得含蓄、丰富、高雅的色彩调和效果。在配色时应注意的是色相、彩度不应过分接近而引起模糊之感，色相差也不应过大，避免色彩对比太强而引起不调和感。

同彩度调和：同彩度调和包括同高彩度、同中彩度、同低彩度等。同彩度配色效果一般能取得较好的配色效果，但应注意的是有时同低彩度的配色会出现沉闷、灰暗、粉气之感，这时应提高某一色或某一色组的色彩彩度，以增加彩度对比。有时同高彩度的配色会出现刺激、不和谐之感，这时又要降低某一个或某一组的色彩彩度，以增加调和感。可以说，彩度的变化是色彩调和的最常用和最重要的方法。

（2）近似调和。所谓近似，就是差别很小，同一成分很多，双方很接近或很相似。选择性质与程度很接近的色彩组合，或者增加对比色各方的同一性，使色彩间的差别缩小，避免与削弱对比感，从而取得或增强色彩调和的方法称近似调和。调和并非绝对同一，必须保留差别。近似是增强不带尖锐刺激的调和的重要方法。近似调和包括以下几个方面：一是非彩色明度近似调和，即黑、白、灰等色组成的高短调、中短调、低短调调和。二是同色相又同彩度的明度近似调和，调和感强而变化又极为丰富。三是同色相又同明度的彩度近似调和，也是调和感较强、变化也极为丰富的调和色调。四是同彩度又同明度的色相近似调和，它是包含高调、中调、低调的色相近似以及鲜色调、含灰调和灰色调等的色相近似调和。五是同色相的彩度与明度近似调和，这是属于一种性质相同、其余两种性质接近的调和。六是色相、明度、彩度都近似的调和，此种调和方法是近似调和色调中效果最丰富、调和感最强的组色方法。在孟塞尔表色体系中，凡在色立体上相距只有二三个阶段的色彩组合，不管明度、色相、彩度还是白量、黑量、色量的近似，都能得到调和感很强的近似调和，相距阶段愈少，调和程度逾高。

（3）秩序的调和。把不同明度、色相、彩度的色彩组织起来，形成渐变的、有条理的或等差的有韵律的画面效果，使原本强烈对比、刺激的色彩关系因此而变得调和，使本来杂乱无章的、自由散漫的色彩由此变得有条理、有秩序从而达到统一调和的目的，这种方法就叫秩序调和。在孟塞尔色彩体系中，凡是在色立体上有规律的线条所组合的色彩，都能构成秩序调和。

（4）面积的调和。面积调和与色彩三属性无关，它不包含色彩本身色素的变化，而是通过面积的增大或减少来达到调和的目的。如当一对强烈的对比色出现时，双方面积悬殊越大，调和感越强。面积对比的加强，实际上是在增加一个色素的分量的同时而减少了另一个色素的分量，从而起到了对色彩的调和作用。事实也证明，尽管色差大的强对比也会因面积的处理而呈现弱对比效果，给人以调和之感。

（三）色彩构图

色彩构图是指色彩在页面上的布局。色彩构图就是运用色彩对比与色彩调和的方法，以色彩对比表现色彩的多样变化，以色彩调和使变化和多样的色彩达到统一，从而实现页面色彩的秩序化、节律化，使页面形成良好的视觉表达效果。色彩构图遵循的一般原则有：

1.均衡色彩

均衡色彩就是要通过色彩构图使各种色块在以页面中心为基准的左右、上下或对角线进行配置，使页面的色彩视觉效果达到均衡。构图色彩的均衡化，并不是色彩分布的平均化，而应是页面色彩张力的均衡化，通过色彩对比与色彩调和的灵活运用，以色彩的大小对比、疏密对比、轻重对比、灰艳对比、虚实对比、动静对比、高低对比、形状对比、远近对比、冷暖对比、明暗对比等体现页面的视觉动感，使页面富有生机和灵气。

2.构建起色彩的呼应关系

任何色彩在布局中都不应是孤立出现的，都需要同种或同类色块在上下、左右、前后等诸方面彼此呼应。页面中色彩呼应的方法有局部呼应和全面呼应两种方式。局部呼应多为点与点之间在距离上形成呼应关系。全面呼应则是通过色彩调和的方式形成色彩内部的呼应关系。

3.明确色彩的主宾关系

色彩构图应使各色在配合中能够根据图案明确色彩的主宾关系。主色的面积不一定大，也不一定是主色调，但它一般体现在重要的主体部分，发挥着吸引受众视线的关键作用。主色的作用需要宾色烘托而出，宾色服从于主色，从而使页面的内容主题得到充分表达。

4.突出色彩的层次关系

色彩的层次关系与色彩的前进和后退感关系密切。色彩构图就是要利用色彩的明度、纯度与冷暖关系，形成前后错落有致、层次清晰的层次体系，使页面的主题内容得到鲜明展示。

三、H5作品的色彩设计要点

H5作品的色彩设计由两部分级成，即作品的主色调设计和各层级页面的色彩设计。

（一）作品的主色调设计

H5作品的主色调设计就是从作品的主题内容表现方式和受众群体的需要出发，根据色彩原理，确定作品的整体色调体系，构建起作品色彩呈现与内容表达相一致、与受众目标相吻合、层次结构清晰、形式特色鲜明、整体协调一致的作品表达体系。

H5作品内容主题与色彩常见的对应关系如表4-3-1所示。一般情况下，在作品内容主题明确的前提下，可参考表4-3-1确定作品的主色调。

（二）各层级页面的色彩设计

在H5作品中，由于作品结构的不同，作品也有不同的层级架构。对于多层级作品而言，在作品的主色调明确的前提下，各层级页面间应围绕主色调形成一定的色度区分。如一级界面的页面应充分体现作品的主色调，而二级界面的页面色彩强度可弱于一级界面的页面，三级界面的页面又与二级界面的页面间有一定的区别，由此，可使作品的结构层次得到明确彰显。需要注意的是，在作品制作之前，在作品的创意设计环节，就必须确定不同层级页面的色彩设计要求，并制定出相应的色彩设计规范，为后续的制作工作提供指引。

表4-3-1　H5作品内容主题与色彩常见的对应关系

内容	冷暖调	色相调	明度调	纯度调	对比调
春光明媚	暖多冷少	浅粉红、浅绿、少量浅赭、湖蓝、柠檬黄等	高短调 高中调	高纯度	中对比
凉爽舒适	冷	绿、蓝、青等	中长、中中	高纯度	中对比
热烈	热多、凉少	红、橙、紫、绿、黄	中长、高长	高纯度	强对比
女性	凉多、热少	粉红、粉绿、粉黄、粉蓝、淡紫等	高短	高中纯度	弱对比
男性	热多、凉少	红、橙、绿、青、赭	中长	高纯度	高中对比
儿童	暖多、凉少	粉红、绿、黄、蓝	高中	高纯度	中对比
老人	暖多、凉少	赭、土黄、茶、褐、土红、黑	低中	低中纯度	弱对比
欢乐	暖多、凉少	红、黄、橙、绿、蓝、紫	高中、中长	高纯度	强对比
悲哀	冷多、热少	蓝、紫、灰、黑、黄	中短、低中、低短	低中纯度	弱对比
梦幻	冷	蓝、紫、黑、灰、绿	中短、低短	低纯度	弱对比
	暖	驼色、灰色	中短、低短		
恐怖	冷多、热少	蓝、紫、黑、灰、红	低长、最长	高中纯度	中低对比
	热多、冷少	大红、紫、深红、黑	低长、最长		
青春	暖多、凉少	蓝、红、绿、紫、橙	高中、高长	高纯度	高中对比
死亡	冷多、热少	蓝、灰、黑、土黄、红、紫	低长、低中	低纯度	弱对比
富丽堂皇	热多、凉少	红、橙、黄、绿、蓝、紫、金、银	中长	高纯度	强对比
疯狂	冷热相等	蓝、红、黄、紫	最长	高纯度	强对比
愚昧	热多	赭石、茶、褐、黑、灰、红	低中、低长	低纯度	低对比
神秘	冷	蓝、紫	中中	中纯度	中对比
	暖	黄	高中		
冷酷	冷	蓝、紫、黑、白	低长	高中纯度	高中对比

四、H5作品的配色技巧

（一）H5作品的主色调选择

色彩是作品呈现最直观的元素之一，对作品信息的传递和内容的情感表达发挥着重要的作用，有时甚至直接决定了作品的成败。H5作品主色调的选择，一方面受到作品内容主题的制约，同时设计师在选择色调时，还必须充分考虑受众对所选色调的接受程度，因此，作品的色调设计在H5作品创作中是十分重要的环节。

影响H5作品的主色调的因素很多，进行作品主色调设计时，应综合分析作品的主题、表现主体、受众喜好以及呈现环境等因素，在保证传递作品主题信息的前提下，努力争取在受众接触到作品的第一时间便能充分吸引其注意力，使受众能够进一步深入阅读作品，并在作品与受众间建立起信任关系，为受众留下良好的印象。

强烈的色相对比和鲜明的色调几乎是设计者吸引受众视线的首选，但实际上，过于刺激的对比色彩反而会令人感到不适，常会引起人们的反感，所以，在构造视觉效果时就必须慎重应用强刺激性的对比色调。

此外，选择的色调除要吸引受众的注意力外，还需要维持受众的阅读兴趣，并传递主题的相关信息，因此，使用的色调还应与表现主体相协调，突出主题的内在涵义，才能使色调的运用更具有打动人心的力量。

示例：利用色彩提高作品的识别性。

应用宜识别的配色，提高作品的识别性。

图4-3-8　易识别的配色应用

示例：用色调构建作品的氛围。

适宜的色调可以增添作品的表现氛围，增强作品的表现效果。

图4-3-9　用色调构建作品的氛围

示例：利用对比色调突出作品的主题。

用适当的对比色调，使作品的主题得到突显。

图4-3-10 利用对比色调突出作品的主题

（二）利用对比色彩增强页面视觉度

视觉度是图像在页面中产生的视觉冲击力。图像的观感和表现力越强，视觉度就越高。页面中的图像包括背景照片和插图。一般而言，插图比背景照片具有更高的视觉度。除应用图像内容增强页面视觉度的方法外，还可以通过调整页面色彩来增强页面的视觉度。

1.利用色相对比增强页面视觉度

在页面图像素材不够醒目或数量极少的情况下，可以通过添加色块的方式来加强页面的视觉度。强对比色相搭配能够赋予页面醒目的视觉效果，尤其是红与绿、黄与紫、蓝与橙等补色对比，更容易形成刺激、抢眼的视觉效果，具备高视觉度。但这种强对比的配色也容易造成人们的视觉疲劳感，因此不能过于频繁地使用，并且要注意色彩面积的对比，以强化页面节奏，使阅读更加舒适。

图4-3-11 鲜明色块增强页面活力

2.利用明度对比增强页面视觉度

页面主体形象与背景之间的清晰度是影响页面视觉度的重要因素。要使页面中的不同元素之间形成层次分明的关系，可以采用提高明度对比的方法，将页面主体图像色彩设为高明度，将其他次要元素设置为低明度，使主体得到突出展示，从而增强了页面的视觉度。

图4-3-12　明度对比使页面色彩搭配醒目明朗

3.利用纯度对比增强页面视觉度

色彩纯度越高越醒目，因此，利用色彩的纯度对比，也可以使页面主体形象得到突出，增强了页面视觉度。

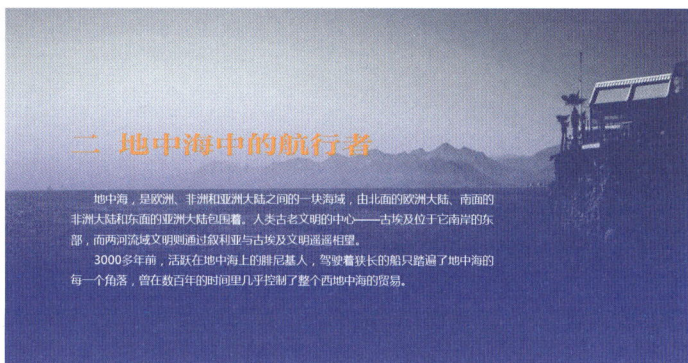

图4-3-13　纯度对比增强了页面的宁静感

4.利用冷暖对比增强页面视觉度

利用冷暖色系之间的对比也可以增强页面的视觉度。如将对比鲜明的暖色和冷色编排在一起，可以使暖色显得更暖，冷色显得更冷，从而使页面主体的视觉效果更加突出，页面形象引人注目。

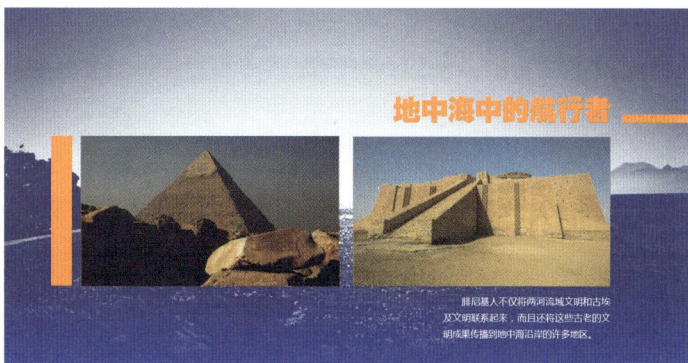

图4-3-14　冷暖色系的对比使页面形象引人注目

第四节　H5作品的页面构图技巧

页面构图是页面设计的核心要素。页面设计的目的是使页面具有清晰的条理性，为受众能够便捷地使用和阅读作品、准确理解作品的内容服务的。通常而言，H5作品页面空间有限，因此，页面设计必须做到作品的艺术效果与操作便捷性相兼顾、用户体验和内容表达准确性的有机统一。

一、优化页面视觉效果

人的视觉并不是对刺激物的被动反映，而是一种积极的理性活动。视觉感官总是有选择地使用自己，积极的选择是视觉的一种基本特征。视觉心理的选择性可使观看者的注意力有效地指向他最关注的方面，通常人都会自动选择那些他感觉有趣的事物来看，这取决于观者的兴趣、爱好和情绪的需要。人的这种视觉选择性也会将二维平面上的图案划分出不同的层级，视觉关注的重点会自然地被视为前景，而其他部分就会被认作为背景。

人类视觉的选择性是客观物理刺激与人们以往经验所形成的印象共同作用而产生的。通常在H5作品页面上，播放的视频、动画等活动性对象会被人们的视觉优先感觉到；而对于静态页面，那些动感明显的对象，如照片、线条等，或面积较大的对象，如画幅较大的照片或色块，以及色彩鲜艳的对象，如鲜艳夺目的文字等，都会成为人们视觉优先感觉的对象。

页面设计就是运用色彩、形状、对比、位置等，对页面对象进行排布，平衡设计元素，优化页面的空间层次，使页面主题突出，画面具有韵律感和节奏感，操控性良好，艺术表现力强。

（一）控制页面视觉方向

在编排页面内容时，不仅要考虑页面整体的方向性，还要考虑用户视线的移动方向。在页面设计过程中，可以加入能够引导用户视线移动方向的元素，这样可以有助于用户对整个页面的理解和使用。

1.按照正常的阅读习惯编排内容

人们在阅读文字内容时，对横排的文字，习惯于从左上方开始阅读。对竖排的文字，则习惯于从右上方开始阅读。一段读完后再读下一段，一页读完后再翻页继续阅读。因此，设计时也应该按照这样的阅读习惯编排文字。

图4-4-1　按编排习惯编排内容

2.通过加强句首引导阅读方向

加强句首可以为用户提示正文开始的位置，为用户指示明确的阅读方向。加强句首的方法主要有：

（1）改变正文开头部分文字的字号、字体或颜色。

（2）使用小标题，小标题应放置在正文文字的上方。

3.通过符号引导阅读方向

当页面有多个内容对象，且对象间具有先后顺序时，就需要使用符号来引导用户的阅读方向。能够明确引导阅读方向的具有代表性的符号就是标明顺序的数字和表示方向的箭头。通过这两种方式，可以设计出条理清晰又便于阅读的页面。

（二）调整页面视觉重点

当页面内容对象较多时，则需要通过调整视觉优先率的方式，将重点内容突出出来，使页面产生节奏感和韵律感。视觉优先率是页面各部分内容对象在页面上所占的比率的差距。优先率高的页面，整体效果富于变化，可以改变页面内容平淡呆板的印象。

1.调整图片大小提高优先率

放大图片可以提高图片在页面中的优先率，缩小图片可以降低图片在页面中的优先率。因此，把希望引起用户注意的图片放大，把不希望读者注意的图片缩小，改变图片的优先率就可以实现对页面内容先后顺序的明显区分。

图4-4-2　调整图片大小提高优先率

2.改变字体字号提高优先率

不同的字体会产生不同的页面视觉效果。通常粗体字比细体字要醒目。在常用字体中，黑体字就比宋体、楷体、仿宋体等要醒目。改变字号也是调整优先率的方法，但需注意的是，减小字号应把握好度，字号过小会影响人们的识别和阅读。

3.添加色彩提高优先率

一般纯度高的颜色比纯度低的颜色更加引人注意。这种颜色上的差异被称为差别化。通过颜色的差别化也可以改变页面内容的优先率。如添加色彩，只要有一个页面内容的色彩与众不同，就可以改变页面内容的顺序感觉。

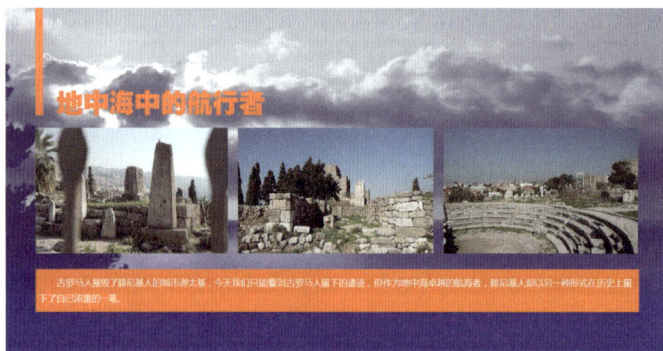

图4-4-3　添加色彩提高优先率

（三）提高页面视觉效果的其他几个小技巧

1.优化内容对象较少的页面的视觉效果

在页面设计中，有时会遇到页面内容对象较少且类型单一的情况，如图片数量少且精度不高，在这种情况下，如果希望页面信息饱满、内容丰富、视觉效果良好，就需要设计人员充分分析页面已有素材的基本情况，结合文字信息、图片的色彩等要素，适当添加一些手绘的插图，或者从图片中提取小色块，补充到页面元素中，这样就可以使页面的视觉效果得到大幅提升。

二　地中海中的航行者

图4-4-4　优化内容对象较少的页面的视觉效果

2.利用图片赋予页面动感

通常在需要交互操作的重要的页面，如主页面中，要尽量减少动态对象的使用，以避免分散用户的注意力以及对页面功能产生误解，此时可在页面采用一张动感效果鲜明的图片作为页面背景，就可以大大改善页面的视觉效果。

二、页面构图样式和构图设计流程

（一）页面构图样式

1.常用的页面构图样式

页面设计中常用的构图样式有满版式、坐标式、重叠式、聚集分散式、导引式和自由式等。

（1）满版式：具有空间开放的特征，以满页面的图片展示内容信息，页面视觉更加直观。

（2）坐标式：如坐标轴一般，沿横向和纵向的方向延伸，具有视觉延伸感。

（3）重叠式：将不同的构成元素进行重复叠加，赋予页面丰富的空间层次。同时在重叠时可对重叠的区域进行色调和透明度等属性的调整，视觉效果更加独特。

（4）聚集分散式：各元素围绕一个中心点进行聚集或发散式编排，使页面具有较强的视觉向心力或扩张力，可以赋予页面动感或冲击力，视觉印象突出。

（5）导引式：通过点线对页面视向进行引导，通过特定的视线流向牵出主题或突出页面的艺术美感。在长页面作品中，应用导引式构图通常可获得较好的艺术效果。

（6）自由式：对页面中的元素自由编排，以体现页面的灵活性和随意性。由于页面内的元素没有特定的约束限制，为避免造成页面混乱感，需注意各元素之间的对比平衡关系。

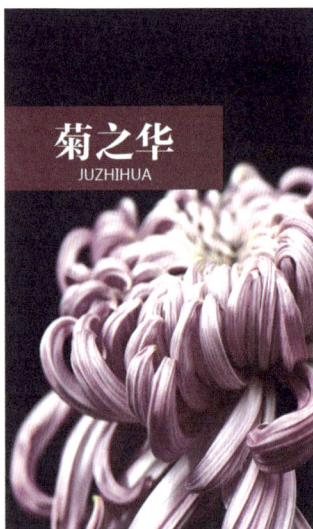
满版式

坐标式

重叠式

聚集分散式

导引式

自由式

图4-4-5　页面构图样式

2.构图样式的选择依据

选择构图样式的主要依据有：

（1）作品的主题内容和作品类型。作品的主题内容是作品的中心思想，是作品的主体和核心，是创作者创作思想的表现。作品的类型是作品的表现方式，不同类型的作品具有不同的叙事形态和表达方式，构成了作品的类型特征。作品的主题内容是通过作品的表达样式表现出来的。作品的主题内容和作品类型决定了作品表达样式的基本结构和特征，因此，H5作品的页面构图样式必须以作品的主题内容和类型为依据，与作品的表达方式相匹配。

（2）作品的叙事形态与受众对象。作品的叙事形态决定了数字作品的叙事结构和叙事风格，也决定了作品的受众对象。叙事形态首先表现为作品的叙事方式。作品的叙事形态是作品类型的外在表现，不同类型的作品都有自身的叙事方法和格式要求，这使作品的叙事形态必须与作品的类型相匹配。但作品的叙事形态并不是机械地套用作品的叙事方式和叙事格式，每一部作品在遵从作品类型的一般创作规律的同时，又都有自己的叙事技巧和风格特征，而这又与受众的认知和理解能力相关联，因此，作品的叙事方式和风格特征也决定了作品的受众对象，由此使得H5作品页面构图样式也必须与作品的叙事形态和受众对象的要求相匹配。当然，H5作品中具体的页面构图，在遵循作品整体统一性要求的前提下也可以进行适当的变化，以使作品的表现力更加生动和丰富多彩。

3.构图样式对作品传播效果的影响

正确选择页面的构图样式是准确表现作品类型和叙事形态的前提保证。页面构图样式选择不当，会造成受众对作品类型的认知错误，误导受众对作品的认知，导致受众对作品主题内容的接受出现认识上的混乱。因此，正确选择作品页面的构图样式是H5作品创作的基础，对H5作品的传播效果影响重大。

（二）页面构图设计的基本流程

页面构图设计时的基本流程如下：

1.分析素材，进行页面构图的初步设计

（1）设计人员在着手开展页面设计工作之前，首先应充分了解作品的主题、设计规划以及页面的功能和交互操控对象的要求，结合核心素材对页面构图做出初步规划，划分出页面的结构布局，方便后续对页面内容的编排。

（2）将各类素材按照规划编排入页面中，若素材不理想或数量不够时可进行调整或补充，如视频的占位图与页面其他要素在颜色或构图方式存在冲突时，可重新截图或及时调换图片。

（3）加入标题及文字内容，文字也需要有大小对比和字体变化，以使主题得到突出。

2.分析初步设计方案，制定调整计划

应根据视觉流程原则，对初步设计方案进行分析，对不合理或不完善之处进行标记，并提出调整意见，制定调整和修改计划，并对素材进行进一步调整、补充和完善。

3.按照修改计划，进行页面编排的调整修改

按照修改计划的要求，对页面设计初稿进行认真仔细的调整修改，要特别注意细节之处的补充和完善，以实现精美设计的目标。

| 构图区域的初步划分 | 构图设计的初步效果 | 修改完成后的设计效果 |

图4-3-6　页面设计过程示例

三、页面构图设计常用技巧

（一）增强页面视觉层次感的构图方法

通过构图增强页面的视觉层次感是提高页面视觉表现力的重要方法。增强页面视觉层次感的构图设计方式主要有增强页面元素的对比性和应用小元素调整页面元素构图关系等方法。

1.增强页面元素的对比性

在页面设计中，如果只是将组成页面的内容对象以简单规整的方式排入页面中，虽然保证了页面的规范性和整体感，但过于规整的页面设计也会带给人平淡呆板的视觉观感，使作品缺少了表现效果上的生动性。利用增强页面元素对比性的方法，就是对组成页面内容的各种对象

元素在页面上所占的面积和比重等构图关系进行调整，打破页面元素平均化的排布布局，使页面元素的排布体现出层次性，使页面布局富有韵律，视觉观感更加丰富。

图4-3-7　增强页面元素对比性的示例

2.应用小元素调整页面元素构图关系

对组成对象类型较为单一的页面，如由大篇幅的文字构成的页面，可以采用添加小元素的方式，打破页面内容的单一性，丰富页面内容的层次性，从而改善页面构图方式，使页面观感得到提升。常用的小元素有背景底纹、去底小图、标点符号、插画图案以及点线面图形等。需要注意的是，应用的小元素在色彩、样式以及表现形式等方面应符合作品创作的统一性要求，不得与作品创作确立的规范相冲突。

图4-3-8　应用小元素调整页面元素构图关系的示例

（二）表现页面空间感的构图方法

图形和颜色都是影响页面构图的重要因素，通过综合运用图形和颜色元素形成不同的页面构图方式，可以在页面上展现出不同的空间变化。表现页面空间感的构图方式主要有调整页面视觉主体的留白区域和利用色彩形成空间变化等方法。

1.增大留白区域的构图方法

增强页面的空间感，主要是减少页面重点元素周边的其他因素的干扰，增加其周边的空白区域，让其周边空间更宽阔，使其视觉地位得到突显，从而拉伸了页面的视觉纵深感。

图4-4-9　增大留白区域构图方法的示例

2.利用色彩形成空间变化的构图方法

在页面上利用对象元素的色调对比也可以表现出页面的空间变化。图像色彩的不同属性会带给人不同的空间感。如颜色色调按差异分为明调、中间调和暗调，明调显得轻盈而给人较近的感觉，暗调则显得厚重而给人较远的感觉。颜色还有暖色与冷色之分，暖色具有膨胀感和前进感，可产生拉近距离的感觉；冷色具有收缩感和后退感，会使人感觉距离被拉开。颜色的纯度也会使人形成空间感的变化，高纯度的颜色由于视觉突出感觉靠向近处，低纯度的颜色显得低调而感觉靠向远处。在构图设计上，就可以通过调整元素的色相、饱和度和明度等属性关系，从而改变页面的空间视觉效果。

（三）构图效果的灵活应用

页面对象元素在页面的编排方式可以带来页面不同的空间层次，并使人产生不同的心理感受。通过采用不同的构图方法，如垂直、平衡、倾斜、对角线及三角形等，对构图进行调整，就可以赋予页面更加多变的视觉效果。

图4-4-10　利用色彩形成空间变化的构图方法示例

1.灵活应用垂直构图

垂直构图可以充分表现视觉的纵深感，可以形成多种具有视觉冲击力的构图效果。对横排页面，可以通过多个垂直图形的组合形成垂直的构图形式。对竖排的页面，则可以采用竖画幅的图片直接建立垂直的构图形式。

图4-4-11　垂直构图示例

2.灵活运用平衡构图

平衡构图是围绕一个相对的轴心或轴线排布对象，并通过对象之间不同形式或形态的对比，从而在页面上体现出视觉的平衡感。平衡构图可分为对称平衡和不对称平衡。

对称平衡构图是以一个中轴线分割页面，页面对象以镜像的方式分布在中轴线两侧，从而形成页面视觉上的平衡感。对称平衡构图可以给人以平均、稳定的感觉，但也容易导致视觉上的机械、呆板之感。

不对称平衡构图是在以中轴线分割页面的同时，以其他对象元素的对比性排布打破页面的平均分割感，从而使页面构图有了视觉上的变动性。

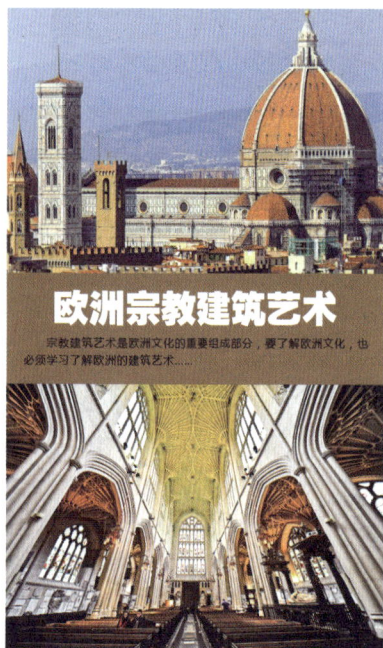

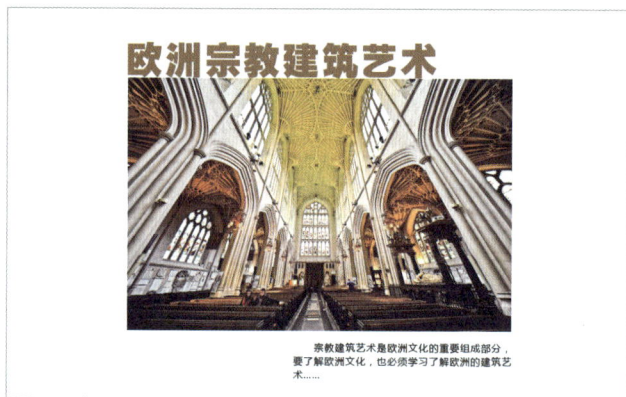

图4-4-12　平衡构图示例

3.灵活运用倾斜构图

倾斜构图可以为页面增添动感，使页面更有变化性。倾斜构图一般是由图片倾斜或文字倾斜来实现的。

图片倾斜既可以采用图片画面构图的方式来体现，以画面上的主体采用倾斜形式表现运动、流向、延伸等特征，也可以通过图片倾斜进行页面编排来体现。

文字的倾斜可以改变页面构图的呆板印象，但文字倾斜角度不宜过大，不能造成阅读的不便，一般倾斜角度以不超过30°为宜。

4.灵活运用对角线构图

对角线构图法就是以页面的对角线作为页面内容对象的编排基准，页面的内容对象既可以分别以对比的方式放置于对角线两侧，或以倾斜方式沿对角线放置，从而形成以对角线为分割页面的构图方式。

图 4-4-13　倾斜构图示例

图 4-4-14　对角线构图示例

5.灵活运用三角形构图

　　三角形构图法是以三角形作为页面内容对象的编排基准进行页面构图的方法。三角形构图法可以充分利用不同形状的三角形所带给人们的视觉感受差异，从而形成多种变化方式。如正三角形可以给人以稳定之感，倒三角形可以产生紧迫感，自由角度的三角形则可赋予页面更加多样的视觉效果。

聪明的田园犬

中华田园犬，传统称呼为"土狗"，北方有的地方
又叫"柴狗"，以前广泛存在于中国农村
及东南亚地区。中华田园犬是中国
本土最古老的犬种之一，曾被
尊称为"国犬"。

中华田园犬不主动攻击人类，可以群居，地域性强，不易生病，容易饲养。中华田园犬性格温顺，忠
诚度高，近年来在城镇已成为与人们相伴的聪明的宠物犬。

图4-4-15　三角形构图示例

（四）优化页面视觉率的构图方法

页面的视觉率是衡量页面设计美感和主题是否突出的重要指标。页面视觉率高，页面设计效果美感鲜明，可以给观者留下深刻的印象。提高页面视觉率，就需要在设计中遵循对称、均衡、对比等原理，充分把握好页面中各对象元素在页面中的空间位置关系以及视觉上的层次和比例效果，围绕作品的内容主题，突出重点对象，合理运用构图形式，使页面层次丰富、色彩协调、画面富有美感，具有打动受众内心的力量。

优化页面视觉率的构图方法主要有利用对比增加页面视觉率、利用对比和平衡增强页面视觉率以及灵活运用黄金分割比例增强页面视觉率等。

1.利用对比方法增强页面的视觉率

改变页面内容排布机械、刻板、乏味之感的最好方法就是让页面对象之间形成对比关系，从对比中使主题元素脱颖而出，从而优化表面的层次并形成画面的跳跃感。对比的形式可以是面积的对比、形态的对比和颜色的对比等。

2.利用对比-平衡方法增强页面的视觉率

强调页面元素的对比效果是为了打破页面元素机械式排布所带来的呆板、乏味之感，但强调对比的目的是需要营造一种新的层次鲜明、具有活力的页面效果，这就离不开页面的均衡性设计要求。利用对比-平衡方法就是在打破呆板的页面元素排布方式的同时，建立起一种新的具有灵动效果的构图方式，从而提高页面的视觉率。

3.黄金比例与页面视觉率

黄金比例法是由古希腊的毕达哥拉斯学派所提出的，在绘画、雕塑、建筑、音乐以及与艺术创作相关的各个领域都得到了尊崇。

黄金分割是指将整体一分为二，较大部分与整体部分的比值等于较小部分与较大部分的比值，其比值约为0.618。这个比例被公认为是最能引起美感的比例，因此被称为黄金分割。

采用黄金分割法对页面对象元素进行排布可以获得较好的视觉率，对提高页面视觉率也具有指导意义。

图4-4-16　增强对比提高页面视觉率示例

图4-4-17　利用对比-平衡方法增强页面的视觉率示例

图4-4-18　采用黄金分割法提高页面视觉率示例

第五节　文字设计与图像的运用

一、文字设计

文字是传达信息的直接载体，也是页面设计的核心要素，在页面设计中占有很重要的地位。文字设计不仅包括字体、大小及颜色等属性的设置，还需要从内容表达与视觉美感相结合的要求出发，综合考虑页面内容其他对象进行编排设计，才能获得较好的设计效果。

（一）字体的选择与属性设置

1.页面设计中的字体选择

字体是构成页面艺术风格的重要组成部分。在页面设计中，需要依据页面的表达内容与表现风格选择字体。通常纤细的字体适宜表现精致优雅的风格，而粗壮的字体更适宜于表现醒目粗犷的标题。此外，还需要根据文字内容的层级合理搭配字体，使内容排列井然有序。

2.字体的属性设置

字体的属性包括字号、字间距、行间距以及文字的颜色等。文字属性的设置既与文字的功能相关，也受页面风格的制约。在页面设计中，需要按作品统一性的要求，制定页面文字属性的统一规范，明确字体、字号、颜色及字间距和行间距等。文字的属性设置应与字体相配合，做到表达功能与表现效果相协调。

（二）字体设计中的技巧

1.保证文字的统一性

文字是页面内容构成的基本要素，文字的效果会直接影响到页面设计的整体效果。文字的统一性要求包括各级标题和正文分别在字体的统一、字号的统一、颜色的统一、斜度的统一、空间的统一等方面，保证页面文字的统一性可以使页面内容阅读时更条理化，页面效果也更稳定。

2.标题设计

标题是对页面内容的概括，也是对页面内容的阅读提示。标题设计的注意事项有：

（1）标题的字体字号：标题的字体字号应根据页面设置、标题层级和内容风格而定。对多层级标题应遵循字体轻重相间、字号大小有序的原则。文艺类体裁的作品，标题可选择活泼一些的字体，但科技、政治、历史等严肃类的作品，标题字体应工整规范。

（2）标题的位置和占行：标题在页面空间上的位置一般应居中或居左。标题也可不放置在页面的开头位置，如放在页面的其他位置或字群中，但应该做到醒目和符合统一性的要求。标题通常都需要比正文占据更多的文字行数，但对多级标题来说，两级标题相连的中间应减去一行占行数。

（3）标题的风格设计：在制定标题的设计规范之前，应先仔细分析一下作品的表述风格和内容逻辑结构，理清标题的层级和形式，按层次分明、逻辑清晰的原则，确定各级标题的形式和字体属性。对标题的装饰性效果，应与作品的风格相适应。

3.文字的色彩设置

文字是传递页面信息的最重要的元素。页面文字色彩设置应遵循总体协调、局部对比的原则。文字的色彩不宜过多，否则会造成页面凌乱琐碎的效果。色彩对文字的识别性影响主要体现为明度上的差异。当需要突出部分文字时，可使用与正文文字对比强烈的颜色，但只能小面积应用。标题颜色的应用最好应当从页面图片中提取，这样可使页面效果更加和谐，而且也加强了图文之间的关联。

图4-5-1　文字色彩设置示例

二、图像的运用

图像是页面上的最为直接的视觉元素。图像最基本的功能是记录，图像具有比文字更加直观的表现能力，图像的合理使用可以使受众对作品产生直接深刻的印象。

（一）图片的作用与图片的选择

1.图片的作用

图片是为页面内容的主题表达服务的，因此，图片的使用也应与页面内容主题的表达相配合，使主题表达更加生动、深刻。图片在页面设计中的作用主要有：

（1）突出和深化主题：合理应用图片可以页面主题更加突出，使页面内容传达和视觉效果更加统一，强化页面的视觉传达效果。

（2）增添页面的生动性：灵活运用图片的编排方式，可以增强页面的艺术表现力，使页面表达更加具有感染力，提高页面的视觉率。

2.图片的选择

应用在页面上的图片是为内容主题的生动表达服务的，因此，选择图片时不仅需要以内容主题为依据，还需要充分考虑受众群体的理解和接受能力，此外，还应考虑图片的色调、大小等因素，使图片素材为设计提供有力支撑。

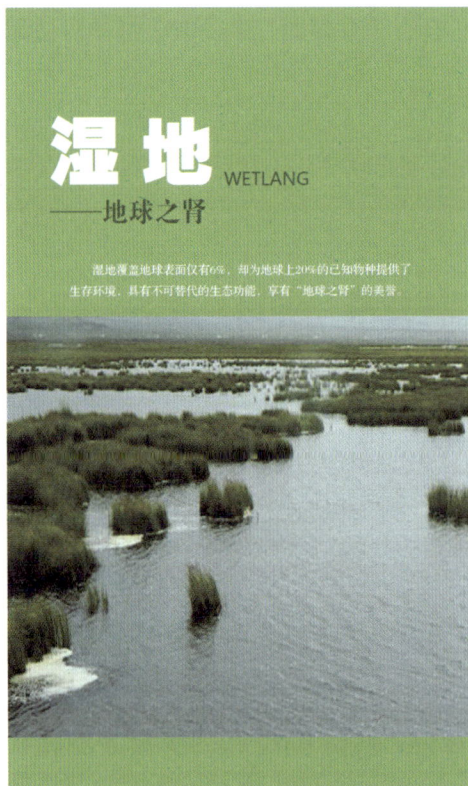

图4-5-2　图片选择示例

（二）图片的编排方式

1.图片的方向

图片在页面上的方向通常是通过照片的拍摄构图、人物的姿态及视向等表现出来的，图片的方向性是影响页面视觉效果统一性的重要因素，因此，页面设计时应充分关注图片的方向性，使页面编排具有一致的视向性。

图4-5-3　图片编排方向示例

2. 图片的顺序和位置

当多张图片在页面编排时，需注意图片的前后顺序和上下位置。如一组顺序图片排入页面时，不应出现顺序混乱的情况。人物图片编排时，需注意人物之间的关系，按照常规礼仪放置图片的位置，如重要的人物照片应放在上部和醒目的位置上。此外，还应注意图片的位置应符合视线传递的规律以及页面构图的对比、均衡等效果。

3. 图片的外形

页面上图片的不同形状可以产生不同的节奏和情感感受，页面上的图片外形多为四边形，但在设计时有时会需要其他特定的图片形状，如圆形、三角形、多边形和自由形等。

（1）四边形图片的设计编排：四边形图片与文字编排时，文字应与图片拉开一定的距离，可使页面具有内容规整、条理性强的视觉效果。

（2）圆形图片的设计编排：圆形图片在页面上具有集中视线的作用，可用以强调需要突出的重要内容。

（3）自由形状图片的设计编排：自由形状的图片可以是任何形状的图片，如三角形、菱形以及各种不规则的形状，尤其是按照物体轮廓形成的自由形图片在设计中使用较为频繁，自由形的图片对活跃页面气氛效果十分显著。

图4-5-4　图片的顺序和位置编排示例

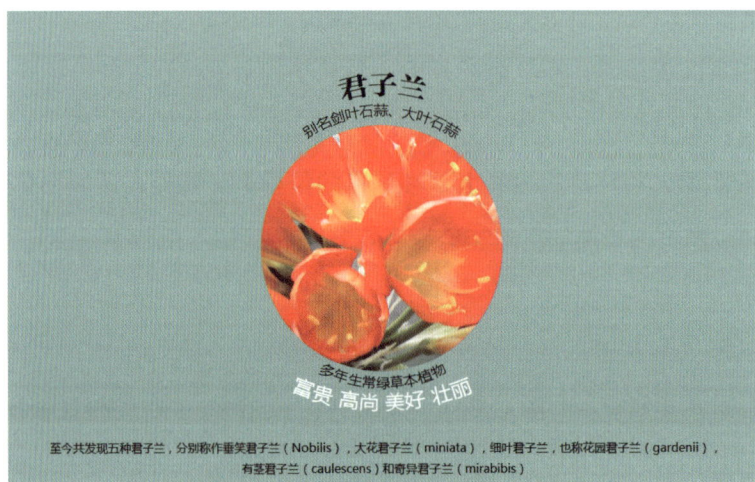

图4-5-5　图片的外形编排示例

（三）图片对页面编排方式的影响

1.图片的数量与页面编排

页面设计离不开图片素材，没有图片的页面视觉效果会很平淡，但页面中并不是图片越多越好，图片的数量应与表达的内容相匹配。在页面设计中，常会遇到图片数量很少或图片数量较多的情况，需要运用一定的设计技巧提高页面的视觉设计效果。

（1）图片较少情况下的页面内容编排：如果页面中的图片数量很少，则在设计时可以采取放大突出图片中的细节特征，或缩小图片留出较大空白区强化对比等方法，解决图片数量不足所带来的页面视觉平庸的问题。

图4-5-6　图片数量较少时编排方式示例

（2）图片较多情况下的页面内容编排：通常图片较多时，页面设计可以获得很好的视觉表现力，但需要控制好页面的图版率。图版率是图片在页面中所占的面积，通常页面的图版率在30%～70%是合理的，过高或过低都对页面的视觉效果有一定的影响。页面图片数量较多时，可让主要图片占有较大的页面版面，而将次要图片缩小，以此形成对比，即可使页面的视觉率得到提高。

2.图片与页面的统一性

图片是增强页面表现力的重要方式，但选择图片时必须充分重视与页面内容逻辑上的相关性，如采用的图片内容与页面内容的关联度较低，也就失去了应用图片的意义和价值。

3.利用图片提高页面的视觉率

可以采用改变图片大小增强页面视觉对比、利用图片体现页面空间感、图片两次编排等技

图 4-5-7　图片数量较多时编排方式示例

图 4-5-8　图片与页面内容编排统一性示例

巧提高页面的视觉率。

（1）改变图片大小增强页面视觉对比：较大的物体更容易吸引人们的注意力，利用这一特点，可以采用局部图片与整体图片结合以及放大重要内容等方法，增强页面的视觉对比，提高页面的视觉率。

图4-5-9　改变图片大小增强页面视觉对比示例

（2）利用图片体现页面空间感：虽然图片是二维平面的，但许多图片却展现了空间的立体性和层次感，利用图片所表现的空间透视感、虚实效果以及色彩差异等，可以体现页面的视觉空间效果。

图4-5-10　利用图片体现页面空间感示例

（3）图片的两次编排：利用同一张图片采用不同的表现方式在页面中进行多次编排，也可以很好地强化页面主体的视觉效果。

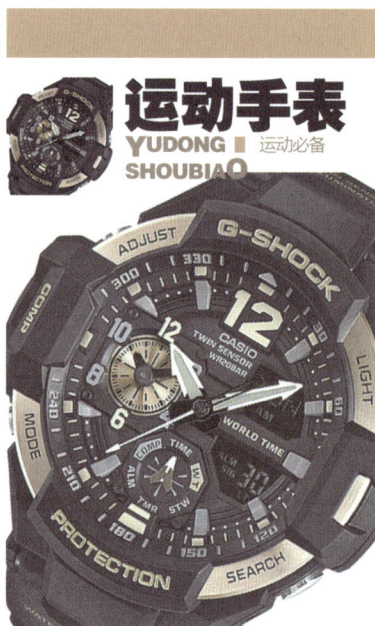

图 4-5-11　图片的两次编排示例

4.用好特写照片

特写照片视觉中心集中，突出了人或事物某一时刻最具特征性的画面，具有强烈的艺术感染力。用好特写照片，可以增强页面主题的鲜明性，提高页面的生动性和表现力，使页面设计事半功倍，在页面设计素材选择中占有很重要的地位。

图 4-5-12　利用特写照片编排示例

第五章
H5作品的选题与创作流程

第一节　H5作品的运营与选题设计

一、H5作品的传播特点

H5作品是移动互联网发展催生的新的数字作品形式，其强大的媒体整合能力、丰富的表现形式以及可提供数据服务等功能，使其迅速在移动阅读端占据了令人瞩目的传播地位。

H5作品不仅具有生动的内容展示功能，而且还可通过受众在传播过程中的再创作使作品具有了受众的个性化特征，大大提高了受众利用社交媒体参与作品创作和分享的热情，从而在移动互联网传播时代具有了广泛传播的基础和条件。

H5作品是互联网传播媒介进入移动高速互联网时代的产物，得到了移动互联网传播技术和高性能移动阅读终端技术的充分支持，不仅能够为移动阅读终端用户提供内容丰富、表现形式生动多样、交互功能强大的数字读物，还因传播便捷、数据服务功能兼备等特点，而成为网络营销的重要手段。

H5作品的传播也是互联网发展进入共享经济时代的产物。互联网经济改变了传统市场交易线性化的、生产—流通—消费层级分明的经营方式，互联网以平台化的数字营销形式实现了产品到消费的直达化，将生产者与消费者紧密地连接起来。同时，通过消费效用共享，改变了消费者在消费环节的孤立地位，促使生产者必须进一步完善网络营销手段，充分重视数据资源价值，优化营销管理的各个环节，从而使H5作品相较于其他形态的数字作品所具有的独特优势得到了充分显现。

二、H5作品的营利模式

H5作品是在数字传媒全面服务化发展的大背景下应运而生的，是传媒产业大变革时代新出现的作品形态。H5作品一方面顺应时代的发展，在移动阅读终端为受众提供了内容形式更加集成化的阅读产品，另一方面，由于其具有可跨越传播平台的数据服务功能，也成为企业面向用户进行营销的有力工具，为内容作品的增值服务提供了更加直接便捷的方式。

（一）H5作品的特征

H5作品是一种服务型的数字作品。H5作品的产品特征如下：

1.消费效用的不可分割性

同其他以网络传播的数字作品一样，受众阅读使用H5作品并不影响其他受众对作品的阅读使用，同时作品的传播还必须通过相应的共享传播平台，因此，H5作品具有消费效用的不可分割性，不能像传统出版物一样通过单个作品的实物销售获得相应的收益。

2.传播的社交媒体化

在社交媒体高度发展的今天，H5作品必须依赖受众的积极参与和分享转发才能取得较好的传播效果，这也使H5作品不能像流媒体作品那样依赖传播平台的付费会员制的方式取得自己的收益。

3.较高的制作开发门槛

与网文、音频读物、短视频等其他形式的社交媒体作品相比，H5作品因内容形式的集成性使其具有较高的创作制作技术门槛，特别是对结构较为复杂、交互功能较为丰富以及艺术表现力要求较高的作品，无论是创作者自行进行创作还是依靠H5作品创作平台进行创作，都必须对H5作品的创作方法和创作流程较为熟悉，这使绝大多数的普通网络用户不具有直接开发制作高水平H5作品的能力。

4.营销链接的平顺性

H5作品是多形态内容的有机集成体，与网文作品相比，H5作品具有更加生动和丰富的内容展示方式，营销链接的插入又不会造成如阅读流媒体作品时对流畅性的破坏感，加之可融合数据服务功能，使H5作品可以成为内容传播与营销管理相结合的直接工具。

（二）H5作品开发制作的营利方式

1.H5作品开发创作的主要运营方式

目前开发制作H5作品的运营方式主要有四种。

（1）设计制作：制作机构通过制作H5作品获得设计制作费用，如百度H5、易企秀、有赞、微盟等等。这一类制作机构以模板式批量化的制作平台作为运营基础，主要提供H5作品的制作和托管服务，获取制作及服务费用收入。

（2）媒体服务：媒体机构通过开发H5作品，通过网络化传播扩大媒体机构的影响力，以此提高媒体机构的整体服务效益。

（3）广告营销：广告运营企业通过开发制作H5作品，为其他企业进行产品宣传和营销服务，以此取得广告经营收入。

（4）其他增值服务：主要是页面游戏服务机构，通过开发H5页面游戏，以此为平台导入流量或增强运营平台对用户的黏性，从而带动平台其他增值业务收入水平的提高。

2.作为营销工具的H5作品

企业的营销管理包括产品管理、价格管理、渠道管理、宣传管理等方面。在互联网时代，特别是进入社交媒体传播时代以来，对于企业来说，互联网提供了消除市场信息不对称的最为便捷的方式。应用互联网信息传播渠道，企业不仅可以降低宣传推广成本，同时，可以利用数字化信息集成处理的优势，压缩企业内部的管理层级，通过扁平化管理，大大提高企业应对市场变化的效率和能力。互联网时代，由于企业可以通过网络直接面对最终用户，因此，企业也就可以将以前由营销渠道所掌握的用户资源直接转化为企业能够直接利用的市场资源，企业营销管理的直达性更加突出，获取用户需求信息的数据转换也更加便捷。

与其他形式的网络传播信息方式相比，H5作品具有内容形式的集成性、丰富性和生动性等特点，同时，兼具数据服务功能，不仅可以将产品信息、价格信息、服务信息以及企业需要向市场传递的其他信息以最佳的方式传递给用户，而且H5作品的社交传播方式也为企业增强受众黏性，开展社群营销提供了新的途径，使企业可以更加便捷地获取需要的市场数据资源，成为企业巩固已有客户的忠诚度、挖掘新的市场需求的高效工具。可以肯定地说，H5作品正在成为企业和社会机构最有力的营销工具。

三、H5作品的选题设计

H5作品的选题是H5作品的创作者在作品创作前对作品内容主题、体裁和表现形式的初步规划，是网络传播者一定时期内对即将发布的作品的大致安排，是网络传播者的运营策略在内容产品创作生产环节的体现。

互联网时代，传播服务是网络传媒产业价值实现的基本形式。网络传媒产业依靠传播平台服务，通过用户生产内容和自媒体传播，以数字作品的集约化传播方式，实现网络传媒产业链各个环节的服务增值和整个产业的价值创造。

对于网络传播者而言，H5数字出版物是其重要的内容产品，作品必须与传播者的传播目的相符合，因此，H5作品的选题设计就与网络媒体传播者的运营服务紧密相关，脱离开传播运营谈H5作品的选题则使选题设计失去了传播依据。

对于H5作品的创作者来说，H5作品的创作过程是网络传播产品的生产环节，如果想要作品取得良好的传播效果，就必须依靠运营服务实现作品生产向传播价值的转化。运营是H5作品的营销过程。从运营的角度出发，H5作品的创作被视为产品的开发过程，因此，H5作品的选题设计也必须依据运营策略，围绕传播运营的需要，通过研究和制订H5作品创作的选题计划，明确产品的开发规划，实现H5作品的创作生产与传播运营有机衔接。

（一）制订选题计划的必要性和原则

1.制订选题计划的必要性

制订选题计划是对H5作品创作方向的规范化过程。选题计划是H5作品的创作者在一定时期内，根据传播运营需要而制订的作品创作计划。通过制订选题计划，可以明确创作作品的内容主题、体裁和创作方向，并对作品的创作周期进行规划，对保持作品创作的针对性、连续性和规范性都具有十分重要的意义。

对于H5创作者来说，制订选题计划的必要性表现在以下几个方面：

（1）选题计划是一定时期作品的创作规划，是运营策略落实在作品创作环节的具体体现。通过制订选题计划，可以使创作者根据运营策略的要求，对作品创作的主题进行明确定位，以此可以有效避免创作方向的盲目性。

（2）网络作品需要通过网络传播平台用户的关注、订阅等实现作品的推送和传播，特别是随着传播平台大数据技术和智能算法的普及应用，网络平台推送的内容对用户阅读兴趣和内容关注的指向性更加明确，因此，作品主题内容范围的一致性（有的传播平台称为垂直度）对作品推送效果的作用就更加突出。通过制订选题计划，可以使H5创作者更加注重创作领域的相关性，更加重视保持受众对象群体的一致性，通过对特定的内容方向进行系列化、深度化的创作开发，有利于构建起稳定的受众群体，并促进受众群体的不断扩大。

（3）通过制订选题计划，可以使选题的组织和策划更加精细化、系统化，有利于提高作品创作生产传播的计划性，使创作思路更加清晰，同时，可促进创作素材的深度开发和资源化利用，实现创作素材利用效益的最大化。

（4）通过制订选题计划，形成对作品传播效果的明确预期，从而可以充分利用网络的传播反馈机制，不断对作品创作的选题结构进行系统化调整，实现对作品传播效果的不断优化，避免盲目跟风所造成的作品传播对象的不确定性，进一步提高作品的传播影响力。

2.制订选题计划的原则

制订选题计划应遵循的原则为：

（1）遵守公序良俗原则。移动互联网时代，移动智能终端是人们的信息中心。面对来自智能终端屏幕上大量的信息内容，人们有了更多的阅读选择自主权。一些创作者挖空心思，以不良内容或虚假信息哗众取宠，以此期望获得更多的阅读关注。随着互联网管理体系的不断完善和法制化建设的深入推进，人们的权利保护意识越来越强，虚假信息、侵犯他人隐私、网络暴力不断引起人们的反感，受到社会的谴责，触犯法律的还会受到法律的制裁。遵守公序良俗，就是要求创作者的创作内容应当遵守公共秩序，符合善良风俗，不得违反国家对公共秩序的管理和社会的一般道德规范。

（2）突出原创性原则。原创性也称为独创性或首创性。突出原创性原则，就是创作者在创作作品的过程中，要用自己的构思，努力用具有自身特色的叙事方式或艺术表现形式来展现作品，表达作品内在的主题思想和感情。突出原创性原则，不仅是对其他作者创作劳动的尊重，也是创建和培植自己创作风格和作品特色的基础。在网络传播时代，鲜明的作品风格，独具特色的艺术表现形式，也是提高作品传播影响力的重要手段。因此，在制订选题计划时，就应特别重视原创性选题开发，精心构建特色鲜明的作品创作体系，从而使作品创作为传播运营奠定坚实的产品基础。

（3）保持专业性原则。保持专业性原则，就是要求在作品的创作过程中，从客观事实出发，用专业精神精心创作作品。作品创作的专业性体现在两个方面。首先是作品内容创作的专业性，即作品的内容应以事实为依据，对事物的描述应遵从事物发展的规律，不夸大事实，对一知半解或不确定的内容应认真查证落实，不胡编乱造，保证作品的内容经得起评判检验。二是表现形式的专业性。作品的形态必须与作品的主题内容相统一，与目标受众群体的定位相一致。H5作品在表现形式上应设计精美，交互功能反应及时，动态效果流畅，具有较好的阅读体验。此外，同一系列的作品应有基本一致的艺术表现风格。

（4）维持活跃度原则。活跃度是指创作者在传播平台上发布作品的频率。作品发布频率高，活跃度高，有利于聚拢人气，稳定受众群体，扩大传播影响力。但是，对H5作品的创作者来说，作品发布的间隔周期不宜过短。作品发布频率过高，对作品创作团队的规模和创作能力要求较高，既不利于保证作品的创作质量，也会加大创作投入的成本。另一方面，发布作品的间隔周期也不能过长。作品发布的频率较低，活跃度不高，对维护受众群体的稳定十分不利。

要通过选题计划，对作品的创作传播周期做出细致安排，使作品的创作周期与运营需要的发布时间相吻合。

（5）促进互动原则。互动性是网络传播的基本属性和重要特点，正是通过互动传播，调动起了广大网民参与转发分享的热情和积极性，推动了网络传播体系的扩展和壮大，造就了网络媒体的蓬勃发展。因此，在选题设计之初，就应该考虑在作品中如何发挥 HTML 5 技术所提供的丰富的动态效果和强大的交互能力，使用户具有参与作品传播的积极性，为提高作品的传播影响力创造条件。

（二）H5 作品的选题设计方法

网络作品的创作是网络传播运营的首要环节，而作品的传播效果又离不开传播运营体系作为支撑。对于网络传播者而言，其传播运营就是对传播服务的营销管理，包括了受众定位、作品创作与分发、宣传推广、价值链扩展以及用户管理等环节，其核心在于发现需求和管理需求。

传播运营策略是从市场调研出发，结合自身的优势，通过充分分析网络环境下的传播特点、受众的阅读热点、影响传播运营的社会和自然因素、效益实现方式等因素而得出的，经过了发现需求和目标受众定位的过程。在传播运营策略中，制定作品的创作与分发规划，就是要通过系统地、不间断地作品创作和传播，满足目标受众对内容产品的需求。由于受众对内容产品的需求并不是一成不变的，在传播运营的过程中，还需要对传播运营策略不断地进行修正和调整。

自 HTML 5 推出以来，H5 作品就以强大的表现力和丰富的功能成为移动网络传播者开展营销和扩大传播影响力的重要产品形式。H5 作品从来就不是脱离传播运营的需要而独立存在的。H5 作品的创作需要以传播运营策略为前提，脱离传播运营的受众定位，作品的创作就会失去方向性。因此，H5 作品的创作是传播运营的重要组成部分，是为提高传播运营效果服务的，脱离传播运营的需要也就使 H5 作品的创作失去了应有的价值。

H5 作品的选题设计就是根据传播运营的受众定位，准确分析传播运营中需要解决的问题，明确作品创作目的，规划作品的内容、确定作品的类型和表现形式，并对创作周期和成本做出预估。

1.确定 H5 作品的创作目的

一般而言，H5 作品的创作目的主要有主题宣传、强化认知、营销宣传、消费引导以及市场调查等。

（1）主题宣传：以宣传重大节日或重要活动庆典的主题作为作品的创作目的，通过作品引起受众对相关主题的关注。

（2）强化认知：以介绍事件发生的背景、过程、产生的影响或阐述事物的基本原理、基本知识或技术方法为创作目的，以期促进受众对这些事物的认识和理解。

（3）营销宣传：以品牌宣传或产品和服务宣传为创作目的，提高受众对品牌的好感度，增进用户对产品和服务的认识和了解。

（4）消费引导：以宣传消费效用调动人们的消费欲望为创作目的，促进人们对产品和服务的消费。通常作品中包含有购买产品或服务的消费链接。

（5）市场调查：以获取市场需求及其变动的基本数据为目的，作品中包含有数据服务功能，用以获取用户提供的相应数据，通过数据分析为营销策略的调整提供支持。

对于网络传播者而言，作品创作的目的性越明确，受众越容易对作品产生明确的认知，作品相对的也就越容易得到受众的认可。不要期望通过一个作品达到多个传播目的，这样的作品只会使受众对作品的认知产生混乱。因此，在创作H5作品前，应对创作目的仔细斟酌。如果传播运营过程中面临的问题较多，需要通过作品达到多个传播目的时，就需要对这些问题进行必要的梳理，分清主次和轻重缓急，通过设计不同的作品选题，针对性地达成各自的目标。

2. 对H5作品内容做出大致规划

在明确了H5作品的创作目的后，为达成创作目的还需要一定的作品内容予以实现，因此，在选题设计中就必需对可能涉及到的作品内容做出大致规划。这个规划不同于创作提纲，它是粗略性的，只是对作品内容的概述性的描述，所涉及的内容范围可以宽泛一些，但指向性必须是明确的，必须与实现作品创作目的的要求相一致，主要是为下一步编制创作文案提供指引。特别是当创作的H5作品中包含的内容较多、结构较为复杂时，做好内容规划是十分重要的，因为规划内容的过程也是一个理清创作思路的过程，创作思路清晰，才能保证在后续的创作过程中少走弯路，避免浪费技术资源和延误创作周期。

3. 确定H5作品的类型

作品的类型也是H5作品选题创意设计的重要组成部分。从H5作品创作的技术角度而言，H5作品可大致分为两类，一类为融媒体交互类型，另一类为内容展示类型。两种类型的作品特点各异。融媒体交互型作品具有较为丰富的交互功能，用户参与性较高，可实现非线性阅读。内容展示型作品以线性阅读方式呈现内容，交互功能少，阅读浏览操作简单。采用哪一种作品类型，需要根据传播运营的受众定位、创作目的和内容规划进行确定。如需受众在阅读作品过程中可选择阅读进程或控制内容的播放时，作品的类型就应该为融媒体交互类型。如只需要受众直接浏览作品或通过滑屏线性阅读作品，就可以将作品的类型确定为内容展示类型。

4. 确定H5作品的表现形式

H5作品通常有标准页面和长页面两种表现形式。标准页面是指H5作品的页面与智能手机屏幕的显示分辨率比例基本一致，作品页面以满屏显示方式呈现在用户的手机屏幕上。标准页面有两种格式，分别为横版页面格式和纵版页面格式，分别与手机横置时或纵置时的显示方式相对应。长页面则是作品页面的长度比智能手机的屏幕要长。长页面也有两种格式。横版长页面格式的高度与手机横置时屏幕的高度相一致，但页面的宽度要比手机屏幕的宽度要宽。纵版长页面格式的宽度与手机纵置时的宽度相一致，但页面的长度要比手机屏幕的长度要长。对融媒体交互型的作品最好选择标准页面的表现形式，以便于用户的交互操作。而内容展示类型的作品可以选择标准页面的表现形式，也可以选择长页面的表现形式。创作精巧的长页面形式的作品可以给人耳目一新的感觉。

5.预估创作周期和创作成本

作品的发布时间对传播效果也具有一定的影响，特别是节日庆典和重大活动的主题宣传类作品更要有明确的发布时间要求，因此，在选题设计过程中，应对作品的创作周期做出预估，如果无法保障在发布时间前完成作品的创作就必须对选题设计方案做出修改。在进行选题设计时，对内容较多、结构复杂、创作技术要求较高的作品，还应对创作成本进行预估，以便在后续的创作过程中更好地控制创作成本。成本预估中，需注意如涉及采用了他人作品内容的，不可遗忘必要的著作权使用费支出。

第二节　H5作品的创意文案

H5作品创意文案是指阐明H5作品的创作目的、主题思想、核心理念和表现形式的策划报告书。H5作品的创意文案是内容创意、艺术表现形式创意的指导纲要，它不同于具体的作品设计方案，而是以精练的语言描绘出作品的思想灵魂，从而为H5作品创作的各个环节提供创作理念的遵循。

一、H5作品的创意设计

创意文案的核心在于阐述创作者关于作品创作的"金点子"，就是用语言描绘创作者思想中所迸发出来的对作品的创意思想。好的创意文案首先在于有一个能够打动受众的"金点子"。

（一）判断"金点子"的价值标准

如果想要H5作品取得好的传播效果，就需要了解所要面对的受众的需求，因此，研究受众需求就是作品创意的前提和基础。

在现实生活中，人们会面对各种各样需要解决的问题。英国著名的哲学家弗兰西斯·培根曾说："知识就是力量。"但如果人们不知道如何运用知识，知识也就不能体现出它所蕴含的力量。世界在不停地变化，人们生活的社会环境也时时在发生着变化，因此，我们就需要从研究人类的需要入手，了解人们需求的变动规律。

美国心理学家马斯洛指出，人的需要具有层次之别。

第一层次是生理和健康需要，包括食物、水、睡眠的需要等，它们在人的需要中是与生理活动相关联的，是最基本的需要，也是最重要的需要。

第二层次是安全需要，人们需要稳定、安全、受到保护和有良好社会秩序的环境等，以免除恐惧感和焦虑感。

第三层次是归属与爱的需要，一个人有与他人建立感情联系或关系的需要，如结交朋友、追求爱情等。

第四层次是尊重的需要，包括尊重自己和尊重他人的名誉和尊严的需要。

第五层次是认知的需要，即获取知识和理解知识的需要，以满足好奇心、探索未知事物的要求等。

第六层次是审美的需要，即能够欣赏美和发现美的需要。

第七层次是自我实现的需要，即人们有追求实现自己的能力或者潜能并使之完善化的需要。

第八层次是超越需要，即超越个人自我、实现普惠大众的需要。

人类的这些需要并不是非此即彼的，而是相互交织、集于一体的，只是对于每个人，在不同的时间和不同的环境条件下，一些需要表现得比较强烈，处于主导地位。此外，人们有时并不会很清晰地意识到自己当前的迫切需要，各层次需要的主导地位也会在一些因素的影响下发生转换。

由此，我们可以看出，每个人的需要都是与他所处的境况相关联的，所处的境况发生变化，需求也就会发生变化。这种需求随其他因素发生变化的程度被称为需求弹性。如因商品的价格变动影响的需求变动被称为价格需求弹性，价格很小的变动就能引起需求较大变化的商品，被称为价格需求弹性较大的商品，反之就被称为刚性需求的商品。那些需求弹性小的商品，如粮食、水、电、燃气等，通常都与人们的日常生活紧密相关；反之，那些弹性变化大的需求就是弹性需求，则多与人们的高层级需要相关。

人们要满足各层次的需求就要进行相应的消费。人们的收入水平是制约消费能力的主要因素，而对价格变动的预期则是影响人们消费行为的敏感因素，因此，人们的需求变化也就与社会经济的发展环境和变动趋势紧密相关，促使人们关注社会新闻，了解社会经济环境的发展变化。此外，随着人们生活水平的提高，对精神生活的需要更加丰富多彩，对精神产品的需求持续提高。这些都成为影响媒体产品需求的有关背景因素。

媒体产品的优秀创意必然与人们的需求直接相关，但H5作品的创意还不尽然如此。H5作品是为传播运营服务的，它的主题也就与传播运营的需要紧密相关。但H5作品的创意仅针对运营传播的需要还是不够的，这还不是判断H5作品创意价值的完全标准。判断H5作品的创意符合"金点子"的标准应该是：这个创意能够解决传播运营中提出的需要解决的问题。符合"金点子"标准的创意就构成了H5作品的核心主题。

（二）打动人心的"五条途径"

H5作品解决传播运营问题的关键不仅是让作品能够吸引受众的注意，而且还要有一个好的表现方式，能使作品主题的表达令受众入耳入心。

心理学家经过研究认为，最易于让人们思想产生共鸣的广告语言的方式有五种，分别是讲述情怀、功能介绍、自嘲式幽默、感人的故事、通过对比引出话题等，这也可以为我们在策划H5作品的创意时提供参考。

1.讲述情怀

情怀是含有某种感情的心境。人们现在一方面可以很容易就能够获得各种信息，对自然和社会的认识更加多样化，另一方面又在快节奏的现实中承受着生活和事业的各种压力，随着生活水平的提高，使人们对美好生活的期待更为丰富和多样。诗人海子"面朝大海，春暖花开"的诗句，曾承载了多少人对理想生活的向往，而河南女教师顾少强的那封"世界那么大，我想去看看"的辞职信，又激起了多少人对追寻诗和远方的梦想的共鸣。美国著名的篮球明星科比曾说过一句打动了许多人的话："你见过凌晨四点的洛杉矶吗？"这句话也展现了他为理想而奋斗的情怀。情怀是一个中性词，但向往和追求高尚的美好情怀却是人类内心最深处的情愫，也具有最能打动人心的力量。讲述情怀，就是通过对人们追求和向往美好生活真情实感的意境的刻画，激发起人们内心的情感，产生置身其中的意愿，从而影响人们的态度和行为。

2.功能介绍

人们对未知的事物总会怀有好奇心，激发起人们的好奇心也就可以影响和改变人们的态度和行为。无论是品牌宣传，还是产品和服务宣传，要吸引人们的关注，首先在于要切中人们的需求。如有一个"百天进步计划"的英文阅读活动，百天两万人一起读完三本英文书，就是针对想提高英文阅读能力又找不到好的方法的人而制定的。文案简明扼要递进式地介绍了活动的方法和要求，很快吸引了大量的参与者。这项阅读服务吸纳了《影响力》一书中提到的"人在群体中的行为往往会受到他人影响，甚至会根据周围人的反应做出相应的反应"的原理，其实就是对人们社会认同心理的巧妙应用。而推荐的阅读书目又是在哥伦比亚大学或剑桥大学的专家指导下制定的，这又给人一种心理暗示，让人感觉到阅读内容的权威性。功能介绍是营销宣传和消费引导常用的方式，通过介绍品牌价值，或产品和服务的功能、特性、质量等，向受众传达真实的情况，从而增进受众对品牌、产品或服务的认知和理解，触发受众的需求或创造出新的需求。

3. 自嘲式幽默

所谓"自嘲"，顾名思义就是自己嘲讽自己。自嘲，是一种幽默的说话方式，一种幽默的生活态度，一种心理调节的方式。在日常的人际交往中，自嘲可以起到调节气氛的作用，恰到好处的自嘲是一种人生智慧的表现，可以使传播者快速拉近与受众之间的距离，是人际沟通的一种有效方法。在现实生活中，适时适度的"自嘲"往往会给人妙趣横生、意味深长的印象，在许多场合具有特殊的表达功能和使用价值。自嘲式幽默表面上是嘲弄自己，实质上却是另有意蕴。德国大众曾为旗下的Smart汽车拍摄过一则广告，小巧的Smart汽车在越野测试时尽显窘态，然后，镜头一转出现一行字幕："As good off road as an offroader in the city.（越野能力和城市越野车一样。）"下一个镜头中，小巧的Smart灵活地停入一个狭小的停车位中，之后出现的字幕是Smart要告诉观众的关键："Smart Fortwo，the ultimate city car.（Smart Fortwo，终极城市汽车。）"这则广告就很成功地运用了自嘲式幽默方式，将企业对产品的定位告之消费者，给人留下了深刻的印象。

4. 感人的故事

我们的启蒙教育就是在幼儿时期从听故事开始的，故事中所包含的人文精神，常在情节的变化中不知不觉地感染并渗透进我们的内心深处，并使我们终生受益。故事也构成了我们每个人成年以后精神生活的一部分。一个好的故事具有穿越时空、潜移默化地影响人的力量。在我们被城市的高楼大厦和充斥身边的高科技产品所包围的世界中，面对快节奏的生活压力，正是一个个温暖的故事给了我们心灵的慰藉。我们从文学和影视作品中获取到对生活的感悟，使我们的精神世界更加丰富多彩。故事可以直指人心，因此也是传递企业理念和文化的重要方式。在韩国，《故事，俘获未来社会的力量》一书正在成为许多大企业高管必读的书目，他们就是期望通过增强文化软实力来提高企业的竞争力。讲好故事，也是一种传播力。

5. 通过对比引出话题

俗话说："商场如战场。"但精明的商家现在却摒弃了恶性竞争的零和博弈思维方式，他们往往利用互联网的便利，在一个话题上采取跟风炒作方式，吸引广大网民的注意力，从而达到共赢的目的。2016年里约热内卢奥运会期间，网民的目光都被奥运会比赛所吸引。宝马中国在其官方微博上发布了一张海报，撰文"最伟大的成就是与最伟大的对手并肩拼搏。今天，致最好的朋友！@梅赛德斯-奔驰"；随即奔驰也在官方微博上挂出海报，撰文"最伟大的比赛是和最伟大的对手一起创造。今天，致最好的对手！@宝马中国"。这场对话很快引发了广大网民的围观，许多人互相喊话，调侃模仿，网上气氛热闹非凡，宝马和奔驰也成功借用奥运会以互相称赞对手的方式赢得了广大网民的赞赏。

一个好的创意思想加上一个好的表达方式，这构成了成功的创意方案的基础。

二、写好H5作品创意文案

（一）做好准备工作

在撰写文案前需要做好以下准备工作：

1. 准确理解传播运营环节提出的要求

H5作品的创作目的是为解决传播运营环节提出的问题服务的，创作文案就要针对这些问题拿出解决的办法和措施。为做到有的放矢，在撰写文案前，我们必须知道传播运营环节所提出的问题的缘由、背景以及对H5作品的创作要求。不能单凭对问题的想象来策划文案创意，与运营人员充分沟通是不可缺少的重要步骤。要仔细梳理与运营人员沟通过程中涉及到的所有细节，运营人员是直接面对受众的，他们对受众需求的理解和认识更加深刻，有时解决问题的关键就隐含在这些沟通的细节之中。

2. 做好资料收集和调查研究工作

优秀的文案绝不是靠苦思冥想得出来的，在它的背后，有大量的资料支撑和创意人员对传播运营环节的直接感受。广告大师奥格威曾经为劳斯莱斯新款轿车撰写过这样一则广告文案："在时速60英里时，这款新的劳斯莱斯汽车上最大的噪音来自电子钟。"1英里约为1.6千米，60英里就是约96千米，在时速近100千米的汽车上，如果汽车的隔音不好，噪音对驾乘人员影响会相当大。正是因为奥格威有实际的驾乘体验，他才会用车内的噪音来自驾驶台上的电子钟来形容新车型良好的隔音效果，表明了这款车出色的舒适性。这样的文案显然单靠想象是不可能得出来的。

每一个文案都需要与特定的应用场景相适应，文案的创意就必须对应用场景进行深入调查，H5作品的创作也同样如此。即使是为市场调研创作的作品，如果只是向用户投放一张调查数据用的电子表单，没有用户会浪费自己的时间来参与这样一项看起来与自己没有什么关系的调查活动的，因此，这样的市场调研是不会有任何效果的。市场调研同样是传播运营活动的重要组成部分，用于市场调研的H5作品也必须有自己的创意主题，市场调研是为维护和增进受众的体验服务的，同时，良好和趣味性的表达方式还可以吸引其他用户的注意，有利于发掘和培养新的潜在用户，围绕这样的场景设计H5作品的主题和市场调查问卷形式，效果就会比一张简单的电子表单要好得多。

（二）提炼文案的主题和拟定文案的叙述方式

文案主题的提炼是建立在深入研究创作要求、全面分析行业数据、细致整合素材以及与用户不断沟通基础上的"头脑风暴"的过程，是对创意者的综合能力和创新能力的全面考验。文案主题的提炼过程也是一个对主题创意进行不断打磨的过程，需要从作品应用场景的角度不断对文案的主题创意进行分析判断，通过严谨细致的推理使主题创意切中问题的要害。

文案主题应是核心观点与表达形式完整统一的整体，在提炼文案主题的过程中，就应该同时拟定文案的叙述方式。

（三）为作品起个好标题

H5作品的标题十分重要。在受众没有阅读你的作品前，他所能看到的就是你为作品起的标题。因此，如果标题很平庸，那么能够选择阅读的人就不会很多。对H5作品来说，标题可以是新闻式标题、悬念式标题、警告式标题、引导式标题、数据式标题等等，但标题应与内容的叙述方式相关。

（四）撰写文案时的一些技巧

1.描述要有可视感

文案需要以视觉化的思维方式进行描述。视觉化的叙述方式具有简洁和直接的特点，可以将视觉化的形象感传递给读者，从而将读者快速带入文案所设定的情境中。要为读者创造出想象的空间，少用形容词，凡是与主题关联度不高以及读者可以直接感受到的形象特征，都不需要多费笔墨进行描述。

2.叙述要简洁和通俗易懂

文案应能够在最短的时间里被读者所接受，因此，叙述的语言一定要简洁和通俗易懂。简洁意味着文案的结构要逻辑严谨，表述清晰，环环相扣，不拖泥带水。表述的语句应为最大众化的方式，不用生僻字和晦涩难懂的词汇，凡可能会给读者阅读带来困惑的表述方法都应避免。

3.行文要流畅和有节奏感

文案不同于文学作品，不能有大段的铺垫和描述，需要在极短的时间里用有限的文字交代清楚事情，调动读者的情绪，因此，必须保证行文的流畅感和节奏感，使读者的阅读能一气呵成。思维的跳跃性是体现节奏感的重要方法，但应合理自然。文案绝对不能是标题式语句的堆砌，不能有干巴巴的口号，好的文案同样具有一定的文学欣赏价值。

（五）检验与修改

文案初稿完成后，只要时间还允许，就不要急着进行修改或上交文案。可以先处理些其他事物，让大脑休息一下，转换一下思路，然后再对文案进行修改。修改文案时，仍要从H5作品应用的场景出发，检验文案的主题是否可解决传播者需要解决的问题。如有可能，可以征询一下同行或其他朋友的意见。征求意见时，态度一定要诚恳谦虚，无论收到了什么样的意见，都要向对方真诚地表示感谢。文案的修改一般不会一蹴而就，要保持足够的耐心。当你的文案最终被采用时，那时的喜悦会补偿你所经历的一切煎熬。

第三节　H5作品的创作流程

H5作品的创作流程包括制定创作方案、组织素材、创作过程和检查验收等环节。

一、H5作品的创作方案

H5作品的创作方案是作品在创作各环节和全过程的依据，是对作品内容创作和艺术表现形式的具体标准和要求，是作品创作过程中落实作品内容完整性和结构与形式统一性要求的规范性文件。H5作品的创作方案由作品内容创作、艺术表现形式设计和技术制作设计方面的具体要求和规范等组成。

H5作品创作方案的制定应以选题设计方案和作品文案为依据，创作方案应体现选题设计要求和文案创意思想，并保证方案切实可行。

H5作品创作方案可以包括素材组织方案、艺术设计方案、技术设计方案等子方案。各子方案的基本要求如下：

（一）素材组织方案

明确创作素材的范围和素材组织及征集方式。应对素材内容质量、数量提出具体要求，避免素材组织过程中出现问题。

（二）艺术设计方案

根据作品选题设计和文案创意中对作品表现形式的要求，确定作品的艺术表现形式和表现风格，对多层级页面作品应制订出色调设计规范。

（三）技术设计方案

根据作品的选题设计和文案创意，制定作品的结构设计方案，并绘制出技术路线图。作品的结构设计应能充分反映创意设计思路，对技术方法进行充分评估，对复杂技术问题应有解决预案。

（四）创作进度计划

创作方案还应包括创作进度计划。创作进度计划应体现可执行原则，注意各内容项目进度的时间控制节点，保证作品创作按时完成。

二、H5作品的素材组织

（一）素材组织的原则

组织素材，是H5作品创作中的基础性工作。素材组织工作，应以作品的创意思想为依据，全面落实作品创作方案的要求。

（二）素材组织的注意事项

1.内容

应做到内容全面准确，保证质量，尽可能为制作的需要留有余地，避免创作过程中因素材不够全面、丰富或错误而造成的大范围的调整修改问题。

2.格式要求

图片、音频及视频素材的格式应符合H5作品的技术规范和创作要求。

三、创作过程注意事项

在作品的创作过程中，要严格落实创作方案和进度计划要求，及时解决创作设计过程中出现的问题，按时完成创作设计工作。

四、检查验收

作品创作完成后，在提交发布前，应组织人员对作品进行检查验收，特别是对结构复杂的作品，应对作品的所有内容进行全面检查，发现的问题要及时进行修改。

第四节　其他常用的H5作品创作工具

除方正飞翔数字版外，H5作品的创作工具还有易企秀、人人秀、MAKA（码卡）、意派·Epub 360等等。

一、易企秀

（一）简介

易企秀（图标如图5-4-1所示）是北京中网易企秀科技有限公司开发的一款基于智能内容创意设计的数字化营销软件，可以让无技术和设计功底的用户，通过简单的操作就可以生成生动的H5作品、海报图片、营销长页、问卷表单、互动抽奖小游戏和特效视频等各种形式的创意作品，从创意设计入口出发，不断丰富产品矩阵，形成创意策划、设计制作、推广分发、数据分析、集客管理的轻营销闭环。支持PC、APP、小程序、WAP多端使用，用户可以根据自己的需要自由选择使用端进行创意制作，并快速分享到社交媒体开展营销。

图5-4-1　易企秀图标

（二）易企秀创作的H5作品使用场景

易企秀创作的H5作品可用于企业宣传、品牌宣传、产品介绍、婚礼邀请、企业邀请、活动促销、引流吸粉、人才招聘、预约报名、会议组织、收集反馈、网站导流、新年祝福等。

（三）易企秀H5作品创作操作简介

除下载使用以外，电脑端操作可直接于网站搜索"易企秀网页版入口"进入并使用。

图5-4-2是进入易企秀创作H5作品网页版后所呈现的界面。可以看到创作设计H5作品的工具主要分布在左侧和上方，管理设置H5页面元素参数的工具则在右侧。左侧有"图文""单页""装饰"及"艺术字"；上方有"文本""图片""音乐""视频""组件""智能组件"及"特效"等按钮；右侧有"页面设置""图层管理"及"页面管理"等设置栏。

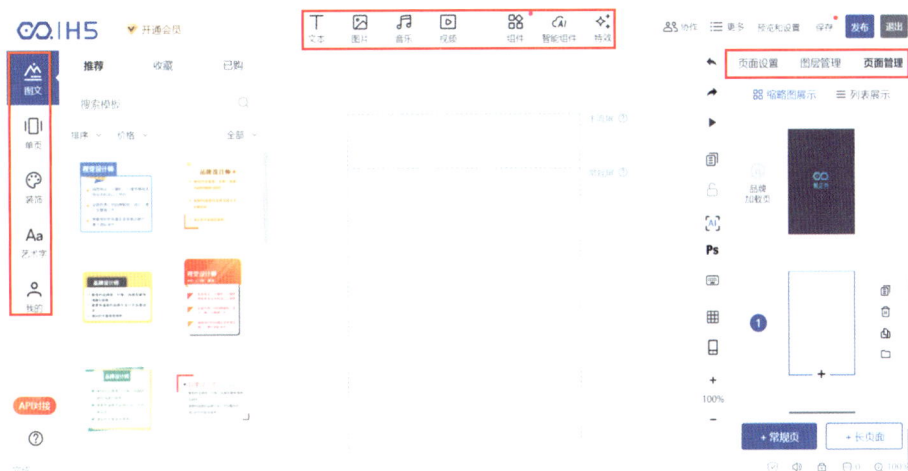

图5-4-2　易企秀创作主界面

左侧中"图文"及"单页"中有可以直接套用的模板，"装饰"及"艺术字"对H5有一定的美化作用。

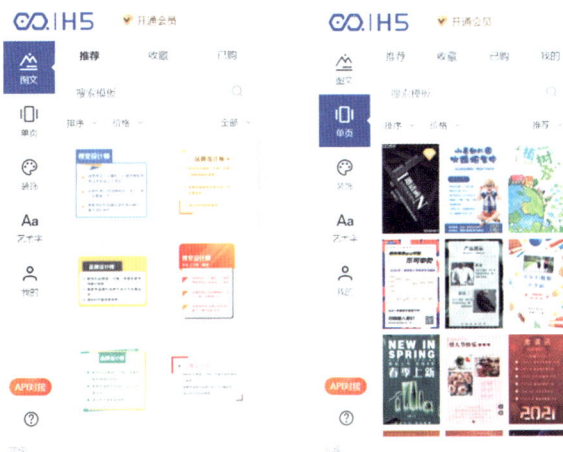

图5-4-3　"图文"模板和"单页"模板界面

在"图文"模板界面中，有许多图文作品模板，选中适合需要的模板，点击"直接使用"即可；如果需要创作单页的H5作品，可在"单页"模板界面中，选中适合的模板，同样点击"直接使用"即可。

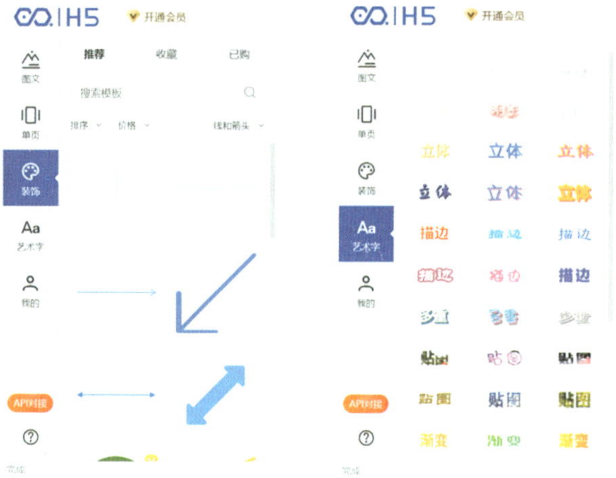

图5-4-4 "装饰"界面和"艺术字"界面

在"装饰"界面中，有线型和箭头、插画元素、摄影图、形状等小组件，选中后点击"直接使用"即可插入页面，可用于美化H5作品。在"艺术字"界面中，有40多种艺术字体，单击可直接插入页面，之后对文字内容进行编辑即可。

在创作界面上方的七个按钮为插入素材按钮，即可以直接将文本、图片、音乐、视频、组件以及特效插入H5创作页面中。

图5-4-5 "插入"选项按钮

其中"文本"最常见，在制作PPT等时经常能够用到，"图片"、"音乐"及"视频"也是同样，在该软件中，这些素材也可由"本地上传"插入到作品中。

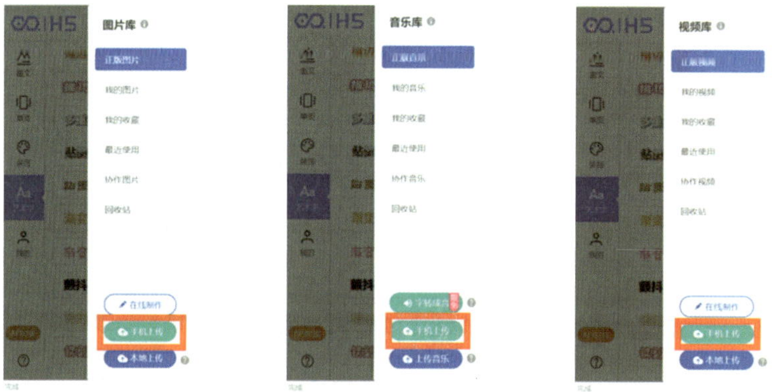

图5-4-6 "插入"选项

组件可以用于H5作品的交互功能设计，创作者无需具有编码技术就可直接将其插入作品中作用。下图即为组件的全部内容，选择需要的组件插入到作品中即可。如在组件—拼图中，点击选择拼图模板，接着选择换图，换上适合H5内容的图片即完成拼图交互功能的设计。

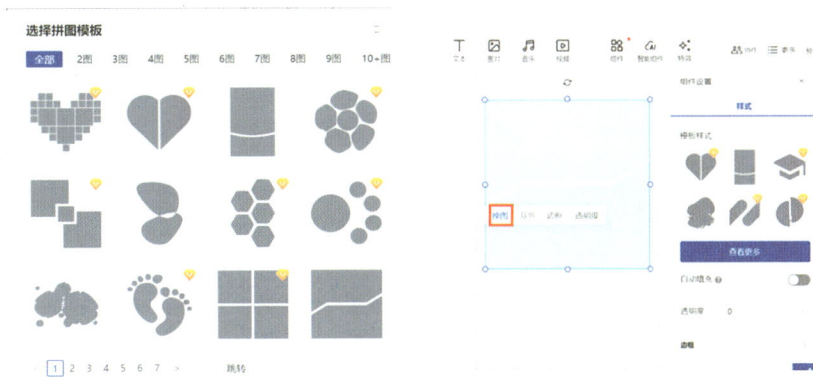

图5-4-7 "插入"互动组件选项

另外，如果想要设计点击按钮跳转到具体链接或具体页面，也可在组件中进行选择。首先点击"组件"，找到"跳转链接"并点击，会看到下图所示的界面。

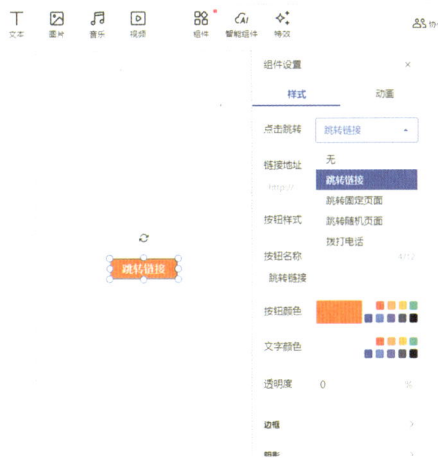

图5-4-8 "跳转链接"设置

接着选择跳转位置，有链接跳转、跳转固定页面、跳转随机页、拨打电话等选项。同时，可以在"按钮样式"处选择自定义，添加自己需要的按钮样式，右侧"动画"中可对组件进行动画设置。

图5-4-9 动态组件选项

智能组件按目的性分为了两种，分别是趣味与营销，各自又有五个组件，具体操作与组件名称相契合，理解及操作简单。在下图左侧位置会有形象的动画说明。

图5-4-10　智能组件选项

特效分为三类，即特效场景、微信场景以及手机场景。其中特效场景是针对页面设置的，如"涂抹"即是将H5中的某一页设置模糊，查看时需要手指涂抹后才能看到清晰的内容。微信场景里的"模拟对话"即是模拟微信聊天，后面手机场景中的"语音助手"即设置语音问答。在下图左侧位置会有形象的动画说明。

图5-4-11　特效组件选项

最后，右侧针对页面共有二项设置，分别是"页面设置"、"图层管理"以及"页面管理"。

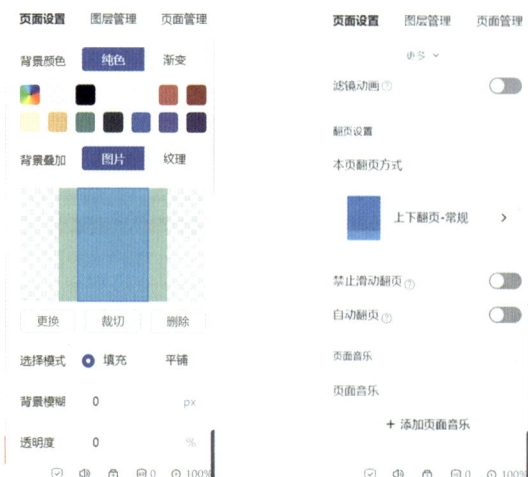

图5-4-12　"页面设置""图层管理"以及"页面管理"设置界面

其中页面设置一方面是对页面内图片的设置，包括颜色设置、大小设置、透明度设置等，另一方面是对页面的设置，包括翻页方式、页面音乐的设置。

图层管理分为样式、动画以及触发设置。其中样式即对页面组件本身的设置，比如大小、颜色、透明度、边框、阴影、尺度与位置以及跳转设置，跳转设置即点击组件后跳转到所设置的页面。

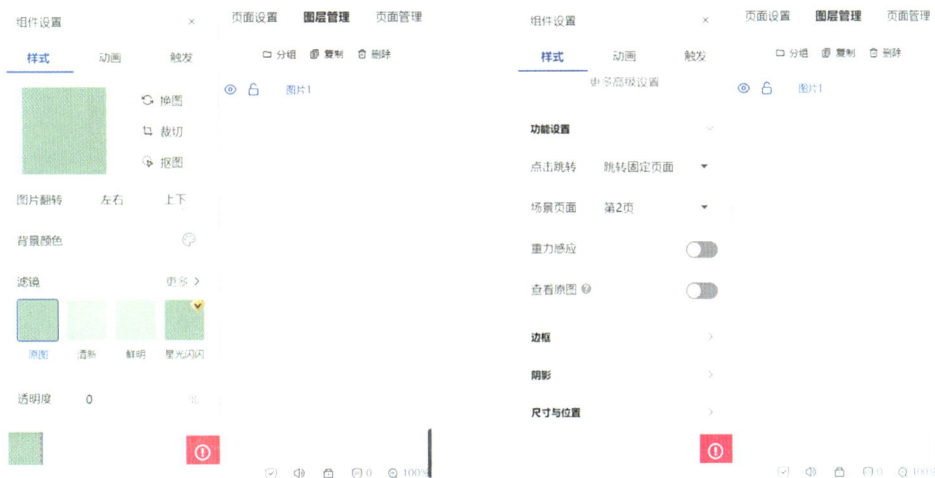

图 5-4-13　"图层管理"设置界面

动画即设置组件进入页面时的方式。有文字动画与通用动画之分。

触发即通过"点击"或"摇一摇"的方式从一个组件到触发新的内容，如链接的跳转、页面的跳转，或者播放音频、动画等。

页面管理便是对页面的管理，可以对加载页以及尾页进行一定的修改，添加新的页面，可对页面进行删除、复制等操作。

图 5-4-14　"页面管理"设置界面

（四）易企秀的设计操作特点

（1）若选择空白创建作品，则可以使用到许多半成品组件完成自己的构思，操作较为简单，使用方便。

（2）若选用模板，则可以按照自己的想法对模板进行修改；若制作邀请函，推荐使用易企秀，有许多免费且优质的模板可以应用。

（3）分享便捷，通过链接、二维码实现快速分享。

图5-4-15　易企秀的模板

二、人人秀

（一）简介

人人秀（图标如图5-4-16所示）是合肥星爵互动信息科技有限公司旗下的产品，作为一站式营销服务平台，是中国较大的互动营销工具之一，也是互动营销领域服务用户较多的互联网产品之一。2014年8月正式上线，目前服务内容有H5广告定制、H5游戏开发、H5免费平台以及付费功能插件、H5传播推广、网站开发、多媒体设计、策划等，包含H5、小程序、欢乐现场、公众号助手、积分商城等产品线。

图5-4-16　"人人秀"图标

（二）人人秀创作的H5作品使用场景

由人人秀平台创作的H5作品可用于企业宣传、产品介绍、活动促销、预约报名、会议邀请、收集反馈、微信增粉、网站导流、婚礼邀请、新年祝福等。

（三）人人秀H5作品创作技术简介

图5-4-17是人人秀在创作H5作品时的主界面。

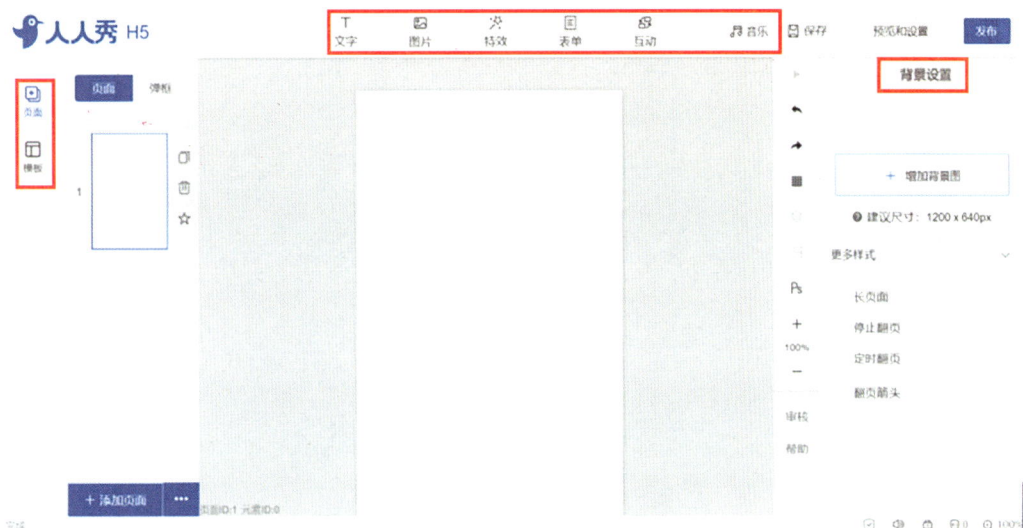

图5-4-17　人人秀H5作品制作界面

与易企秀相同，它的功能设置主要分布在左侧、上方和右侧。左侧相当于对作品创作页面的管理，放置了一些可以直接套用的模板选项；上方的工具按钮用于向页面添加内容，有"文字""图片""特效""表单""互动"以及"音乐"的添加设置按钮；右侧则为背景设置，可对背景颜色进行更换或添加背景图，设置作品页面格式，并且对翻页效果进行设置。

当页面内添加了图片之后，右侧的设置则会转变为图片的设置，有"图片""动画""点

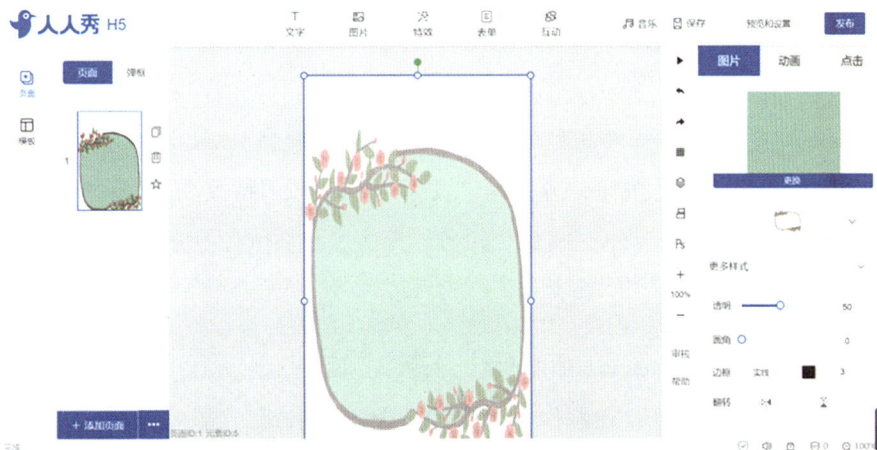

图5-4-18　"图片"选项的功能

击"三项设置。其中"图片"选项可以更换图片，还可以添加边框或对图片进行修饰，进行图片透明度调节等设置。

"动画"设置则可以为页面添加动画并对动画进行设置。其中，一键设置页面动画可将动画设置应用到所有页面。

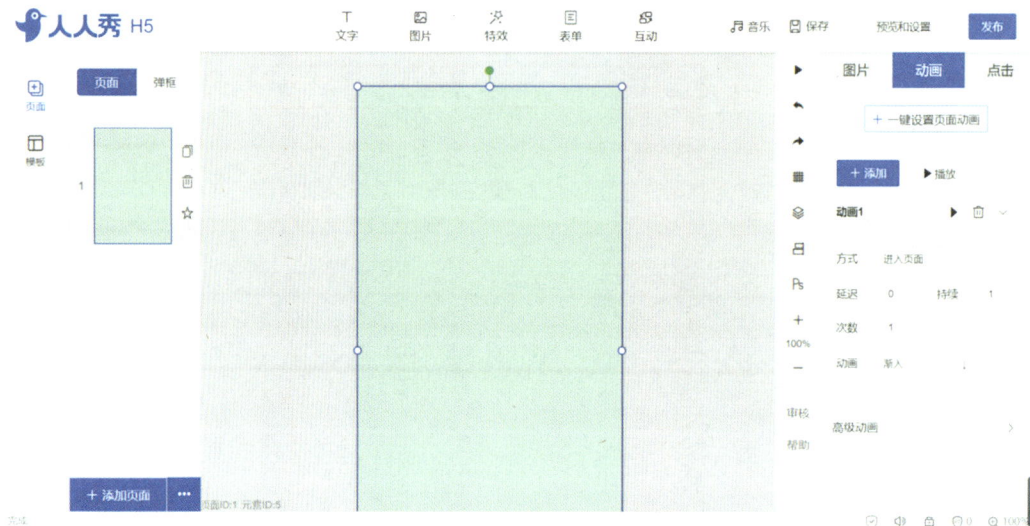

图5-4-19　"添加动画"选项

"点击"设置即是点击组件后跳转到所设置的地方，如跳转到某个页面或跳转到其他链接等，另外，还可点击添加音效及图片。

图5-4-20　"点击"调用事件选项

制作界面上方的几个工具按钮，分别是"文字""图片""特效""表单""互动"以及"音乐"的插入按钮，可以直接将文字、图片、特效、表单、互动组件以及音乐插入H5作品中。

图5-4-21　"插入"按钮

其中"文字"按钮最常见，在制作PPT等时经常能够用到，"图片""音乐"也是同样，在该软件中，这些类型的素材也可由本地"上传"便可以插入作品中。

"特效"种类较多，包括"特效""趣味"以及"组件"三类，使用简单，可以直接调用，用于增强H5作品的表现力和交互性。

图5-4-22　"特效"选项卡

"表单"即可以在页面中插入表单并进行编辑、设置，插入表单后，可在右侧功能设置区对表单样式，如颜色、背景、间距、模式等等进行设置，另外，在高级设置中，还可以进一步完善表单，对时间、人数、参与次数等做出详细设置。

图5-4-23　"表单"设置选项

"互动"分为几类，各类之下又有很多具体小选项，均为可以直接调用的模板，若与自己制作的作品主题相契合即可直接使用，比较快捷方便。

图5-4-24　"互动"选项

（四）人人秀创作工具的特点

（1）海量模板，操作简单，适合新手入门学习及制作简单的原创作品，但专业程度不高。

（2）分享便捷，通过链接、二维码可以实现H5作品的快速分享。

三、MAKA（码卡）

（一）简介

MAKA是码卡（广州）科技有限公司开发的H5在线创作及创意工具，致力于为企业提供搭建社交媒体数字营销的服务，包括企业从形象宣传、产品展示到数据可视化展示、活动报名等，满足企业对信息发布的需求。MAKA涵盖H5设计、单页（长图文）设计和海报设计的在线创作功能，用户通过简单拖拽即可完成邀请函、促销广告、活动宣传、招聘招生、节日贺卡等的内容设计，是一款功能强大的H5网页制作工具，用户可以使用该工具快速的制作出各种生动的H5页面。

MAKA

图5-4-25　MAKA图标

（二）MAKA创作的H5作品使用场景

使用MAKA可创作出交互性邀请函、活动促销、收集反馈等H5作品，为企业提供包括企业形象宣传、活动邀请、产品展示、数据可视化展示、活动报名等应用场景需求的服务。

（三）H5操作指南

图5-4-26为MAKA进行H5作品创作的主界面。

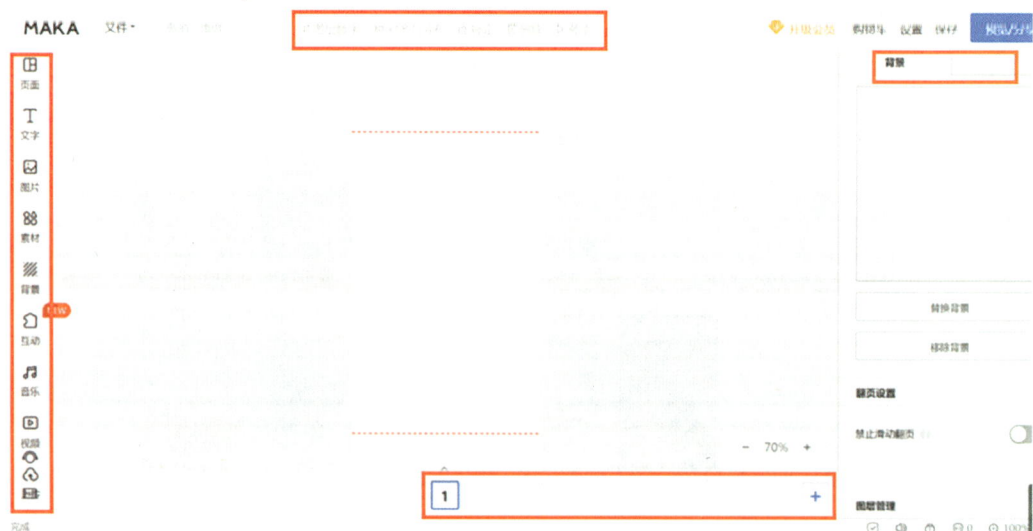

图5-4-26　MAKA创作界面

MAKA的功能模块分布在主界面的左侧、右侧、上方以及下方，对功能模块的标注也非常清晰。左侧为插入选项按钮，可插入"页面""文字""图片""素材""背景""互动""音乐""视频"等素材，左侧下部为"客服"及操作"说明"按钮。上部为"图层顺序""对齐与分布""锁定""删除"以及"预览"等操作功能选项，可对选定页面中的元素进行设置和操作。右侧是背景、翻页设置以及图层管理选项按钮。下部为页面管理区。

主界面上部的功能选项中，"图层顺序"指改变选定图层的上下顺序，有置顶、置底、上移与下移等选项；"对齐与分布"可对页面内的操作对象进行对齐或分布方式的操作；"锁定"则可将待定的对象进行锁定，对象在被锁定的状况下，不能进行任何改动，包括位置的移动、动画的设置等；"删除"即可将选择的对象删除；"预览"就是观看所设置的效果。

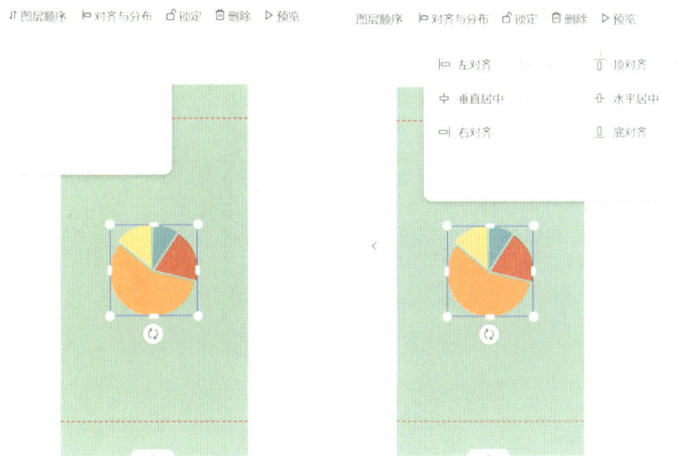

图5-4-27　主界面上部的功能选项

主界面下部的功能区用于增删页面以及选择页面。

图5-4-28　页面管理功能区

主界面右部功能区可对页面翻页效果、背景及所添加元素进行设置。对背景的设置包括替换背景、移除背景、裁剪图片以及透明度的设置；如选择"禁止滑动翻页"项，有"禁止滑入下一页""禁止滑入上一页"选项，但应依据系统提示"请确保已在页面中设置了其他跳转动作"，否则将导致作品出现因不能翻页而无法阅读的错误。

页面中添加元素的设置功能比较丰富，如添加矢量图后，在右侧功能区的"矢量图"选项，可对图形的透明度、阴影、位置尺寸进行设置，还可选择"启用跳转链接"，即跳转到某网页或H5中某页面，动画设置则可对元素的进场动画、强调动画以及退场动画进行设置，包括对动画的速度、延迟时长及动画方式进行设定。

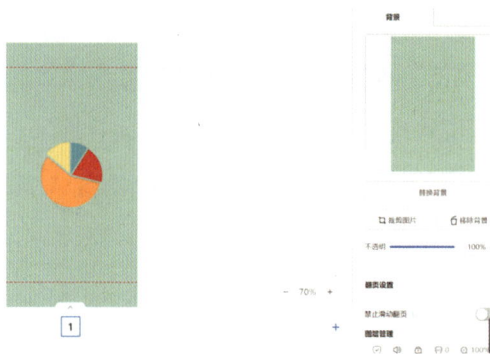

图5-4-29　主界面右部设置功能区

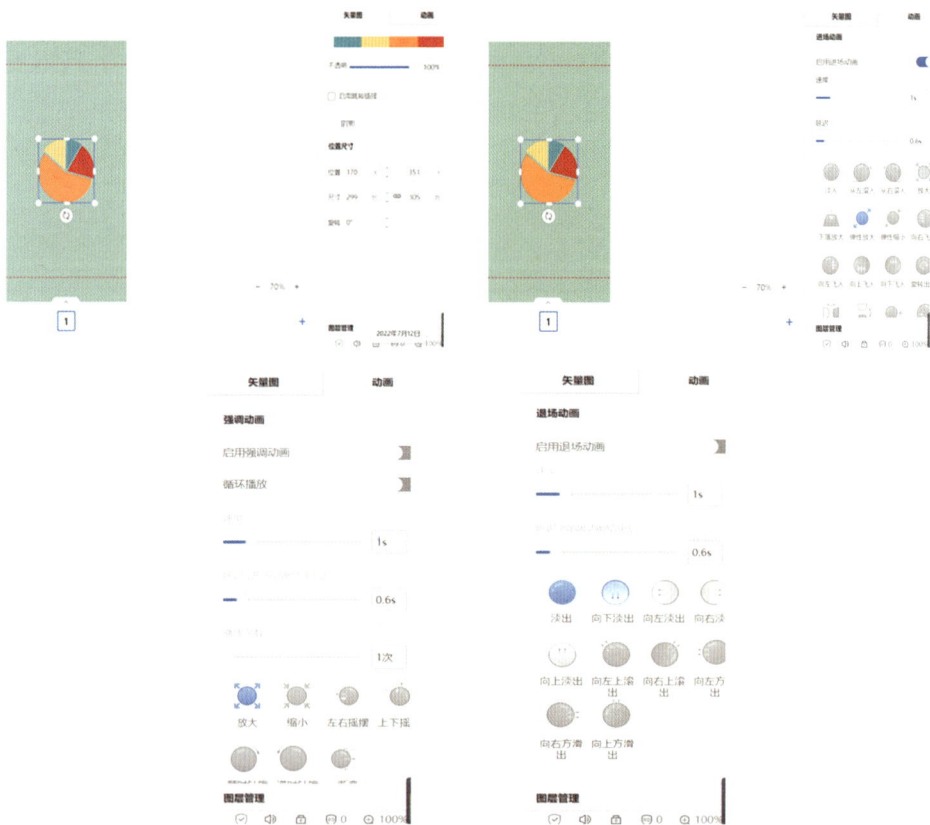

图5-4-30　对添加元素进行功能设置

在左侧功能区，"页面"中提供了一些可以直接套用的页面模板。

"文字"分为添加标题、添加副标题以及添加正文内容等选项，也有许多模板可供选择。

"图片"一栏中有许多精美的图片素材可供选择。

图5-4-31　添加文字或图片

"素材"中有许多形状、图表、线条、相框、图标等小组件，可以使H5的内容更加丰富，也对H5有一定的美化作用。

"背景"分为纯色背景、图片背景、纹理背景以及支持用户个人上传背景图片。

图5-4-32　添加素材或选择背景

"互动"一栏中的功能也比较丰富，主要有添加表单、答题组件、微信组件、拼图、拨号组件、图组、投票、抽奖、接力、跳转链接、地图、视频、点赞、倒计时等，可以很好地提高H5作品的互动性。

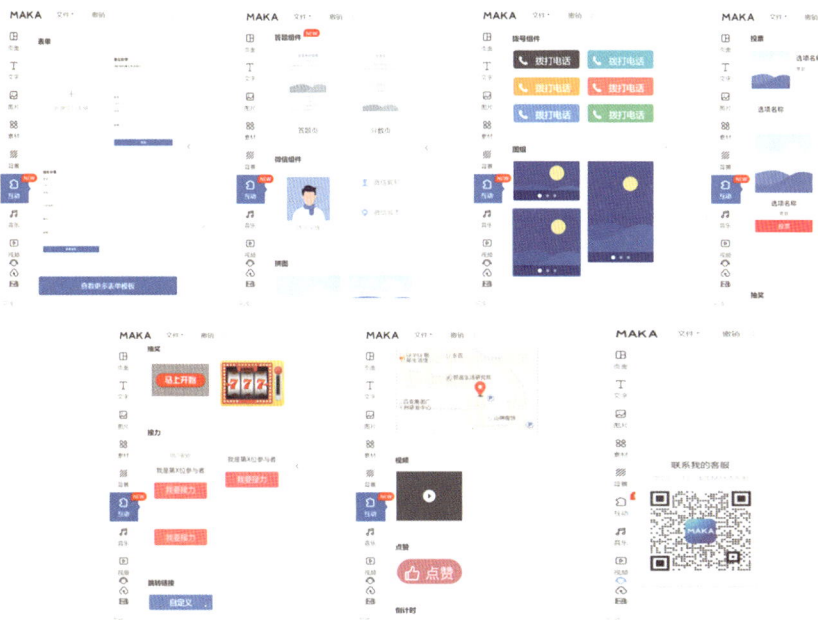

图5-4-33　"互动"组件选项

"音乐"设置中，可以直接在音乐库中选择在线音乐，也可以上传本地音乐。"视频"设置中，一般情况下，打开原视频网站的地址，点击下面的"分享"按钮，就可以看到"通用代码"，直接复制获取即可，目前视频功能支持腾讯视频、优酷、土豆三家视频网站的通用代码；该功能区域添加了客服的联系方式，即通过微信扫一扫，添加MAKA客服，可以了解到MAKA的最新功能等，得到更好的服务。

（四）MAKA创作工具的特点

（1）MAKA拥有海量模板以及优质图片，操作简单，通过点击选择即可轻松创作自己的H5作品。

（2）MAKA的首页展示有优秀案例，可通过标签精准筛选出行业优秀的H5项目，学习H5作品的创作设计方法，掌握新媒体营销方向。

（3）分享便捷，可分享作品到微信、朋友圈、微博、QQ、QQ空间等渠道进行推广和营销。

四．意派·Epub360

（一）简介

意派·Epub360是上海意派信息科技有限公司旗下软件，是一款通过浏览器在线使用的H5作品创作设计软件，Epub360是一款稳定且专业的H5工具，它拥有表单、数据库、参数变量之类的特色功能，可通过各式各样的组件制作一镜到底、画中画、全景VR、合成海报、人脸识别等功能强大的H5作品。而除了"专业的H5制作工具"这个身份之外，意派·Epub360平台上还有很多案例、模板以及从基础入门到进阶提升的一系列详细教程，都非常有参考性，是一款专业H5作品创作设计软件。

图5-4-34　意派·Epub360图标

（二）意派·Epub360创作的H5作品使用场景

使用意派·Epub360制作的H5作品可以用于企业宣传、品牌宣传、产品介绍、合成海报、活动邀请、答题测试、传播时事新闻、网页游戏等场景。

进入意派·Epub360主界面后，可以看到页面顶部的导航栏有H5案例、模板、应用市场、设计师、价格、教程、企业服务、企业版专题等。H5案例罗列了平台用户及官方制作的各种H5作品，这些作品以创意形式、行业及场景作为划分依据。

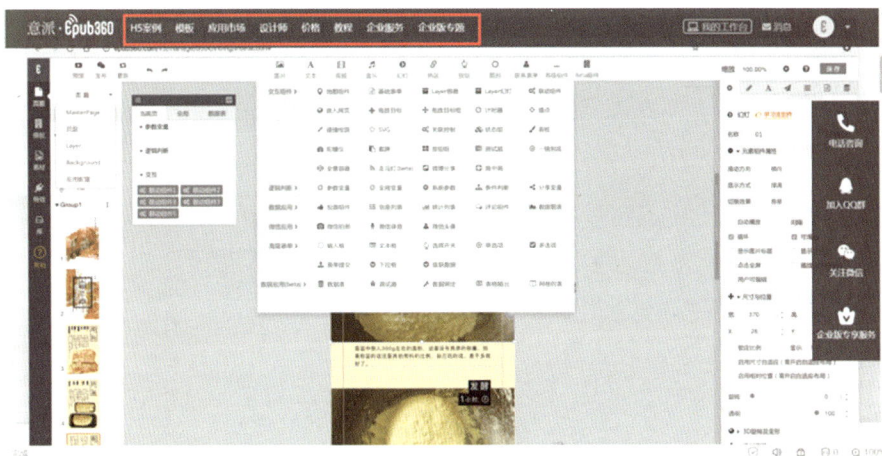

图5-4-35　意派·Epub360主界面

模板汇集了用户及平台官方制作的各种H5模板，这些模板主要以场景及创意形式作为分类，有免费模板、专属模板、付费模板三种类型。

应用市场包含现场签到大屏幕抽奖、随手拍图片投票、幸运转盘抽奖等数种H5应用（由一个或多个数据应用型H5封装而成），目前开放给基础版及以上用户免费使用。

设计师是平台为优秀设计师和设计机构提供的一个展示自己的窗口，同时也便于有需求的客户找到适合自己项目的设计师。如果你在意派·Epub360平台上有3个以上的原创作品被标记为精选作品，那么，你的信息就会自动出现在这一板块中。

价格：可以在这里清楚地了解每种账号（免费体验版、基础版、专业版、企业标准版、企业高级版）所提供的服务及定价。

教程：该板块拥有丰富的产品帮助文档、案例教程及学习视频。

企业服务：着重介绍贴合企业的服务内容，包括独立私有化部署系统平台、与企业现有系统对接、提供H5设计制作及支持、高端企业官网设计开发等。

（三）意派·Epub360创作H5作品操作简介

图5-4-36为意派·Epub360进行H5作品创作的主界面。

H5作品创作主界面功能区有四个，左侧区域包括"页面""图层""模板""模块""素材""特效""库"以及"帮助"；上方包括"图片""文本""视频""音乐""幻灯""按钮""图形""联系表单""互动组件""高级组件"的插入按钮，并对文本的设置列出了清晰且细致的选项；右上方包括"缩放设置""协作设置""显示及快速链接设置"以及"帮助"与"保存"作品的按钮；右侧区域包括"元素信息及页面信息设置""背景及边框设置""文字样式设置""动画序列与触发动画设置""作品信息设置"以及"表单设置"。

左侧功能区包括八项内容，其中"页面"即是对H5页面的设置，包括对翻页方式的设置，

图 5-4-36　H5作品创作主界面

以及新建页面、删除页面、复制页面、粘贴页面等的设置，如图5-4-37所示。

"图层"可对页面内各元素，包括对所插入的背景、图形、按钮等的选择、删除、隐藏、锁定等属性进行设置。在选中图层之后，可以通过右侧功能区进行参数设置，如图5-4-38所示。

图5-4-37　页面设置

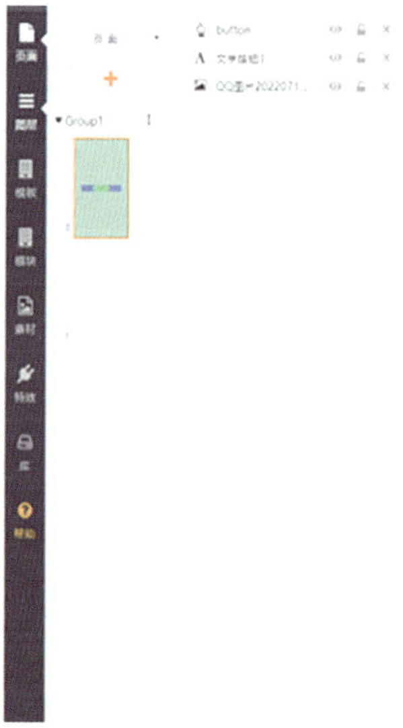

图5-4-38　图层操作设置

在符合个人制作的H5作品风格及内容的前提下，可以选用合适的"模板""模块"以及"特效"加入H5中，并且在点击播放后可以预览效果。

"素材"又分为"公共素材""我的素材"以及"我的收藏"，有图片、视频、音频三类，其中"公共素材"种类丰富，可以直接添加到作品页面中，"我的素材"需要本地上传才能使用。

上方功能区为插入素材选项，其中"图片"包括图片、二维码、DIY图片以及图标，图片、二维码的添加，与左侧功能区"素材"添加方式相同，可以在"公共素材""我的素材"及"我的收藏"找到并添加；DIY图片为专业版权限功能；图标的添加选择后单击即可，之后在右侧功

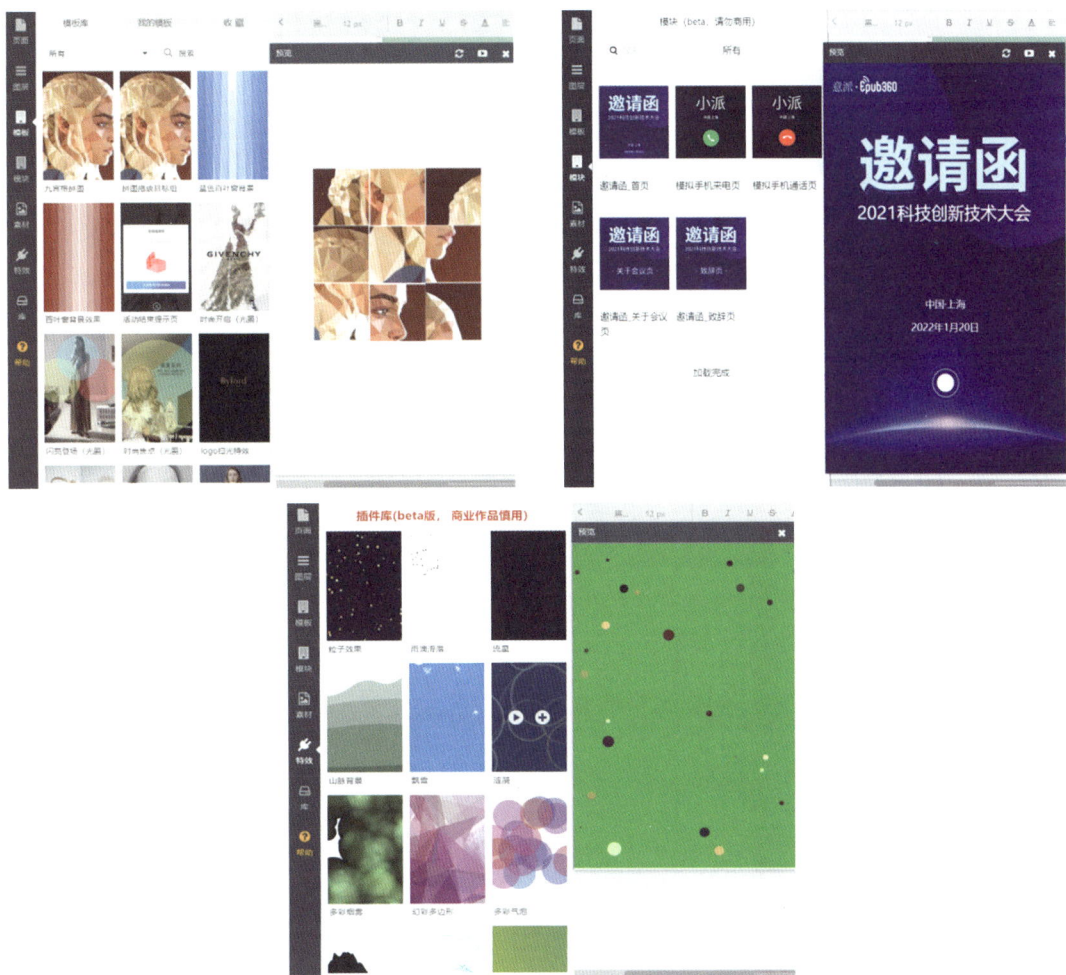

图 5-4-39　意派·Epub360 提供的模板、模块及特效

能区会出现许多图标选项，可对图标进行设置，如颜色、尺寸与位置、3D 旋转及变形、动效、动画及触发器、边框、阴影等。

图 5-4-40　素材选项

图5-4-41　插入素材选项

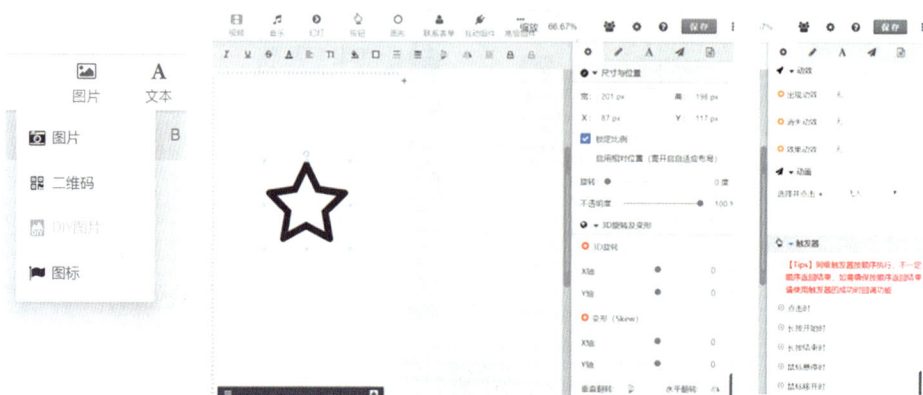

图5-4-42　设置图标元素

　　"文本"包括段落、富文本以及艺术字，其中艺术字为专业版权限功能，而段落、富文本直接点击添加即可，双击便可以编辑文本，右侧功能区可以对选中的文本进行各项设置，包括对尺寸与位置、3D旋转及变形、动效、动画、背景及边框、文本样式等进行设置。

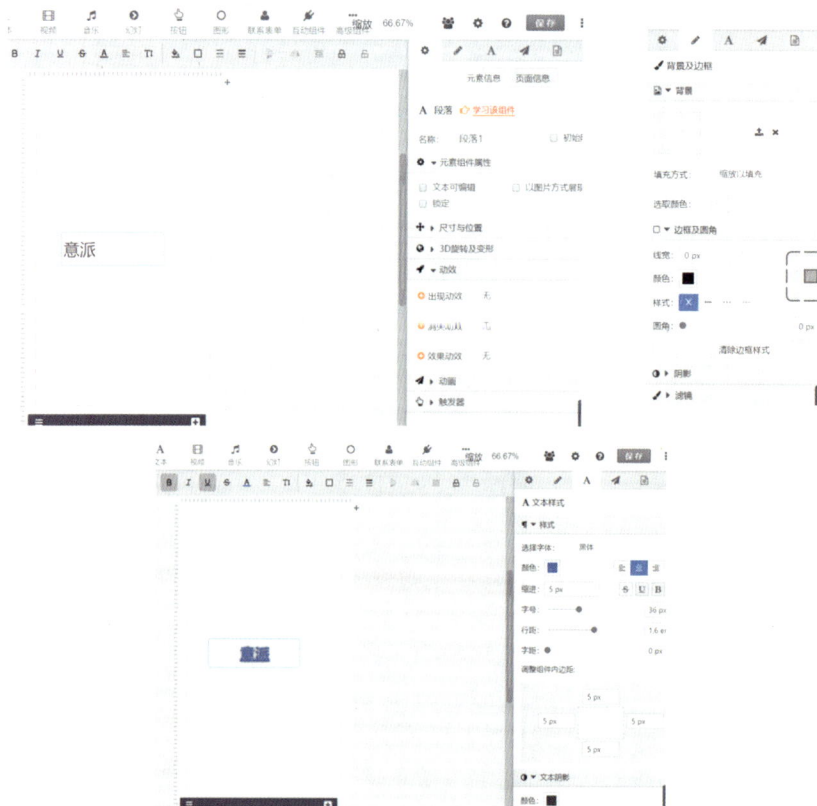

图5-4-43　设置文本元素

"视频"可以插入本地视频或腾讯视频，其中本地视频为专业版权限功能，而插入腾讯视频的方法为：在右侧功能区选择"元素信息"，找到素材资料，在添加视频一栏复制腾讯视频网址或者分享的HTML代码，即可添加到页面。在右侧功能区中可以设置是否显示播放图标、是否显示播放控制条、是否循环播放等，同时可以调整视频的尺寸与位置以及设置动画、触发器、阴影等。

图5-4-44　设置视频元素

"音乐"包括背景音乐以及音频，添加方式与左侧功能区"素材"相同，可以在"公共素材""我的素材"及"我的收藏"中找到并添加。

"幻灯"包括幻灯、序列帧、拼图、内容模板、相册以及轮番图等，其中轮番图为专业版权限功能。"幻灯"添加方式与左侧功能区"素材"相同，可以在"公共素材""我的素材"及"我的收藏"找到并添加。

如我们需要制作一张拼图，在单击拼图组件添加到页面后，可通过右侧功能区进行设置。可以选择自己喜欢的拼图模板，也可以换上自己喜欢的图片，如图5-4-45所示。

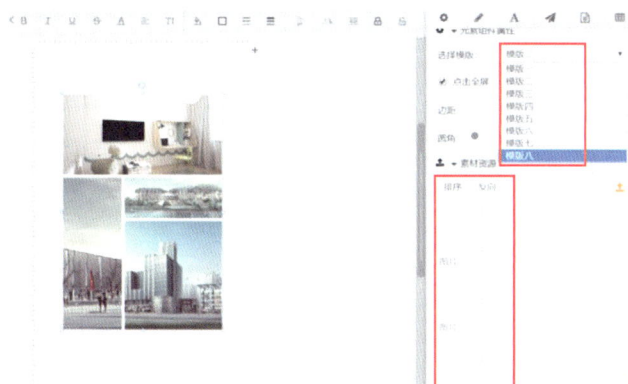

图5-4-45　拼图示例设置

"按钮"包括文字按钮、新文字按钮、图片按钮、跳转小程序以及热区，其中跳转小程序为专业版权限功能。可以样将按钮单击添加到页面之后在右侧功能区设置尺寸与位置、动画、触发器、阴影等。

"图形"包括三角形、圆形、方形、直线、箭头、圆角矩形、对话框、SVJG连接线等，其中箭头、圆角矩形、对话框以及SVJG连接线为基础版权限功能，单击添加到页面之后可以在右侧功能区设置尺寸与位置及动画、触发器、阴影等。

"联系表单"即在页面中添加表单，双击即可添加，表单内容包括名称、电话号码、地址、E-mail地址及备注等项。

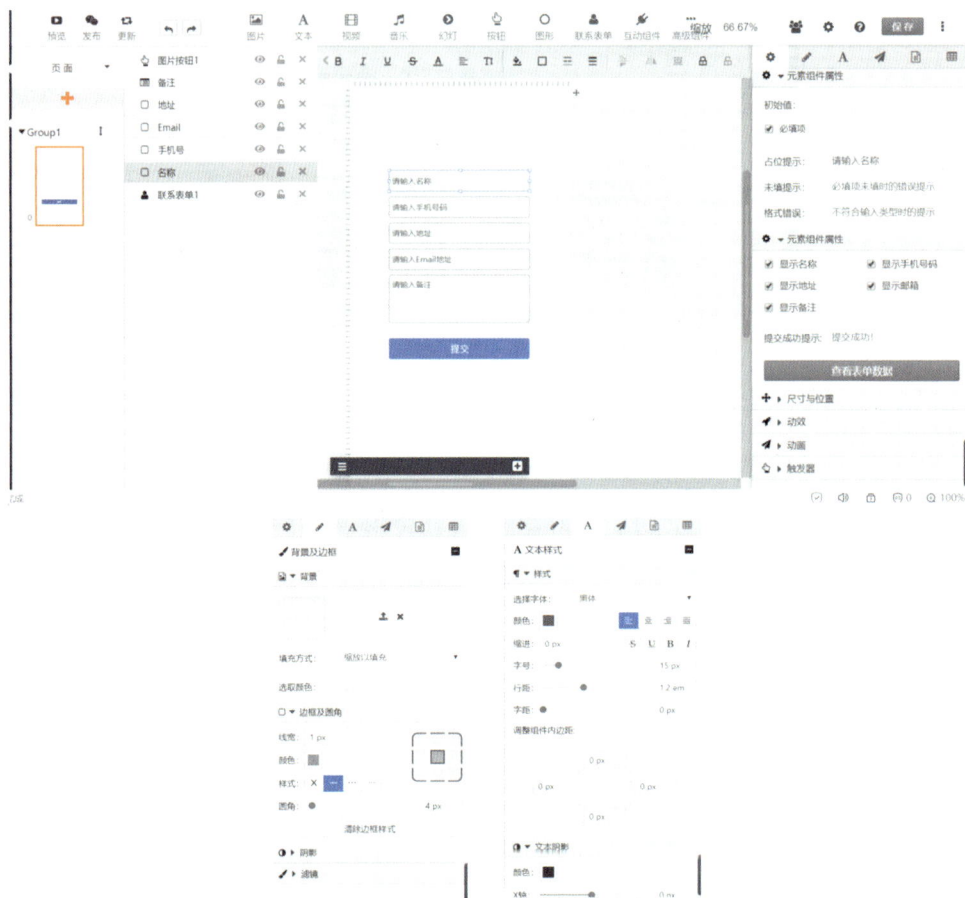

图5-4-46 联系表单及其设置

"互动组件"包括日历、签到、抽奖、预约登记以及排行榜等，同样点击即可添加到页面，在右侧功能区可对其进行设置。

"高级组件"包括七类，分别是交互组件、逻辑组件、数据应用、微信应用、高级表单、数据应用（bata）以及容器，这七类里面又包含很多种类，同样可以选择点击直接添加至页面，在右侧功能区可对其进行设置。

右上方功能区操作对象是作品的整个页面，而不是页面内元素。

"缩放"是对H5页面在设计制作过程中的显示大小进行设置，通过缩放设置可以方便设计操作。

"设置"包括两部分，一是对是否显示快捷面板与是否显示右侧设定面板进行设置，二是设置快速链接功能，即点击可以直接进入个人中心、作品管理、素材管理以及官网作品精选页面。

图 5-4-47　设置创作功能区

对右侧功能区的设置主要分为六个部分，分别为对页面、页面内元素以及作品等的设置。

第一个是对元素信息和页面信息的设置。对元素信息的设置主要是针对页面内元素的设置，包括对其尺寸与位置、动效、动画、触发器等的设置；页面信息设置，分别为对是否启用长页图、是否可以滑动页面、对齐方式、页面背景以及页面触发器进行设置。

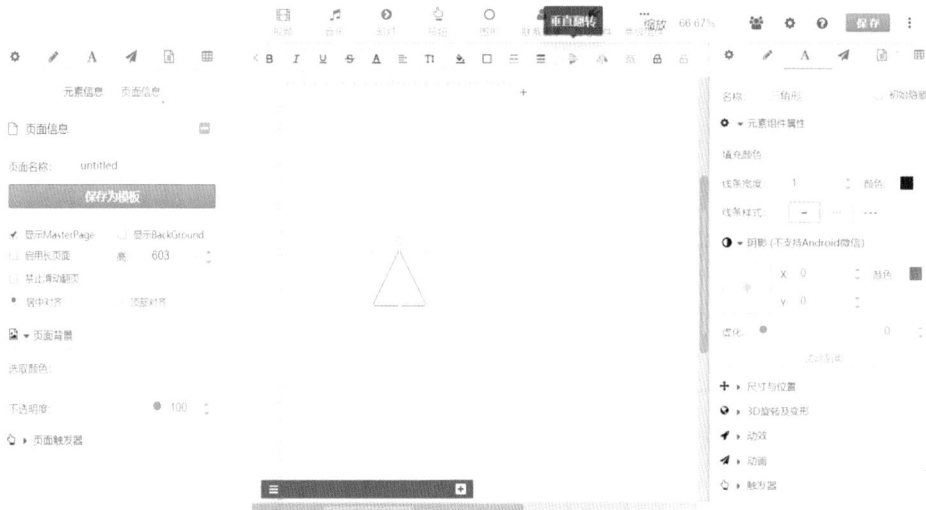

图 5-4-48　设置元素信息

第二个是对"背景及边框"的设置，可以对页面内所添加的元素，如视频、文本、图形、图片等进行编辑，通过改变其颜色、边框及圆角、阴影、添加滤镜等完善作品。

第三个设置是对"文本样式"的设置，主要有字体、颜色、字号、行距、字距、文本阴影等的设置。

第四个设置是针对动画的设置，分为"动画序列"设置与"触发动画"设置，可以使 H5 更加吸引受众，受众观看的过程也更加轻松。

第五个设置是对"作品信息"的设置。包括对作品名称、切换效果、背景音乐、翻页方

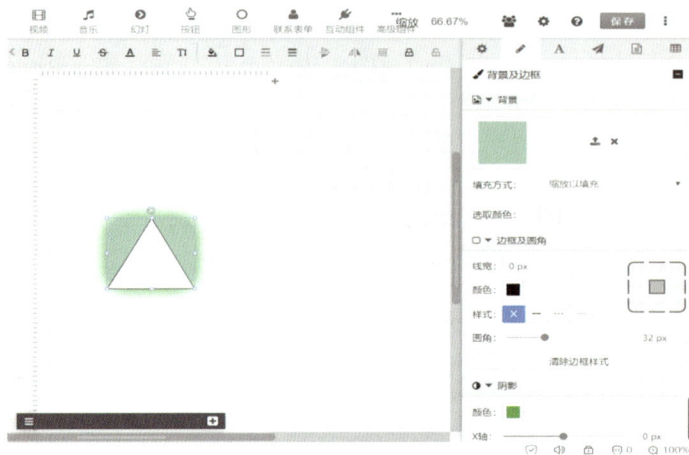

图5-4-49 设置背景及边框

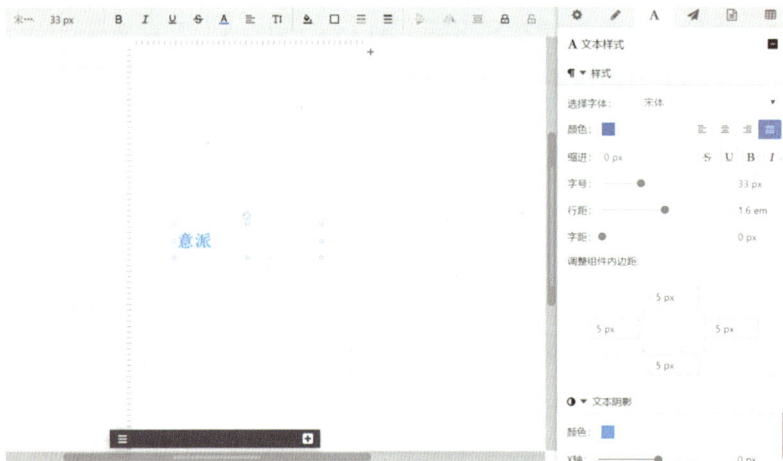

图5-4-50 设置文本样式

式、作品属性以及微信传播过程等进行设置。

第六个设置是针对"表单"的设置，有三个部分，别为添加表单、绑定控件以及触发器设置。

（四）意派·Epub360创作工具的特点

（1）专业性强，适合企业运营和设计人员使用。

（2）功能齐全，适合原创作品创作。

（3）可以通过个人微信将H5作品发送给自己的好友，或分享到微信群、朋友圈。在这些情况下，被分享者可以看到H5的分享信息设置，包括标题、缩略图或分享短语，对H5有一个初步印象。

第五节　H5作品创作示例

一、示例一：麦积流韵

作品名称：麦积流韵。

创作目的：展现麦积山石窟精湛的雕塑艺术，增进传播影响力。

作品主题：在佛国的世界里，感受历史的流韵——麦积山石窟雕塑艺术。

作品类型：内容展示型作品，以麦积山石窟早期雕塑精品的摄影作品展示为主，配以简练的文字介绍。

作品形式：横版长页面形式。

创作工具：方正飞翔数字版8.2

创作过程：

第一步：素材的准备和处理。

（1）选择麦积山石窟早期雕塑精品摄影照片20余幅。进行必要的裁剪和调色处理，使其色调无明显冲突。装饰背景壁画照片若干幅。标题背景图作抠图透明处理。背景音乐剪辑，保存为MP3格式。撰写说明文字。

（2）确定作品主色系。参照麦积山石窟壁画色彩及摄影作品基本色调，确定作品主色为R146、G64、B4。

第二步：进行创作设计。

（1）在方正飞翔数字版8.2中，进行版面设置，如图5-5-1所示。

（2）设置主页背景颜色，如图5-5-2所示。

（3）排入装饰背景图、作品名称、说明文字。文字设定字体、字号，作品名称文字做艺术字修饰。效果如图5-5-3所示。

（4）排入图片，调整图片大小及对齐方式。作品局部设计效果如图5-5-4所示。

（5）排入作品结束部分文字并设置字体、字号。设计效果如图5-5-5所示。

图5-5-1　作品的版面设置

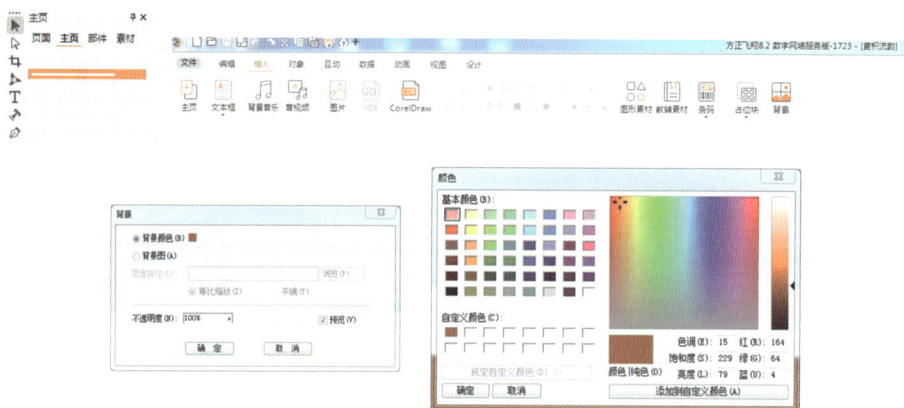

图5-5-2　设置主页背景色

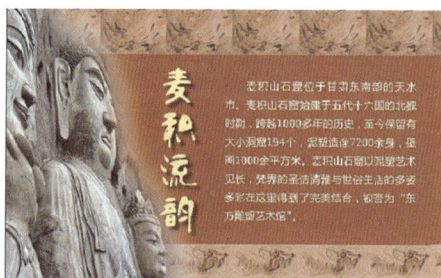

图5-5-3　作品名称部分设计效果

图5-5-4　作品局部设计效果

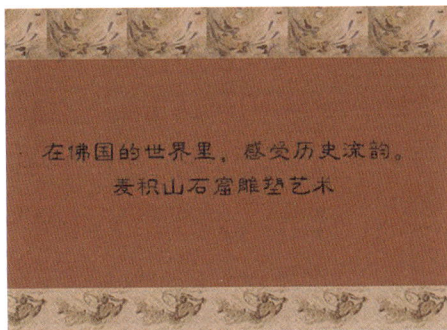
图5-5-5　作品结束部分设计效果

（6）设置背景音乐，如图5-5-6所示。

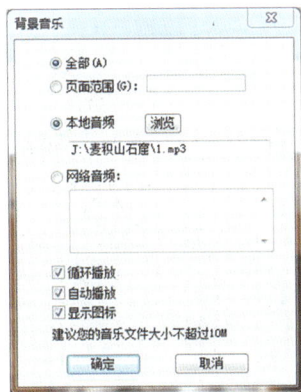
图5-5-6　背景音乐设置

（7）设置加载页，加载页设置及效果如图5-5-7所示。

图5-5-7　设置加载页及加载页效果

第三步：发布设置及作品发布。

（1）进行发布设置，如图5-5-8所示。

（2）发布设置完成后，上传作品，进行预览检查后修改。经确认无误后，正式发布作品。

发布后的作品效果如图5-5-9所示。

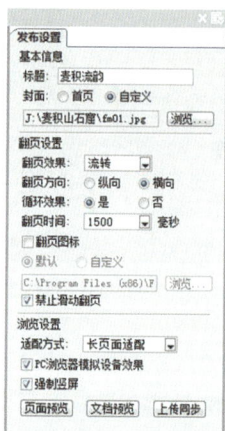

图5-5-8　发布设置

图5-5-9　作品发布后的效果

二、示例二：班会邀请函

作品名称：《青春的诗》主题班会邀请函

创作目的：引起同学们的重视，提高参与主题班会的热情。

作品主题：放歌，为这多彩缤纷的青春时光。

作品类型：内容展示型作品，以简练的文字介绍班会活动内容。

作品形式：竖版标准页面形式。

创作工具：易企秀。

创作过程：

第一步：素材的准备与处理。

准备背景图片，进行必要的裁剪处理。背景音乐剪辑，保存为MP3格式。撰写说明文字。

第二步：进行创作设计。

（1）在易企秀中选择竖版标准页面。

（2）第1页插入背景图片，调整大小及位置。加入标题，设置字体、字号及文字颜色，文字颜色应与背景图片色调协调一致，调整至合适位置。主标题设置动画为"强调"下的"闪烁"动效，设为"循环播放"。第1页页面设计如图5-5-10所示。

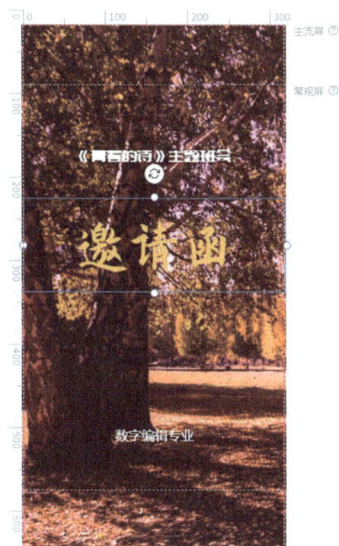

图5-5-10　第1页页面设计样式

（2）在"页面管理"面板中添加新页面2页，分别为第2页和第3页。在第2页中，加入背景图片，图片选择"图片库"中提供的素材。在模板中选择适当的文字样式加入页面中，调整至合适位置。对文字样式中的文字进行编辑修改。第2页页面设计如图5-5-11所示。

图5-5-11　第2页页面设计样式

（3）第3页设计方法同第2页。第3页页面设计如图5-5-12所示。

图5-5-12　第3页页面设计样式

（4）添加音乐，将本地音乐上传添加至作品中。

（5）设置页面翻页方式，并应用于全部页面。

（6）点击右上部的"预览和设置"按钮，设置作品名称，

（7）发布作品。作品发布后效果如图5-5-13所示。

图5-5-13　《班会邀请函》发布后效果

后　记

　　H5作品是主要应用于移动智能阅读终端的具有交互功能的数字作品形式。近年来，H5作品以其内容的高度集成性、生动的表现力、丰富的交互功能和数据服务能力，被广泛运用于文化传播、商品营销和游戏娱乐等领域，H5形式的数字出版物得到了受众群体的广泛欢迎。本书由五章内容组成。第一章为信息数字化与H5数字出版物，介绍了互联网时代信息传播的类型、特征及数字多媒体的发展历程，重点介绍了HTML 5.0技术与H5作品的基本知识。第二章为H5创作工具飞翔数字版操作基础，介绍了H5作品常用创作工具——方正飞翔数字版的基本操作技术。第三章为H5作品的动效与交互功能设计，围绕H5作品动态效果及交互功能设计原则和要求，介绍了方正飞翔数字版应用于H5作品动态效果及交互功能的设计方法。第四章为H5作品的创意设计，介绍了H5作品的结构设计及页面设计方法，重点介绍了页面编排设计技巧。第五章为H5作品的选题与创作流程，围绕作品的传播运营介绍了H5作品选题设计和创作流程，此外，还介绍了部分H5作品创作平台，提供了部分创作示例，供初学者学习参考。

　　本书由毕伟、梁宝毓主编，由杨丽丽、李叶维、马靖怡、梁宝毓、毕伟共同编写。其中，毕伟编制了编写提纲并制订了编写计划；第一章由杨丽丽撰写，第二章第一节至第三节由李叶维撰写，第二章第四节至第六节由马靖怡撰写，第三章由杨丽丽撰写，第四章第一节至第三节由杨丽丽撰写，第四章第四节由李叶维撰写，第四章第五节由马靖怡撰写，第五章第一节、第三节由杨丽丽撰写，第二节、第四节由梁宝毓撰写，第五节由毕伟撰写；最后由毕伟和梁宝毓完成统稿修改工作。因工作繁忙，编写工作都在业余时间进行，内容中一定有许多不妥不周之处，恳请读者批评指正。